上海高校服务国家重大战略出版工程资助项目

城市公共经济与社会治理创新研究丛书

总主编　吴柏钧

城市共享平台的多元协同治理研究

李嘉晨　著

華東理工大學出版社
EAST CHINA UNIVERSITY OF SCIENCE AND TECHNOLOGY PRESS
·上海·

图书在版编目(CIP)数据

城市共享平台的多元协同治理研究 / 李嘉晨著. —
上海：华东理工大学出版社，2020.11
（城市公共经济与社会治理创新研究丛书 / 吴柏钧
总主编）
ISBN 978-7-5628-6237-6

Ⅰ.①城… Ⅱ.①李… Ⅲ.①城市管理-研究-中国
Ⅳ.①F299.23

中国版本图书馆 CIP 数据核字(2020)第 106952 号

内 容 提 要

共享经济依赖城市高密度的人口和互联网技术建立了新型的市场交易模式。本书基于概念和文献总结了当前城市共享平台的发展模式及治理经验，并通过理论模型和数值分析，探讨了这种交易平台的经济效率。由于目前城市共享平台存在过度竞争、资源浪费、安全隐患、不公平竞争等问题，亟须政府、企业、社会的合力共治。通过深度挖掘共享房屋平台和共享出行平台两大行业的治理模式，本书提出城市共享平台可以利用自身关键技术，实施自我反馈与监督；政府可以利用税收调节、共享空间分配等方式减少共享平台交易的负外部性并促进公平竞争；社区作为城市的基层单位，可以通过实地参与、实时反馈等方式，形成平台自身、政府、社会对城市共享平台的多元协同共治。

本书可供从事共享经济的政府、高校、研究机构的专业人员借鉴学习，也可作为高等院校相关专业的参考用书。

项目统筹 / 马夫娇　韩　婷
责任编辑 / 左金萍　韩　婷
装帧设计 / 吴佳斐
出版发行 / 华东理工大学出版社有限公司
地址：上海市梅陇路 130 号，200237
电话：021-64250306
网址：www.ecustpress.cn
邮箱：zongbianban@ecustpress.cn
印　　刷 / 上海中华商务联合印刷有限公司
开　　本 / 710 mm×1000 mm　1/16
印　　张 / 16.25
字　　数 / 239 千字
版　　次 / 2020 年 11 月第 1 版
印　　次 / 2020 年 11 月第 1 次
定　　价 / 158.00 元

国家自然科学基金　青年科学基金项目

“基于资源再分配视角和 CPRs 理论的共享经济自治理研究”项目阶段性成果

（项目批准号“71903025”）

教育部人文社会科学青年项目

“供给侧改革背景下分享经济协同消费模式的创新准入机制研究”项目阶段性成果

（项目批准号“17YJC790067”）

城市公共经济与社会治理创新研究丛书

编委会

城市公共经济与社会治理创新研究丛书

总　序

当前，中国社会经济发展和结构变化呈现了许多新的特点。在经济增长与结构变动方面，一个显著的特点是公共经济部门对国民经济增长的贡献率持续上升。尤其是在2008年世界金融危机以后，为抵御经济衰退，维持较高速度的经济增长和社会稳定，我国政府在公共基础设施建设上持续投入了大量的资金。同时，在城市化和人口制度变革的背景下，为回应人们对保障公共安全和增进社会福利的需要，政府在对教育、卫生、安全和社会保障等公共服务领域的投入上也有了快速增长，这使得经济性和非经济性公共产品的供给成为社会总供给的重要组成部分，甚至在某些年份，公共产品投资和供给已成为边际经济增长的决定性因素。

在社会发展和结构变化方面，尽管整体的社会形态和权力结构变动较小，但非农劳动力、中等收入阶层和私人资本阶层等基于现代经济活动而产生的社会力量的影响力不断增强，其正潜移默化地改变着我国的社会结构，深刻影响着社会利益格局。在生产和生活方式日益市场化和社会化的过程中，基层民众的思想观念、社会需求和诉求发生了很大变化，这为政府在社会治理中如何精准掌握人们的需求偏好和行为动态增加了难题，对如何有效实施社会服务和社会保障提出了挑战。同时，社会流动的不断增强使得公共安全和环境风险持续上升，这对传统的行政管理体制和政府自上而下的治理机制形成了巨大挑战，对现代政治和经济建设中的中国如何重构基层社会治理结构与机制提出了新的要求。

当前社会经济变革与转型使我们对未来的发展形成了许多不确定的判断。但如果不考虑制度变迁因素，可能会为我们观察社会经济演化的规律带来清晰一点的认识。纵观人类社会发展的历史，技术的变化、私人产品生产方式的变革和竞争机制等为人们摆脱自然束缚、追求自由丰富的生活提供了保障，但其却不能给予社会成员基础性的、公平享有的生活质量的提升和社会安全的保障。无论是实施行政计划机制还是市场机制，公共产品和服务的供给在产品和服务性质上总能为社会成员提供共同享有的广义福利增进效用。与此同时，许多国家在私人产品部门发展、增加社会财富的过程中产生了贫富差异和社会不公，而公共产品部门发展在提升整体的社会福利和安全保障的过程中又产生了资源错配、供给效率低下、官僚特权和行政垄断等问题。所以，人们始终在寻求合适的制度去约束私人产品生产的过度竞争和分配不公，也通过制度安排在公共产品部门规模扩大的过程中改善供给效率。从全球经济发展趋势看，随着经济的发展和居民收入水平的提高，公共产品部门在经济社会发展中的功能和作用会逐步提升，其资产规模和占总供给的比重在不断增加，这反映了社会经济不断发展的一种状态和趋势。从这个角度去理解，可以认为中国公共产品部门的革新正是经济社会快速发展的体现。近几十年来，中国公共产品部门的发展在一定程度上反映了社会经济结构的根本性变化。

可以预期，在这样的社会经济结构转型过程中，不仅私人产品部门的发展会遇到技术、市场和制度的变革问题，公共产品部门也将面临许多新挑战：

第一，社会资源在私人产品部门与公共产品部门之间的配置问题。这要求政府根据经济增长、市场需求和社会需要在私人产品部门与公共产品部门之间合理地配置资源，以实现个人需求与社会需求的均衡状态，达到适度的经济增长和社会福利的增进，从而兼顾经济发展和社会公平。

第二，公共产品部门的供给有效性问题。根据中国的国情，从理论上解决真实地显示民众需求偏好的问题，采取合适的公共选择方式，并对公共产品实施高效管理，涉及一国的公共产品供给体制与机制，也涉及政治、技术、市场和社会文化等诸多方面，但核心问题在于政治经济体制的安排和机制的设计。如何破除原先“全能型政府”的窠臼，真正做到以人民为中心，政府应有所为而有所不为，放权于基层，为社会组织的发育及其履行社会治理职能释放空间。同时，政府也要通过制度安排和政治程序，改革现有的政府主导的公共产品供给机制，探讨适合中国实际的多元合作的公共产品供给机制。

第三，如何打造共建共治共享的社会治理格局，建立“人人有责、人人尽责、人人享有”的社会治理共同体，怎样处理政府行政主导与社会组织生长问题。这要求服务供给方激发民众参与社区治理的热情，提高社区工作者、社区事务参与者的能力和水平。

第四，如何创新基层治理方式问题。这要求基层社会治理成为国家治理的重心和基石，成为国家治理体系和治理能力现代化的基础性环节。同时，政府要通过制度安排和法治手段消除基层治理的“空转”现象，建立适应多元治理主体的治理方式，摆脱社区机构及事务的行政化困境，构建去行政化的社区基层组织的有效运行体系和运行机制（包括资源筹措、公共服务提供、公共事务决策等）。

第五，如何基于互联网、大数据和人工智能等新技术，创新公共产品生产和供给方式，提高公共服务效率，改善社区基层治理。这要求服务供给方利用信息技术获取社会成员对公共产品和服务的真实需求，为公共政策的决策提供充足信息，为政策实施的监督和绩效评估提供技术手段，以实现有效配置资源和有效供给的目标。

基于上述对中国社会经济长期发展和结构变化的理解，华东理工大学社会科学高等研究院在成立之初就确立了研究宗旨，希望在宏大的社会经济变迁格局下，立足社会基层和微观经济层面，对中国社会经济的发展有一个细微的观察和局部的剖析。这些年来，在华东理工大学成长起来的一批公共经济学、社会学和公共管理学科的年轻教师聚焦于公共经济与基层社会治理研究领域，承担了诸多国际合作和国家基金的课题，他们大致围绕三大主题开展了一系列研究：一是研究公共经济部门发展的基本理论与中国的实践，特别是通过学科交叉研究和多研究范式融合，探讨社会发展过程中公共经济与社会治理的结构关系和内在机制；二是在互联网、大数据和人工智能等新技术条件下研究公共经济和社会治理的新方式与新形态；三是对公共基础设施、公共服务、社区基层治理等领域开展社会调查、田野实验和经验实证分析，试图发现一些有中国特色的、有益的实践经验，以检讨和修正经典的理论观点，拓展理论研究的范畴。本丛书就是我们对前期研究工作的一个初步总结，各分册也大致体现了这几个方面的研究主题。

本丛书的内容主要涉及公共经济、社会治理和社会政策领域。不论属于哪个学科，研究大都基于公共经济学和公共管理学理论，以跨学科的方式来探讨公共经济和社会治理中的科学问题；针对政策问题，我们也以不同学科的视角加以研究。

丛书中有 5 本著作可以归属于公共经济领域。其中，《城市公共产品有效供给机制研究》梳理了公共产品供给理论和研究文献，探讨了我国公共产品供给的机制及其改革得失，重点对城市公共基础设施和公共服务领域的投融资、生产和分配进行了实证分析。《城市基础设施与经济发展研究》总结了中国社会 70 年来在基础设施建设方面所取得的成就与面临的挑战，从财政分权和比较制度分析等理论视角揭示了基础设施影响地区经济发展的内在机制；其利用计量经济分析探索了中国基础设施建设对市场融合、开放发展和民生改善的影响，从政治经济学的理论视角提出了促进基础设施供给模式创新的治理基础与实现路径。《环境公共品的有效供给机制及路径研究》对多种环境公共品的供给机制进行了研究，重点研究了人们较少关注的家庭部门在环境治理中的功能与行为模式；其把家庭部门作为供给主体，将代际因素纳入考虑范围，并基于环境公共品的三种价值评估法构建了环境公共品的有效供给理论模型。《城市公共服务空间布局特征及综合能力评价》基于大数据技术，对城市公共服务的发展过程、资源规模、空间布局及服务能力等状况进行了综合分析，客观分析了影响城市公共服务的因素，并提出了优化城市公共服务的策略。有意思的是，《城市共享平台的多元协同治理研究》以共享经济为研究对象，探讨了广泛存在的私人产品公共性问题，该书全面梳理了国内外城市共享平台的发展模式、治理经验及作用机制，提出了自治理优先、政府监督、社会辅助的共享平台多元协同治理的概念。这项研究突破了传统的城市公共产品供给限制，对新技术环境下私人产品公共消费及生产方式的革命性变化进行了开创性研究。总体上，这些著作以基础设施、环境保护、污染治理等城市主要公共产品和服务为研究对象，分析了我国城市公共产品和服务供给的特征及内在运作机制，并对这些领域的公共产品有效供给提出了制度性改革等政策建议。

从书中有 5 本著作研究了城市社会治理问题。《城市移民与公共治理研究》把城市治理放在城市化过程中加以考虑，研究了如何从移民管制转化为移民服务，并借以提升移民治理水平，使移民尽快融入城市。《城市公共安全风险防控体系研究》针对城市公共安全频发的现实，系统分析了城市公共安全的源头和类型，在深刻解析城市安全风险发生原因的基础上，探讨了有效的安全风险防控内在机制，构建了城市安全风险防控体系。《城市基层矛盾纠纷化解的社会机制研究》以近年来蓬勃发展的人民调解组织为例，剖析以其为代表的社会力量参与城市基层矛盾纠纷化解的现实需求、功能定位、组织网络、运作机制与发展逻辑等，以探索“中国式风险社会”的社会治理机制。《城市社区治理中整合性服务模式建构研究》以上海社区基层治理实践为例，从街道体制改革、政府购买服务、社区社会组织发展和社会力量参与社会治理与社区工作者队伍建设等各个角度考察了基层社会治理的发展状态，深度揭示了基层社会治理存在的新问题，深刻剖析了深层次的社会性和结构性原因，并在此基础上探索现代基层社会治理的治理元素、创新流程及关键环节，提出了构建特大城市基层社会治理体系和实务模式的新设想。《中国城市社区基金会发展及运作研究》选择了城市社区基金会为研究对象，对行政驱动逻辑下社区基金会的成长环境、本土化特征、治理结构、功能作用进行了实证分析，以此探讨了中国政治体制下的基层社会组织的发展路径和运行机制。

本丛书出版之际，中国刚经历了新型冠状病毒感染的肺炎疫情。在经历“非典”疫情不到 20 年的时间里，此次规模巨大的全球性公共卫生灾难的爆发再次证明人类尊重自然规律的重要性，同时也提醒我们，应不断反思公共卫生体制和机制改革的有效性问题，反思现行社会治理体制的弊端和公共政策实施的偏差问题。值得欣慰的是，疫情在我国很快得到控制，特别是抗疫措施在全国范围内得到严格实施，这充分显示了社区基层组织在公共事件中的动员能力和应对能力，体现了社会治理制度变革中建立基于社会组织和民众参与的多元供给机制的重要性，也再次证明了在现代化强国的建设过程中建立有效的公共产品供给制度的重要性。本丛书若能为此做出一点贡献，也就达成了所有目的。

本丛书的出版得到了上海市文教结合“高校服务国家重大战略出版工程”资助项目的资助。能够获得资助且得到高质量的出版，要感谢华东理工大学出版社，在此谨致感谢！丛书中的部分著作是上海市教委科研创新计划项目重大课题“城市公共产品供给机制研究”的成果，特此说明，并感谢资助部门！

吴柏钧

2020 年 5 月 20 日

前　言

foreword

共享经济建立了新型的市场交易模式。由于十分依赖城市高密度的人口分布和互联网技术支撑，因而共享平台的发展与城市治理效果相辅相成。本书从共享经济的概念出发，通过梳理国内外相关文献，区分共享经济与传统二手交易、租赁经济的内涵，分析了城市共享平台的发展模式、发展现状，以及共享平台对城市建设的作用机制，发现目前城市共享平台的问题包括共享平台的过度竞争造成城市资源浪费、安全问题有待解决、与传统行业构成不正当竞争从而引发冲突等方面，因此亟须找到能够解决这些问题的有效治理方式。

通过构建共享经济的交易函数模型可以发现，无论从降低交易成本的角度还是提高企业利润的角度分析，共享经济协同消费模式均提升了资源配置的效率。进一步的数值模拟显示耐用品带来的共享收益高于易耗品，且随着共享交易次数的增加，交易成本呈现明显的递减趋势。显然共享平台交易模式有其内在的制度优势，但如果采取不合理的治理方式，反而会掣肘该行业的可持续发展。

对此，通过梳理国内外城市共享经济平台的治理经验可以发现，目前国际上很多城市对共享经济的治理有两个主要动因，一是传统行业因为不公平竞争对共享平台进行抵制，造成混乱；二是共享行为带来的负外部性扰乱了原有的城市秩序。因此，许多城市管理者对共享经济的管制都采取了直接限制进入或禁止运营的强管制措施。这种治理方式实际上是以牺牲共享经济带来的经济效率为代价的。

为了寻找适合城市共享平台的治理机制，本书引入了公共池塘资源理论的自治理模式。通过研究共享平台进行自治理模式需要满足的原则、具体的自治理内容以及当前行业内部自治理的问题和挑战可以发现，共享平台需要在自治理的基础上，与政府治理相互协同，与社会公共环境形成共治。本书进一步深入分析了共享住宿平台、共享办公平台、共享汽车平台以及共享单车平台的多元协同治理，研究发现城市共享平台自治理可以利用自身关键技术，明确交易边界，提升资源配置效率，实施自我反馈与监督；同时政府可以通过使用地方性税收调节、城市空间资源利用许可证颁发、配套设施的完善和征信体系的建设来减少共享平台交易的负外部性，提升交易安全性，并促进公平竞争；进一步，社区作为城市的基层单位，可以通过多方参与、实时反馈、完善配套设施等方面，形成对城市共享平台的合力共治。

最后，本书从多方面提出了具体的政策建议。例如，开展共享行业的信息甄别，防范盲目跟风和过度投资；合理设置共享经济的准入门槛；鼓励城市范围内企业将闲置的高精尖设备、物流链、运输链进行共享，形成城市共享联盟；加快买卖双方信用监管体系建设，保护共享经济的信息安全和交易安全等。

受个人能力所限，本书仍有许多不完善之处，恳请读者不吝赐教，批评指正。

目　录

contents

第1章　绪　　论

如果说互联网是近10年中国发展最为迅猛的行业，那么共享经济正好站在了互联网经济的风口浪尖，依托高度发达的互联网技术，成为最具热点、最具争议、最有影响力的行业。根据2016年世界共享经济高峰论坛相关机构预测，2025年全球共享经济的产值可达2 300亿英镑，是未来推动经济发展的重要力量，也是践行低碳环保理念的重要支撑产业。

2019年《政府工作报告》指出要“坚持包容审慎监管，支持新业态新模式发展，促进平台经济、共享经济健康成长”。习近平总书记在2019年11月召开的十九届四中全会中强调了创新社会治理的新思想新理念，要求“系统治理、依法治理、源头治理、综合施策”“要更加注重民主法治、科技创新，提高社会治理社会化、法治化、智能化、专业化水平”①。可见共享经济的治理问题在“推进国家治理体系和治理能力现代化”的背景下，更需要开放思路，寻求创新，而不能简单沿用以往的治理方式，这是本书研究的出发点。

1.1　研究背景

2016年曾被称为共享经济元年，距今尚不足五年，但其涉及的经济体量已经非同寻常。仅以中国为例，在需求侧，2017年中国参与共享经济活动的人数超过7亿人，比2016年增加1亿人左右；市场交易额约为49 205亿元，比2016年增长47.2%，其中，交通出行领域约2 010亿元，生

① 资料来源：人民网，“十九届四中全会精神系列解读”，http://theory.people.com.cn/GB/40557/430704/index.html。

活服务领域约 13 214 亿元。在供给侧，2017 年参与共享经济活动的服务者人数约为 7 000 万人，比 2016 年增加 1 000 万人；仅中国共享经济平台的企业员工数达 716 万人，比 2016 年增加 131 万人，占当年城镇新增就业人数的 9.7%，意味着 2017 年城镇每 100 个新增就业人员中，就有约 10 人是共享经济企业的新雇用员工。共享经济行业已成为促就业保发展的重要领域。

从全球共享经济的发展脉络来看，住房领域和出行领域是发展最为迅速，也是相对较为成熟的行业。共享先驱爱彼迎（AirBed and Breakfast, Airbnb）共享平台主推“民宿”，为游客提供价格低廉、特色鲜明的共享短租住房。2015 年，“ofo 小黄车”（以下简称 ofo）建立共享平台，实现北京大学约 2 000 辆闲置自行车的共享，激活了校园闲置单车资源，首次在中国提出用共享单车实现绿色出行、低碳出行的计划。从 2016 年开始，“摩拜单车”（以下简称摩拜）向市场投放橙色无桩共享单车，引领了共享单车行业的爆发式增长。截至 2017 年年底，全球共享单车投放量超过 2 300 万辆,注册用户接近 4 亿人，累计订单量超过 115 亿单，覆盖全球 20 多个国家的 304 个城市，先后有 74 家企业进入共享单车行业，融资额超过 200 亿元。以摩拜、ofo 为代表的共享单车被列为中国的“新四大发明”，其一方面解决了大城市出行“最后一公里”的难题，另一方面其绿色环保、廉价高效的运营模式迅速受到追捧。

从理论角度看，工业化的长期发展主要通过资产囤积完成财富积累，这种囤积一方面造成稀缺资源的过度利用，另一方面也形成了巨大的产能过剩。因此资源配置出现严重的结构性失衡，供求矛盾不再仅表现为供给过剩或供给不足，而是出现明显的供求分配不均。共享经济的出现尝试用新的合作方式解决上述资源分配失衡的问题。共享经济交易过程对产权的明确归属要求降低，资源使用者并不需要完全将资源“纳为已有”，尤其是容易获得但是不常用的资源，由此直接减少了新资源的开发和占有。共享经济通过维持原有产权不变的“协同交换”方式，以较低的成本提高了现有闲置资源的使用率，实现资源利用的价值最大化，直接降低了私有物品产权排他性可能带来的资源利用率损失。

然而，由于共享经济发展时间短，缺乏产业层面的机制设计，原本用来解决资源配置失衡的共享经济很可能不仅无法有效缓解资源紧缺和环境污染问题，反而会造成更大的资源浪费，并遭到诸多来自传统行业和政府的抵制，以致这种新萌芽的经济形态遭遇可持续发展的瓶颈。

在“互联网+”和智能手机移动支付的推动下，不仅“摩拜单车”“ofo 小黄车”等出行领域举着“共享大旗”在迅速扩张，2017 年，“共享雨伞”“共享充电宝”“共享马扎”“共享停车位”等一系列的产品也接踵而来。然而，众多的共享产品、跟风的投资，不仅没有带来共享经济的持续繁荣，反而带来了白热化的市场竞争。2018 年，很多共享企业因资金链问题相继倒闭，出行领域首当其冲。2017 年 11 月小蓝单车因押金欠费 20 亿元倒闭，相继町町单车、小鸣单车、酷骑单车等诸多共享单车企业退出行业。实际上，真正的共享经济是“轻资产”的运营模式，共享单车的资金链断裂，很大程度是因为许多投资踏着“共享”的风头，却并非真正的共享经济。另外，Airbnb、蚂蚁短租等房屋共享企业因为人员安全、游客素质低下等被诸多高端社区拒之门外；“滴滴顺风车”“嘀嗒拼车”等汽车共享业务因为出行安全、传统出租车抵制等被迫下线。归根结底，这些现象出现的原因是在于共享经济这种新型的交易形态仍不明确，交易本身的发展也不够成熟，欠缺成熟的理论体系支撑。

李克强总理在 2016 年《政府工作报告》中就提出未来需要“支持分享经济发展”，足以看到共享经济在中国供给侧改革中发挥的重要作用。创新是国家的长远战略，其中放松监管、释放市场活力是推动创新的重要因素，面对共享经济这种新型经济业态，政府的角色定位是决定该产业在未来可持续发展的关键，传统经济规制中的准入门槛、税收制度等机制很可能无法适用于当下的共享经济协同消费模式。

1.2　研究目的及意义

共享经济建立了新型的市场交易模式，从资源有效配置的角度而言，闲置资源的再利用有效降低了资源的使用成本，提高了消费者剩余，并创造了新的经济价值。然而共享经济背后的经济学原理以及治理模式不甚明确，基于此，本书的研究目的在于解决以下四个问题。

1. 寻求共享经济的内涵与本质

对闲置资源的充分利用是共享经济的出发点，要准确理解共享经济，需要与原有的二手经济、租赁经济做出区分。传统解决闲置资源的方式是二手市场交易，但由于信息不对称，很多二手交易变成了典型的“柠檬市场”，形成“劣币驱逐良币”的恶性循环。不仅如此，二手市场交易会增加资源损耗，且每次置换都带来新的交易成本。共享经济通过不交换所有权、仅交换使用权的协同消费模式，减少了资源所有权交易过程中对资源的额外损耗，并依靠互联网强大的信息技术平台，减少了信息不对称带来的风险。

传统的租赁市场与共享平台的双边市场有三点本质区别，一是主体不同，租赁市场仍严格区分供给方和需求方，共享经济中人人都可以是供给方；二是目的不同，传统租赁市场以盈利为目的，共享经济目的在于资源的共享和节约利用，并再创造新的附加价值；三是资源利用方式不同，租赁模式会消耗新资源，共享经济是利用现有资源的闲置库存。当然这是从理论角度的理想化分析，目前的共享经济并没有与租赁经济存在明显的划分，甚至在很多场合共享经济被等同于租赁经济。因此本书的第一个研究意义是从微观理论、产业应用、实际案例等多个维度，探究共享经济的本质。

2. 探寻共享平台对供给制度的创新

从理论角度看，协同消费不同于传统的市场供需关系，在产权明晰的条件下，固定所有权、转移使用权相当于每次交易带来的额外成本仅包括资源的少量固定成本折旧和可变的使用成本，尤其是对于使用频次较低的产品而言，成本降低明显。加之共享经济通过缩小企业边界，使原有大企业才具有的规模经济被平台的网络经济代替，交易成本因为平台的信息揭露以及使用权转移大幅降低，尤其减少了信息搜寻和讨价还价的成本。

因此，共享经济平台通过整合大量的、个体的、零碎的资源，使得交易市场变得稠密和多样，更加有利于提升资源的匹配效率，为双边市场带来更高的收益。本书拟通过理论模型构建，研究这种创新是否会实现交易成本的降低以及交易匹配程度的提高。

3. 研究自治理机制在共享平台中的拓展和落地

诺贝尔经济学奖获得者埃莉诺·奥斯特罗姆（Elinor Ostrom）认为可以建立一套自治理的机制用来解决公共池塘资源（Common Pool Resources, CPRs）系统出现悲剧的问题。共享经济平台虽不能与奥斯特罗姆的公共池塘理论完全映射，但有诸多类似特征，包括利用云计算大数据宽带网络和智能终端扩大了供给方的参与程度、用信用评级和用户反馈实现了信用承诺、参与者之间的彼此监督等。这恰好满足了 CPRs 自治理的三个必要条件：新的制度供给、信用承诺和有效反馈。

以往 CPRs 理论的应用更多地用于自然资源，尤其是鱼塘资源的研究，对于更广义的资源系统的应用较为有限，本书将 CPRs 运用到共享平台构建的资源系统中，这是对该理论应用层面的一次拓展。

4. 实现城市共享平台自治理与政府、社会的多元协同治理

当创新的速度超过政府监管的能力范围，原有的监管将会变得过时、过度并且阻碍竞争。共享经济不断助推经济发展的结构性调整，与“去库存、去杠杆、降成本”的改革方向相契合，但能否实现可持续发展，也给政府的角色定位和治理方案带来新的挑战。

目前共享平台缺乏有效的政府治理机制，宏观环境对信用的评价体系尚未健全，许多共享行业出现了自治理无法解决的难题。这些问题的出现，很大程度上是由于政府治理和社会治理的缺失，有限的规制与共享行业自治理之间没有实现协同，因此本书拟提供实现多元协同治理的解决方案。

1.3 研究内容及思路

本书具体涵盖的研究内容及思路可以细分为以下七个部分。

1. 文献梳理与概念界定

目前国内外对分享经济、共享经济、协同消费等诸多概念界定较为模糊，其是否可以通用、有何区别还需论证，也有学者认为分享经济等同于协同消费，市场和不同行业对此也有不同的认识和定义，因此，本书的第2章从概念界定出发，明确共享经济的经济学范畴。另外还包括双边市场的

内涵、共享经济的双边平台特征、政府治理与监管和管制的概念辨析等。

后续的文献综述还根据本书的研究脉络，对交易成本理论、公共池塘资源理论、自治理理论、城市治理理论等进行系统的梳理。

2. 共享经济平台发展现状及对城市建设的作用机制

共享经济的发展需要依托大量的人口聚集，高人口密度和技术保障是共享经济能够顺利发展的重要前提。从全球共享经济模式发展的趋势来看，借助共享技术，打造共享城市的新模式，有助于当前城市的用地、空间以及市政、公共服务设施不断进行优化，可以提高城市资源的利用率，提高城市的综合承载力，让市民、社会组织更多地享用城市公共资源。然而，除了有效提高城市资源利用效率，共享平台对城市资源的挤占、与城市公共资源的冲突也屡见不鲜，因此目前共享平台的发展对城市建设起到何种作用，利弊如何，是本书探讨的问题。

因此，本书将深入探讨共享经济平台在城市环境中的发展现状、对城市建设的短期和长期影响，以及目前城市共享平台遇到的治理问题及挑战。

3. 共享经济能否提升双边市场效率的探讨

前期研究发现，互联网共享平台的出现对降低交易成本的作用有三个方面。第一，互联网的应用大幅降低了闲置资源的信息传播和搜寻成本，用户依托智能设备就能够很快找到就近的共享产品，加之移动支付的出现极大简化了交易过程，带来交易成本的大幅下降。第二，所有权的固定降低了交易过程中讨价还价的难度；许多交易成本的出现都是源于对所有权的讨价还价或者是所有权不清晰，共享经济交易的前提是保证所有权不变，这使得交易过程被简化。第三，共享经济依托的大数据平台用信用记录强化了市场主体的信用约束，减少了信息不对称，从而降低了交易成本。原有因为交易成本过高而没有进入市场的闲置资源被激活，进入了可交易的范围。

基于此，本书的第 4 章将构建共享经济的交易成本模型，并与传统的双边平台交易成本模型进行对比，讨论共享经济的交易成本变化。

4. 国内外城市共享平台的治理经验总结

为了重点分析共享平台的治理问题，本书第 5 章将全面梳理国内外典型的共享经济平台企业在不同的国家和地区遇到的治理难题，以及当前各国、各地政府是如何管制共享平台的。通过分析目前治理模式存在的问题以及治理经验，可以发现共享平台普遍存在的治理特点和治理难点。

5. 构建城市共享经济平台的自治理框架

CPRs 理论指出，在一次集体行动中，要实现自治理，首先要解决新制度的供给问题，还有可信承诺和相互监督。因此，本书的第 6 章将从理论层面研究共享经济平台应符合哪些自治理的原则，影响共享平台参与者的内部选择变量有哪些，制度供给的特征和优势有哪些，如何才能实现共享平台的可信承诺和相互监督。

由于共享产品很多都具有准公共产品的特征，平台提供的资源与公共池塘资源有诸多类似之处，因此用来解决公共池塘资源出现公地悲剧的自治理理论是否能够应用在共享经济平台上，有什么条件，效果如何，都是本书想要探究的问题。如果共享经济平台的运营机制本身已经形成了一定意义上的自治理，那么是否能够实现 CPRs 配置优化的目的，其中边界外部的政府、社会是否会受到平台自治理的影响，又该如何与之协调，都是本书关心的问题。

6. 城市共享房屋、共享出行平台的行业案例

在对共享平台的自治理框架进行理论探究后，本书进一步选取了共享房屋行业中的共享住宿平台、共享办公平台，以及共享出行行业中的共享汽车平台、共享单车平台进行了产业层面的研究，分别探究不同行业特征下，这四种共享平台的自治理内容、与城市公共资源的协调、与城市公共资源的冲突、目前自治理的不完善之处、当前政府已出台的政策导向、未来政策如何与自治理相协调、社会在协同治理的层面应发挥何种作用等方面的问题。

7. 城市共享平台的多元协同治理机制设计

根据上述研究可以发现，如果共享资源系统的确可以在一定条件下通过自治理来实现有效率的运营，并帮助解决资源配置失衡问题，那么政府治理的方向就是这个系统如何与外部资源进行协调，并保护参与者不受伤害。这些外部资源包括传统城市公共资源系统、个人征信体系等。只有资

源系统的治理实现内外部相互协同，方能实现整体资源利用的高效率。本书第9章旨在寻找政府治理与共享平台自治理的契合点，形成共享经济的协同治理方案，包括共享经济自治理与准入的协同、共享经济自治理与税收的协同、共享经济系统与城市公共资源系统的协同等方面。

具体而言，准入协同基于新的准入制度，可以帮助找出有利于构建公平、安全的市场环境的准入门槛与自治理的契合点，帮助推进共享经济自治理的实现。例如，税收协同指的是在同类传统行业税收标准的基础上，在具体的操作过程中，综合考虑共享经济对减少资源配置失衡的贡献，通过判定共享行为对产能过剩和外部性的解决程度大小，对共享经济行业的税收予以相应的优惠和减免。城市公共资源协同主要是共享经济资源系统不能破坏城市原有的公共资源体系，如共享单车不过度挤占公共停车区域等。最后，本书提出平台、政府和社会三方协同的多元治理方案。

共享经济在全球的发展已经进入2.0时代，找出适应中国供给侧改革的城市共享平台多元协同治理路径可以有效助力政府新型治理体系的建设。由于共享经济的覆盖面广，但单次使用价值低，因此有人提出共享平台这类企业应该全部划归给政府的公共服务部门，但是由于共享平台并不是典型的公共产品，因此本书的第一个研究重点在于构建理论模型，研究共享经济是否能实现公共池塘资源的自治理，并具有可持续发展的盈利空间。本书的第二个研究重点在于找出适应自治理理论的共享经济平台治理方案，并设计政府、社会对共享经济“包容式”多元创新治理模式。

1.4 技术路线图

本书的研究拟遵循由浅及深的思路，首先，从共享经济的内涵概念入手，明确辨析相关的概念范畴。其次，通过市场调研、企业访谈的方式，获得中国共享平台的数据资料，找出目前共享经济平台存在的优势与弊端、发展动机与影响因素，以及对城市公共资源系统的影响与作用。再次，基于新制度经济学理论，分析协同消费如何影响资源所有权和使用权，并降低交易成本和风险，提高平台收益和效率。进一步，运用产业组织理论和政府规制理论，研究城市共享平台当前遇到的治理难题、已有的治理经验和存在的问题。从第 6 章起，本书在奥斯特罗姆的 CPRs 自治理框架下，研究共享经济平台自治理需要满足的原则、治理内容，以及如何与资源系统外部进行协调。最后，通过对房屋共享和出行共享两个典型行业的多元协同治理研究，找出共享平台多元协同治理的普遍特征和问题，由此设计包括准入协同、税收协同、公共资源协同、社区配套协同等在内的共享平台多元协同治理方案。

具体的研究技术路径如图 1－1 所示。

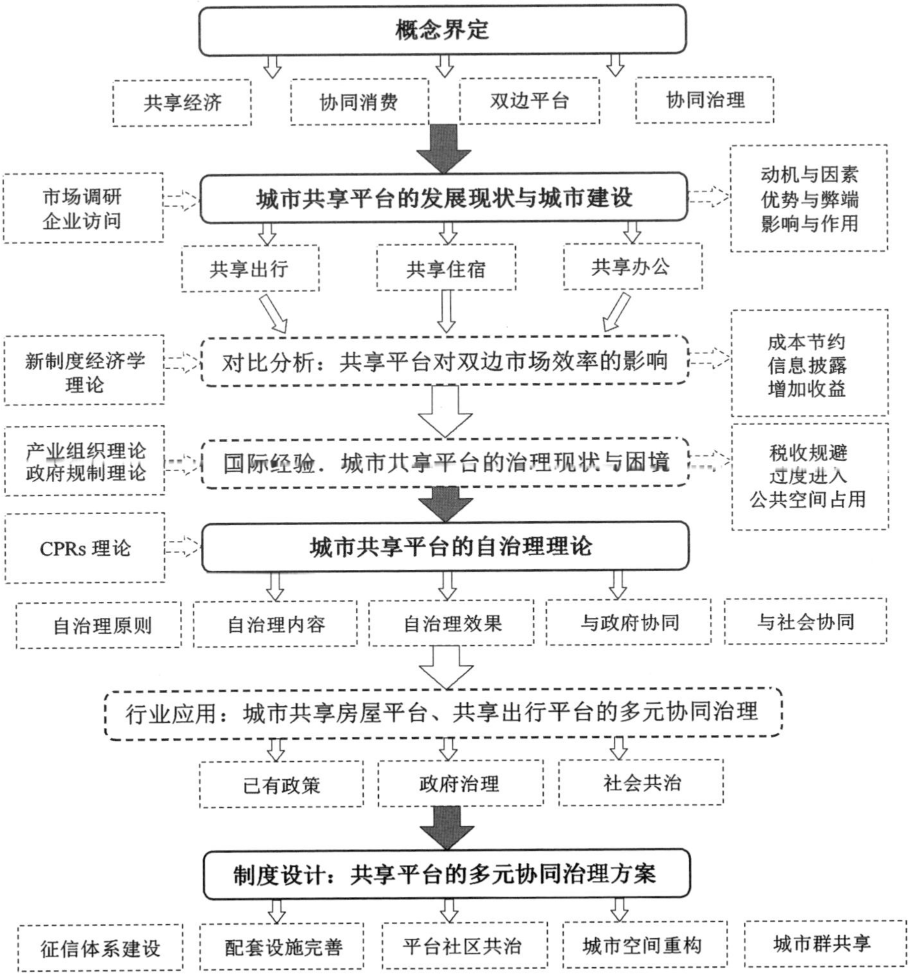

图 1－1 研究技术路径

1.5 研究创新点

1.5.1 理论创新

正是由于共享经济萌芽不久，这种“使用并不占有”的模式背后蕴含的经济原理以及对社会福利的作用机制尚不够明晰，且传统治理理论对细分市场的经济管制方式，如准入制度、税收机制等不再适用，因此本书的研究拟从以下三个方面实现理论创新。

1. 对产权问题的新解释

共享经济通过频繁、短期的契约形式，使资源剩余价值得以最大化利用，这种短期的共享契约解决长期资源产权闲置问题的经济学解释，是本书的第一个理论创新。

2. CPRs 理论在共享经济领域的应用创新与落地

共享经济为 CPRs 理论提供了新的应用场景，包括供给制度的创新、信用体系和反馈机制的构建等方面。CPRs 理论最初只解决公地悲剧问题，但共享经济模式通过充分利用过剩产能，不仅可以实现资源节约，而且可以减少环境污染，能帮助 CPRs 理论在这一方面实现落地。

3. 为政府治理理论提供新的视角

政府面对共享经济这种新模式往往不知所措，容易出现规制不足或规制过度。本书为政府治理提供新的视角，政府的目标调整为保护共享经济平台这一“公共池塘”实现自治理，并安全有效运行，同时与城市公共资源、社区资源相协调。

原有的政府规制理论主要分为经济管制和社会管制，其中经济管制对市场的准入机制的判定通常基于价格和企业数量，并决定生产关系和分配效率。共享经济中，供给方以相对较低的成本打破了原有行业的进入壁垒，供给者数量激增，并以更为低廉的价格提供给消费者，直接改变了原有产业的市场结构和企业行为。对于这种新型的经济业态，政府的治理重点转向了消费者权益问题、安全保障问题、租赁方的信誉问题。因此，本书研究从“包容性监管”和“协同监管”的角度，为政府治理理论提供了新的视角。

1.5.2 实际应用创新

在推进国家治理体系和治理能力现代化的背景下，共享经济的发展趋势和未来前景均存在不确定性，一方面政府不当的监管方式有可能扼杀这一经济增长的新动能，另一方面市场的不完备性容易造成共享经济行业的过度进入和乱序发展，因此本书拟从以下两方面提供实际应用方面的参考。

1. 为共享经济未来的规范化发展指明方向

共享经济的核心在于“使用而不占有”“不使用即浪费”。这与“去库存、去杠杆、降成本”的改革方向不谋而合。基于互联网平台的大数据和信息传递，共享经济可以有效减少信息不对称带来的交易成本和不确定性风险，使资源使用权的交换可以实现“点对点（Peer to Peer）”交易，最大程度减少了中间环节的加价行为和资源在中间环节的额外消耗。因此，共享经济可以在不增加新资源消耗的基础上，有效激发潜在需求，并减少环境污染。

为了发挥共享经济的优势，需要引导共享平台的发展越来越规范化，这是本书提出多元协同治理的最终目的。

2. 为政府治理提供具体方案和建议

2019 年国务院《政府工作报告》指出“坚持包容审慎监管，支持新业态新模式发展，促进平台经济、共享经济健康成长”。因此本书的研究将为政府如何治理不同的共享平台提供可选方案，尤其是共享经济在“住行”等先发领域的创新治理方案。

出行领域和住房领域是全球共享经济的先发行业，例如，美国 Uber 和 Airbnb 公司，加拿大的汽车共享合作社 Modo 公司，英国的 Hassle 共享平台，中国的滴滴顺风车等。全球大部分国家对共享经济都持积极态度，从税收、政策资金等方面进行大力扶持，英国政府更在 2014 年提出打造“全球共享经济中心”。然而，共享经济在中国仍存在部分法律的“灰色地带”，如私家车进行商业运营的准入许可尚未明晰，放松准入管制的影响和风险尚未明确，2016 年上海发布要求“沪牌沪籍”的网约车新规细则也一度受到争议。因此将先发行业设计的共享多元协同治理方案作为基础，可以为政府对共享经济的全面创新治理提供参考。

第 2 章　相关理论及文献述评

共享平台通过协同消费的交易方式弱化了“产权”的限制性，引起了广泛的资源重组与聚合（江小涓，2017[1]）。共享经济对资源的再分配出现四个代替：“所有权交易”被“使用权交易”代替；“交换价值”被“共享价值”代替；“生产资料所有制”被“生产资料租用制”代替；资源配置“一次性”被资源配置“重复性”代替。由于共享经济发展时间较短，相关文献较为分散，且没有形成较为固定的理论框架和体系，因此本书将目前已有的研究成果从共享经济的相关概念界定、平台的发展与城市建设、平台的自治理、平台的政府治理等方面进行分类整理和述评。

2.1　相关概念界定

共享经济的学术研究近几年才兴起，其本质实际上是依托互联网技术的双边平台在原有基础上对资源的一种新型分配方式，理解双边平台的内涵可以帮助我们更好地解析共享经济背后的运营模式。另外，本书研究的核心在于对这种新型交易方式的治理，因此本节的概念辨析主要包括共享经济、双边市场、双边平台、政府治理等。

2.1.1　共享经济的内涵

早期 Felson 和 Spaeth（1978）[2]对协同消费方式的表述是“消费者利用线上、线下的社区（团、群）等工具进行连接，实现合作或互利消费的一种经济模式，包括拥有、租赁、使用或互相交换物品等方面的合作”。由于技术限制等原因，这种协同消费受到各方面约束并没有被广泛认知，直到20世纪90年代互联网平台开始迅速发展，移动终端的普及更让这一模式迅速为大众所知。Botsman和Rogers（2010）[3]将共享经济定义为“允许消费者扮演双面角色的资源循环系统，消费者既可以作为资源的提供者，也可以作为资源的获取者，交易可以直接在点对点的基础上执行，也可以通过中介（如商店、网站、应用程序）间接执行，人们以低廉的门槛和成本获得所有权带来的好处，同时将对环境的影响降至最低。”这一定义涵盖了共享经济的方方面面，从本质上而言，对共享经济内涵界定的难点在于，当今数字技术的迅猛发展使得原有的供需模型已经不再适用，需要重新构建协同消费模型进行研究（Sundararajan，2013[4]）。

1. 对“共享”本质的争辩

与大多数成熟的传统经济学理论不同，共享经济的概念不仅较新，而且表述不一，国内外文献中出现的表述包括“共享经济”“分享经济”“点对点经济”“网格经济”“零工经济”“使用经济”“按需经济”“合作经济”“对等经济”“轻资产经济”等，也有按照消费方式，直接称为“协同消费”“合作消费”或“协作消费”（倪云华、虞仲轶，2016[5]）等。从定义本身角度而言，“共享经济”“分享经济”“协同消费”三者在很多文献中含义一致，相互替换。本书统一使用“共享经济”原因有二：一是因为这种交易方式的核心特点在于使用者是对同一产权的产品进行共享，而不是进行分割；二是协同消费是共享经济的交易方式和消费模式，共享经济表明的是一种经济形式，描述更为直接。

Eckhardt和Bardhi（2015）[6]认为真正的共享应该是零利润的，但目前无论是出行领域还是住宿领域的共享，都是收取费用的，因此不属于纯共享，而属于有限共享，或称为有限使用。中国国家信息中心分享经济研究中心将共享经济定义为“利用互联网等现代信息技术，以使用权分享为主要特征，整合海量、分散化资源，满足多样化需求的经济活动总和”。可以看出，共享经济的内涵主要围绕两点，一是使用权的共享，二是提高资源利用率。

因此，本书将共享经济总结为以互联网双边市场为基础，分离交易物品的所有权和使用权，通过使用权的分享使资源使用价值最大化的协作消费模式。

2. 共享经济的微观理论

从共享经济对社会福利的影响来看，Narasimhan 等（2018）[7]通过对比耐用品的点对点网络零售交易和传统线下市场交易，发现点对点交易在降低价格的同时增加了消费者剩余，尤其体现在中低阶层的消费群体中。Benjaafar 等（2019）[8]构建了点对点协同消费模型，分析了租金、平台中介费、所有者的折旧成本、道德风险等因素对消费者剩余和社会福利的影响，发现租金并不是最主要的因素，所有者的折旧成本是影响消费水平高低的关键，且无论所有者收益多少，中介平台始终是盈利的。

Wilhelms 等（2017）[9]认为点对点的共享经济要实现成功交易，需要满足两个要求，一是资产拥有者愿意将闲置资源租出，二是消费者愿意租用其他人的产权物品，他们对市场调查后发现共享交易的成功需要卖方明确愿意共享的产品信息，信息越透明，促成交易的可能性越大。

3. 共享经济的产业应用

由于共享经济是一种新型的经济模式，它让终端用户重新可以参与市场交易（Querbes，2017[10]），改变了原有的市场结构。因此从实际应用角度对共享经济的研究比理论研究更多，且涉及范围广泛。

从对产业影响的角度看，现有研究包括共享经济能否减少碳排放（Zhu、Li、Zhou，2018[11]）、在线点对点诊疗对传统医疗方式的颠覆和影响（Miller、Moore、Schmidt，2016[12]）、共享型城市能否助推可持续性的生产和消费（Cohen、Munoz，2016[13]）、共享系统在储能领域比单一用户系统利润更高（Lombardi、Schwabe，2017[14]）等方面。

具体的行业研究主要集中在旅游住宿、交通出行和共享办公行业，如相关企业的商业模式、影响、性质、可持续性等（Cheng，2016[15]）。例如，Fang、Ye、Law（2016）[16]发现共享经济对旅游行业的发展有利有弊，因为共享经济增加了人们的流动性，对传统旅游行业提出了挑战。Wang、Nicolau（2017）[17]以 Airbnb 为例，研究了共享住宿的价格决定因素，包括房东、位置、产权、服务、租金、在线评论等。Gibbs、Guttentag、Gretzel（2017）[18]构建了共享经济的特征价格模型，并以 Airbnb 为例研究了共享经济的定价方式。Paulauskaite、Powell、Stefaniak（2017）[19]发现共享经济可以帮助旅游者获得更好的旅游体验，独特的住宿氛围、与主人的互动以及与当地文化的互动这三个方面的感知对 Airbnb 的用户来说非常重要。

4. 共享经济的调查研究和案例分析

由于数据普遍缺乏，国外有关影响共享经济因素的实证研究大都基于市场调查。例如，Hawlitschek、Teubner、Gimpel（2016）[20]以及 Hamari、Sjoklint、Ukkonen（2016）[21]调查发现参与共享经济活动的显著动机包括收入、知识水平、社会风气、资源稀缺性、产品多样性等经济性因素，还有消费过程中的娱乐性和持续性。Munoz 和 Cohen（2017）[22]、Böcker 和 Meelen（2017）[23]、Barnes 和 Mattsson（2017）[24]等调查发现资源配置、资金需求和政府管制等因素会影响共享模式对经济增长的贡献程度；反之，经济收益、社会效益和环境保护是共享经济发展的主要动因。

5. 共享经济的认可度和忠诚度

目前对共享经济的认可度和忠诚度的研究大部分基于社会学相关理论。如利益相关者理论（Yang、Song、Chen，2017[25]；Cheng、Foley，2018[26]）、公共关系理论（Gregory、Halff，2017[27]；Ganapati、Reddick，2018[28]）等。

Ert、Fleischer 和 Magen（2016）[29]等发现，信用与声誉的关系在共享经济系统中更为复杂，例如，在 Airbnb 系统中，房东提供个人照片会显著增加游客选择该住宿的信任度，价格也更高，被选择的概率也更大，反而住宿预订网站上的评论没有显著影响预订率和价格。Cherry、Pidgeon（2018）[30]通过调查问卷研究了大众对共享经济的认可度，发现正面的观点认为共享经济减少了资源消耗和浪费，增加了社区团结，并拉近了与奢侈品的距离，因此人们对共享经济的接受程度取决于共享产品的社会价值。

运用经济学分析方法的文献中，代表性结论是好的声誉和产品描述可以共同促进共享平台发展，如 Mauri、Minazzi 和 Nietogarcia（2018）[31]以 Airbnb 为例，用沙普利值回归法研究得出结论，声誉对共享平台发展的贡献超过 40%，占比最大。

6. 国内其他研究

国内有关共享经济的理论研究较少，相关实证和案例分析也较为缺乏，有学者探讨了共享经济的起源与利弊、未来的发展趋势、监管难题以及对供给侧改革的影响，发现共享经济实质是新型信息消费，未来共享经济的规模、范围、形式都将不断扩展（李文明、吕福玉，2015[32]）。

理论层面，向国成等（2017）[33]认为与新古典经济学相比，新兴古典经济学是一个更适合于研究分享经济的理论框架。荣朝和（2018）[34]发现互联网出行服务可以利用数据化手段改善体验场景，以新的时空匹配模式推动改变原有交通格局，为解决传统集约型交通供给效率与离散化交通需求的矛盾提供了重要思路。唐亚汇和李凌（2017）[35]聚焦共享经济认识论的三大理论问题，比较了分享经济与租赁经济、平台经济和礼物经济的异同，认为分享经济的本质特征是信息技术驱动、资本高效利用，以及按需服务，并从分享的参与主体和分享标的物的交易风险两个维度，结合实际案例，构建分享经济的理论体系。

案例方面，杨学成和涂科（2017）[36]以 Uber 为例，分析了在共享经济模式下用户连接阶段的价值创造方式，提出了价值共创的概念。马化腾等（2016）[37]及程维和柳青（2016）[38]从行业角度认为共享经济影响供给侧改革的途径包括扩大供给和需求、创造就业机会以及促进环保。

综上所述，目前国内外对共享经济的概念、行业影响都有初步认识，无论是理论模型还是案例、实证研究，对共享经济的内涵、供需关系、社会影响等方面的分析均较为基础，未来的研究空间很大。

2.1.2　双边市场的内涵

双边市场的出现和概念界定早于共享经济，共享经济是依托“互联网+”和双边平台的一种特殊的经济模式，要分析共享经济，需要对双边市场的概念及特征有明确的认识。

双边市场的概念提出时间比共享经济早，1833 年美国掀起的“便士报纸”运动被认为是双边市场最早的范例。较为权威的定义来源于诺贝尔经济学奖获得者 Tirole 和 Rochet，他们发表过一系列相关的论文，Rochet

和 Tirole（2003[39]，2006[40]）对双边市场的定义为“当平台向需求双方索取的价格总水平 $P = P_B + P_S$ 不变时（P_B为用户 B 的价格，P_S为用户 S 的价格），任何用户方价格的变化都会对平台的总需求和交易量产生直接的影响，这个平台市场被称为双边市场”。Rochet 和 Tirole 认为，在价格结构上的任何变动都将影响双方对平台的需求及其参与规模，并影响交易总量。可以看出，他们在界定双边市场时，重点研究了价格结构在平衡双边用户需求时的作用，而忽视了双边市场的间接网络外部性特征。作为补充，Armstrong[41]从网络外部性的角度定义双边市场为“两组参与者需要通过中间平台进行交易，并且一方的收益决定另一方参与者的数量”。黄民礼（2007）[42]对上述定义进行综合整理，认为“若某种产品或者服务的供求双方之间具有交叉网络外部性而使得平台企业将买卖双方同时凝聚到一个交易平台，如果平台企业向买卖双方收取的总价格为 $P = P_B + P_S$（P_B 和 P_S 可以为零或者负数，P 大于零），这说明 P_B 或 P_S 直接影响平台企业的总需求和平台实现的交易量”。

Hagiu 和 Wright（2011）[43]对双边市场的概念也进行了梳理，他们给原有平台经济的概念增加了两个限制条件，一是平台的两边必须可以直接交易；二是市场的双边必须依附于平台且具有附着于平台上的专用型投资，市场双边进入和退出平台需要付出一定的成本。这两个条件有一定的局限性，例如，直接交易的限制条件，如果平台进行先买后卖，通过买卖差价获得收益，是否无法纳入平台经济范畴？

国内对双边市场的研究较晚，主要沿袭了国外的研究，并基于中国背景有所拓展。大部分学者聚焦双边平台的网络外部性，认为网络外部性的存在将产品或者服务的交易双方聚合到一个平台上进行，当平台向双方收取的总的价格水平不变时，那么交易的两方各自的价格变动对总需求有直接影响。尚秀芬和陈宏民（2009）[44]认为双边市场指的是平台的双边客户存在相互吸引的特性，通过平台可以整合具有互补特征的资源。

因此在一个双边市场中，平台是维持运营的核心，不仅为买卖方提供信息服务，更重要的还在于可以监督各方履行各自义务来实现其功能。平台通过对双边客户指定合理的营销方案来提供服务，吸引双边客户的集聚，并设计合理的价格来获取相应的收益，提升平台自身的价值，同时平台利用市场和价格策略实现各方的共赢。现代意义上的双边市场大多数基于平台所担负的网络外部性，由于双边市场可以覆盖市场中的各类平台，但过于宽泛的界定也可能造成了现实中很多诸如商店之类的经济体都可以归类为平台经济，这就使得如电商平台等典型的双边市场失去了特殊性。因此，本书对共享经济和双边市场的定义主要围绕互联网条件下的共享和双边平台。

2.1.3　共享经济的双边平台特征

Böhm-Bawerk（1895）[45]及 Gale 和 Shapley（1962）[46]指出，平台的角色是为买卖双方提供进行交易的场所，但是该场所本身对买卖双方的需求、价格等并不产生影响。由于参与方具有交叉网络外部性，中间平台起到连接和凝聚的作用（Armstrong、Wright，2007[47]）。共享经济能够成功，很大程度上依赖提供共享服务的互联网平台企业，例如，共享单车的鼻祖 ofo 在创立时并不拥有自己的自行车，而是建立共享平台，让校园的闲置自行车可以实现多次利用。

就共享经济而言，由于互联网技术大幅度降低了人们进行共享的成本，因此依托平台迅速发展的共享经济改变了原有的大生产、大消费方式，“占有”不再是人们最看重的一个价值指标，其重要性已让位于环境质量、社会关系等幸福指数（管克江，2013[48]）。蔡宁、贺锦江和王节祥（2017）[49]指出，共享经济相关的企业创业与传统创业不同，单一效率机制已经无法解释这一过程中的战略选择逻辑，而应该引入合法性视角，整合合法性和效率两种机制开展分析。郑志来（2016）[50]比较了传统经济商业模式和共享经济商业模式，认为传统经济商业模式存在着市场势力、内部成本产业链转移、交易成本累加等劣势；而共享经济商业模式在配置对象、需求侧参与权和选择权、交易成本等方面存在比较优势。

另外，有学者研究平台理论是从所属平台存在垄断还是不同竞争程度的市场结构入手。例如，运用合约理论以及交易成本理论来分析不同平台的竞争机制以及发展方式；研究平台如何通过信息、技术沟通从而实现对商业模式的安排能力；平台存在的市场势力与市场效率的权衡；平台两边用户的替代互补关系等（徐晋、张祥建，2006[51]；罗珉、李亮宇，2015[52]；曲创、刘重阳，2016[53]；陆伟刚、张昕竹，2014[54]）。值得关注的是，由于平台存在外部性，因此会反过来影响最终用户的交易成本（Evans，2003[55]），这个观点是本书后续分析共享经济交易成本的主要理由之一。

可以发现，目前研究者对共享平台本身的运行效率、收益等问题的理论研究较为缺乏。因此，本书尝试从理论上分析共享平台的收益最优化问题，为该领域的研究做一些补充。

2.1.4 治理与监管、管制的辨析

“治理”一词，出自《荀子·君道》：“明分职，序事业，材技官能，莫不治理，则公道达而私门塞矣，公义明而私事息矣。”从古至今，治理是一种征服的行为方式，并可以通过某些途径进行调整。从公共经济学的角度来看，詹姆斯·N. 罗西瑙（James N Rosenau，2001[56]）最早提出“治理是通行于规制空隙之间的那些制度安排，或许更重要的是当两个或更多规制出现重叠、冲突时，或者在相互竞争的利益之间需要调解时才发挥作用的原则、规范、规则和决策程序”。格里·斯托克（1999）[57]指出“治理的本质在于，它所偏重的统治机制并不依靠政府的权威和制裁。治理的概念是，它所要创造的结构和秩序不能从外部强加；它之所以发挥作用，是要依靠多种进行统治的以及互相发生影响的行为者的互动”。

与监管的定义不同，治理是或公或私的个人和机构经营管理相同事务的诸多方式的总和，是使相互冲突或不同的利益得以调和并且采取联合行动的持续的过程。它包括有权迫使人们服从的正式机构和规章制度，以及种种非正式安排。全球治理委员会总结了治理的四个特征：治理不是一套规则条例，也不是一种活动，而是一个过程；治理的建立不以支配为基础，而以调和为基础；治理同时涉及公私部门；治理并不意味着一种正式制度，而确实有赖于持续的相互作用（俞可平，2000[58]）。

与管制的定义也不同，治理指的是一种由共同的目标支持的活动，这

些管理活动的主体未必是政府，也不一定非得依靠国家的强制力量来实现。从本质上看，治理行政与管制行政有很大的不同。一方面，管制行政的权威主要来自政府，而治理虽然需要权威，但这个权威并不为政府所垄断。治理行政是政治国家与公民社会的合作、政府与非政府组织的合作、公共机构与私人机构的合作、强制与自愿的合作。另一方面，管制行政的权力运行是自上而下的，它运用地方政府的政治权威，通过发号施令、制定和实施政策，对公共事务实行单一向度的管理。与此不同，治理行政则是一个上下互动的过程，政府、非政府组织以及各种私人机构主要通过合作、协商、伙伴关系，通过共同目标处理公共事务，所以其权力向度是多元的，并非纯粹自上而下。社会力量在治理中的作用日益增强，也可以通过正常途径，自下而上地对政府施加影响（陈广胜，2007[59]）。

总结来看，治理形态主要包括制度供给、政策激励、外部约束等诸多方面，因此本书提出对城市的共享平台进行多元协同的治理，是具有可行性的。

2.2　共享平台的发展与城市建设

共享经济的发展主要依赖城市的互联网发达程度和人口密度两个基本要素，因此本节重点综述城市范围的共享平台发展及对城市建设的作用的相关文献。

2.2.1　城市典型共享平台的发展模式

按具体产业划分，可以将城市共享平台分为信息共享平台、社区服务共享平台、管线建设共享平台、旅游行业共享平台、交通出行业共享平台等，目前研究较多的是旅游行业和交通出行业的共享平台，下面进行分类阐述。

1. 旅游行业共享平台的发展模式

《中国住房分享发展报告 2017》指出，盘活存量房源是住房分享的影响作用之一。住房分享平台可以盘活城市家庭拥有的闲置房源，经过上线运营使其转变为满足短期住房需求的“蓄水池”，为不同出行目的的消费者提供个性化的住宿服务，从而成为房地产市场“去库存”的重要利器。共享住宿是共享经济研究的主要分支之一。

国外关于共享住宿的研究早于我国。Fawcett 等（2009）[60]通过建立简化的数学模型，确定共享住宿的最佳容量。共享经济中住宿平台的经济呈指数增长归因于其具有宽广的价格区间和具备丰富的房源特征，以及比传统酒店住宿更多样化的体验和经历（Guttentag，2015[61]；Wang、Li、Guo，2016[62]）。

目前有大量的中英文文献进行 Airbnb 这一住宿共享平台的理论和案例研究，国外研究包括共享住宿的商业模式和价值（Zach、Nicolau、Sharma，2020[63]）、对传统行业的影响（Conley，2014[64]；Zervas 等，2017[65]）、对旅游行业的促进作用（Tussyadiah、Pesonen，2016[66]）、存在的信任缺失（Tussyadiah，2015[67]）、用户满意度（Ray，2016[68]）、定价影响因素（Chica-Olmo、Gonzàlez-Morales、Zafra-Gómez，2020[69]）等方面。国内文献的研究包括定价的影响因素（吴晓隽、裘佳璐，2019[70]）、住宿体验（史甜甜、韩毓倩，2019[71]）、商业模式的价值（王水莲、李志刚、杜莹莹，2019[72]；江积海、李琴，2016[73]）、在线评论的作用（李燕琴、于文浩、柏雨帆，2017[74]）等方面。

2. 交通出行业共享平台的发展模式

从交通出行业共享平台的角度而言，国内研究者的重点研究对象为共享汽车。以上海共享汽车 EVCARD 为例，顶着“共享经济”和“新能源汽车”两个闪亮的光环，新能源汽车分时租赁在市场上引起了极大关注，赞扬的声音和质疑的声音同时出现。随着国内城市交通超负荷问题凸显、环境污染日益严重，国务院、发展和改革委员会（简称发改委）、财政部、科技部先后出台多部政策扶持新能源汽车产业发展，地方政府的财政补贴和牌照发放，均向汽车租赁行业和新能源车型倾斜。若大部分城市中共享汽车的主流车型是新能源电动车，这不仅能够有效降低机动车保有量、缓解空气污染，对节能环保也将起到积极作用，同时还将作为一种传统交通的补充渠道，解决出行难的问题。

针对这一问题，刘珺（2017）[75]以出行者和政府作为博弈对象，构建了出行者与政府策略选择的演化博弈模型，通过算例分析了政府给予汽车共享出行者的补贴、出行者因缺少政策支持而面临的时间损失、政府制定政策获得的政策收益、政策制定成本等参数变化对最终演化结果的影响，发现作为一种新兴出行模式，汽车共享的推行有助于缓解出行供需矛盾、减少私家车的保有量、提高车辆的使用效率和降低出行者的出行成本。孙守恒和王维才（2017）[76]用因子分析法探究了中国二线城市的汽车共享环境水平，发现不同城市差异较大，总体水平在空间分布上呈现东部地区强、中西部和东北地区弱的特点。

从政策角度来看，2017 年 6 月 1 日交通运输部发布《关于促进汽车租赁业健康发展的指导意见（征求意见稿）》，目的有三：一是由于当前在大中城市交通资源普遍紧缺的情况下，如果完全任由市场自由发挥，可能会加剧城市交通拥堵压力，给“大城市病”的治理带来更大困扰和代价，需要提前进行规范性引导；二是通过引导将更有利于及时把控与防范汽车租赁业今后在发展过程中可能产生的风险；三是从长远来看，汽车分时租赁的合理利用有助于减少个人购车意愿，可以在一定程度上缓解城市私人小汽车保有量的快速增长，以及对道路和停车资源的占用，应当予以鼓励（张倪，2017[77]）。

汽车共享的配套平台还包括停车设施的共享。孟洒（2017）[78]认为，我国城市中普遍存在着停车设施总量供应不足且利用效率低下的问题，由于机动车数量的持续增加，城市对停车设施的需求增长过快，而停车设施的扩建总是有一定限度的，单纯依靠停车设施的扩建已经无法满足城市对停车设施的需求。当前，我国大城市建成区的发展正在从规模的扩张转向持续综合化集聚，进入转型阶段，这时大城市建成区很多街区将会发展成为功能混合的综合化街区。因此，如何盘活城市内有限的停车设施资源，提高停车设施利用效率成为急需解决的一个问题，停车设施的共享利用是针对这一问题所提出的解决策略之一。

从共享汽车的模式和路径的设计角度，蒋步健（2017）[79]以共享租赁汽车模式为研究对象，提出了一种对备选租赁点在同一指标体系下进行评分，以选择共享汽车租赁网络布局的最优化方案。通过选取共享租赁汽车决策评价指标，构建选址布局的指标体系，利用层次分析法标定，得到各指标层判断矩阵和权重，从而计算得出最佳方案。并且依据消费者需求、损失成本和收益，构建调度优化模型，提出了基于双层排序综合择优算法进行求解。最终达到运输收益最大化及运输过程最优化的目标。陈国鹏(2016)[80]根据共享模式沟通渠道的不同，提出了社交网络平台、第三方商业平台和政府非营利平台三种私家车共享模式。在政府非营利平台私家车共享模式下，出行线路相同的私家车相互共享降低空载率，大幅度减少私家车的上路数量，原则上可以达到缓解城市交通拥堵的目的。

从上述的文献梳理可以看出，城市共享出行平台的发展主要集中在共享汽车领域，但是充电桩、停车位等相应的配套设施仍旧不完善，使共享汽车的发展受到掣肘。从政府的政策角度而言，相应的法律法规不甚完善，各地出台的有关网约车细则也并不统一，对于网约车的发展能起到什么样的确切作用尚不明确，对各类规模城市的发展、智慧城市建设的影响也有待进一步的探讨。

3. 其他产业的共享平台发展模式

从信息共享平台而言，郭骅等（2017）[81]研究了智慧城市信息共享服务需求，分析了传统模式面临的挑战，构建智慧城市多代理平台协同的信息共享服务模式，发现智慧城市应从顶层视角出发，发展多代理平台的信息共享服务模式，使智慧城市信息资源得以高效利用，使智慧城市的各个组成系统相互协作，适应快速多变的城市环境，产生和积累更多的智慧业务。吴力武和孟齐霞（2012）[82]基于广州市、佛山市同城现状，从建设条件、方式、保障体系、管理体制及运作机制等角度，研究探讨了区域间城市一体化文献信息资源共享模式建设所涉及的相关问题，提出共享模式的科学管理及正常运作需要建设以政府为主体、标准化和规范化的资源共享平台。耿有三（2007）[83]探讨了高校与城市共建图书馆的意义、定位，以及共建共享图书馆模式的特征、图书馆共建共享的保障机制等，发现高校与城市共建图书馆作为一种新的运行模式，可以有效地节约资金，实现馆藏馆舍共用，完善图书馆功能，改变目前公共图书馆功能逐渐萎缩的局面，弥补高校图书馆社会服务功能缺失的不足。

从社区共享角度而言，简霞等（2011）[84]引入“户外共享空间”的概念，通过分解共享空间的组成要素、剖析共享空间的功能、分析共享空间在促进居民社会交往方面的重要作用，提出七类共享空间居民交往的模式，以及不同功能主导的共享空间的结构布局。研究发现共享空间的合理使用是城市生态社区结构和功能在人文关怀上的体现，良好的共享空间设计对营造活跃、融洽的城市生活氛围，推动城市社区朝向生态化和可持续方向发展有不可忽视的作用。

从城市管线共享角度而言，孟慧和王飞娟（2013）[85]，边涛、王宁和葛亮（2014）[86]，吴思等（2015）[87]基于对地下管线信息孤立建设、分散管理的现状，提出了省、市、县三级地下管线信息共享建设的设计模式；并通过分析不同级别的地下管线信息管理和应用的需求，设计了省、市、县三级地下管线共享平台的建设框架。这对城市地下管线信息集成管理、共享应用具有一定的指导意义。

2.2.2　共享平台发展对城市建设的作用机制

Katzev（2003）[88]较早研究了美国大都市的汽车共享，发现个人加入波特兰汽车共享平台（Car Sharing Portland）的动机在于实现汽车使用的成本节约，且加入共享平台后有26%的会员卖掉了私人车辆，53%的潜在购买者放弃购买，但是没有减少对汽车的使用里程数。Heinrichs（2013）[89]发现，城市的共享经济潜在助推了可持续发展。

从城市建设的角度出发，共享经济这种经济形态适应了能源危机、消费观念变革的局势，其发展壮大必将对现今的生产体系、消费体系、就业方式乃至社会关系带来历史性变革，尤其是未来城市社区和产业园区建设要更多地体现这种设计理念（刘建军、邢燕飞，2013[90]）。代表性的案例研究是郭兵（2018）[91]以浙江省宁波市为例，分析了共享经济产业化发展的宁波模式，以中国首个共享经济小镇落户宁波市为研究对象，发现共享经济产业化发展给宁波带来重大机遇的同时，也将使现有的政府监管方式面临新的挑战，如思维理念的不同、制度设计的缺乏等。

从城市规模的角度而言，成昱霖（2018）[92]以三线城市为例对共享单车的发展现状进行调查，发现与大城市共享单车相对饱和的状态相比，中小城市仍有较大的发展空间，且中小城市面积较小，公共交通发展还不够完善，共享单车不仅可以解决“最后一公里”的问题，而且完全可以作为市民日常的出行代步工具。

从城市治理的角度而言，汤文仙（2018）[93]认为共享单车给城市治理带来诸多新的挑战，如市场失灵、道德风险、政府失灵等，因此需要建立市场化思维的城市治理模式，完善城市治理的制度设计，加强协同监管，确保共享单车的良性发展。

2.3 共享经济平台的自治理

“自治理”的提出源于奥斯特罗姆（Ostrom，1993，2008）构建的公共池塘资源理论，用于解决公共产品的公地悲剧问题。共享经济平台虽不能与奥斯特罗姆的公共池塘理论完全映射，但有诸多类似特征，包括利用云计算、大数据、宽带网络和智能终端扩大了供给方的参与程度，并用信用评级和用户反馈实现了信用承诺和参与者之间彼此监督等。因此，从资源再分配的角度而言，共享经济可以解决资源配置失衡问题带来的诸多负外部性，包括资源浪费、资源耗竭、资源闲置及环境污染等。作为解决资源配置失衡问题的重要理论，自治理理论对共享平台的治理研究具有极大的启发意义。

下面分别对自治理理论的发展脉络、共享经济与 CPRs 理论的逻辑关系进行综述。

2.3.1 自治理理论的发展脉络

公共池塘资源自治理的提出是在对公共池塘资源困境的三个经典理论阐述的基础上提出来的（罗小燕，2012[94]）。一是公地悲剧。“公地悲剧”这一表述是哈丁（Hardin，1968[95]）首次提出来的。他认为每个放牧人都从自己的牲畜中得到直接的收益，但当他或其他人在牧场上过度放牧时，每个放牧人又因公共牧场退化而承受延期成本。因此每个放牧人都有增加越来越多的牲畜的动力，因为它从自己的牲畜身上得到了直接收益，承担的只是由过度放牧所造成的损失中的一部分。二是囚徒困境。囚徒困境博弈模型反映的是在公共池塘资源的消费中，消费者由于无法判断他人的选择结果，只能根据自身利益最大化选择结果的策略，它体现了个人理性与集体理性之间的冲突，也就是说个人理性策略会导致集体非理性的悖论。三是集体行动的逻辑。曼瑟尔·奥尔森在《集体行动的逻辑》一书中提出，在公共资源消费中，如果缺乏制度和规则的约束，作为理性的个人是会很自然地选择“搭便车”以坐享其成，而不是自愿地为促进集体的公共利益或实现公共资源的可持续存在而付诸行动。

1. 公共池塘资源治理的早期途径

一是官僚化的治理，研究学者包括奥普尔斯（Ophuls，1973）、海尔布罗纳（Heilbroner，1974）、爱伦费尔德（Ehrenfeld，1972）等，他们认为，如果经济效率来自公共财产资源的开发，那就要求对公共财产资源实行公共控制。但是，遵循集中控制的建议所实现的均衡是建立在信息准确、监督能力强、制裁可靠有效以及行政费用为零这些假定的基础上的。而在现实生活中，这样的假定情境几乎是不存在的。

二是市场化的治理。20 世纪 80 年代，史密斯、韦尔奇等学者开始探讨市场化的治理路径，他们认为市场化的管理更为有效和灵活，应该在自然资源和野生动物资源问题上通过建立自由产权制度代替公共财产制度，尤其是为了避免过度放牧造成的低效率，完全的私有化是最好的解决方案（李海燕、张晨曦，2010[96]）。

三是自治理。与以往研究公地悲剧问题的观点不同，由于政府的准入管制容易遇到信息不对称、逆向选择、过度干预、效率损失等诸多问题（黄征学、张燕，2018；李国平、王奕淇；2016），因此奥斯特罗姆认为要解决公共池塘资源的公地悲剧，应建立一套自治理的方案，其中方案的三个要素分别是新的供给制度、信用承诺、相互监督。

2. 奥斯特罗姆的经典自治理理论

奥斯特罗姆认为，公共产权和私有化都无法有效解决公共池塘资源的治理问题，加上在现实生活中，大部分制度围绕市场和国家存在两种安排，因此长期以来在自然资源系统方面均未取得成功。然而，许多社区的人们却能借助既不同于国家也不同于市场的制度安排，在一个较长的时间内，对某些资源系统成功地实行适度治理。

对于长期存续的自治理的公共池塘制度，奥斯特罗姆提出了 7 点设计原则。① 清晰界定边界。公共池塘资源本身的边界必须予以明确规定，有权从公共池塘资源中提取一定资源单位的个人或家庭也必须予以明确界定。② 使占用和供应规则与当地条件保持一致。规定占用的时间、地点、技术和资源单位数量的占用规则，要与当地条件及所需劳动力、物资和资金的供应规则相一致。③ 集体选择的安排。绝大多数受操作规则影响的个人应该能够参与对操作规则的修改。④ 监督。包括积极检查公共池塘源状况和占用者行为的监督者，或者对占用者负有责任的人，或者占用者本身。⑤ 分级制裁。违反操作规定的占用者很可能要受到其他占用者、有关官员或者他们两者的分级制裁（制裁的程度取决于违规的内容和严重性）。⑥ 冲突解决机制。占用者和他们的官员能够迅速通过成本低廉的地方公共论坛来解决占用者之间或占用者与官员之间的冲突。⑦ 对组织权的最低限度的认可。占用者设计自己制度的权力不受外部政府威权的挑战。

从奥斯特罗姆早期的实践来看，她考察了美国大洛杉矶地区南部一系列地下水流域管理制度的起源与运行。通过对该地区因抽水竞赛导致的地下水资源退化而引起的诉讼博弈以及企业家的努力观察，奥斯特罗姆注意到水资源生产者为了摆脱恶劣的抽水竞赛，在提出大量的诉讼也无法解决问题之后，终于自主地建立了公共企业，对地下水资源进行适当的管理。加州水务部门、洛杉矶市政府、私人公司、用水协会及其他一些相关利益团体都在水资源的供给中发挥了各自不同的角色，而且没有哪一个是“单中心”的。这样，在多个公共企业基础上，地下水资源治理形成了“多中心公共企业博弈”的格局。20 世纪 90 年代后，奥斯特罗姆通过控制实验条件、观察实验者行为和分析实验结果，来检验、比较和完善所提出的理论假设，实施了一系列关于社会困境中的行为，发现惩罚的作用在那些可以交流的实验对象中较之不能交流的对象更为显著，这意味着，人们是可以通过合作与交流建立富有作用的惩罚机制，规制违约行为的。

从前期的研究可以看出，虽然奥斯特罗姆的自治理得到了学界广泛的证实，但也存在着一些不足之处。一是理论的适用性较小。由于奥斯特罗姆的理论是建立在严格假设意义上的，适用的对象、适用的自然环境和社会环境、适用的政治体制等只有在满足了某些特定标准后，才有可能使公共池塘资源的自治理取得成功。这些特定条件严重地缩小了自治理理论的适用范围，也在一定程度上减弱了自治理理论的推广意义。二是难以量化。在自治理的实施过程中，个体主观因素占据很重要的部分，而主观因素是较为感性的，很难汇总计算，得到进一步的量化。此外，前期研究的较多成果是建立在个案调研与小样本基础上的，尚需要更多数据支撑（高轩、神克洋，2009[97]；张鑫，2008[98]）。

在奥斯特罗姆获得诺贝尔经济学奖之后，公共池塘资源理论获得了更广泛的关注。Wilson 和 Eckel（2013）[99]将埃莉诺・奥斯特罗姆比作一笔无与伦比的财富，并着重介绍了奥斯特罗姆研究轨迹的发展及自治理理论生成的过程。Tollison（2010）[100]更是对这一理论做了形象的评价，他认为埃莉诺・奥斯特罗姆关于公共池塘资源自治理的研究开启了理论和经验研究的潘多拉魔盒。Aldrich（2010）[101]认为这一自治理理论是一种恰到好处的解决方案，它在降低成本和改善激励方面实现了尽可能的平衡，但他更愿意将自治理看作是平衡各种目标基础上的政府解决方法。在 Frey（2010）[102]看来，埃莉诺・奥斯特罗姆自治理理论的贡献在于推动了社会治理的进步，并论证了集体问题中的成员可以依靠自己的兴趣和动力建立一定的协调解决机构，而不仅仅是诉诸外部的政府来解决，奥斯特罗姆关注的是影响个人行为的制度规则，而不是某类物品的外在特征表现。总体来看，这些学者对公共池塘资源自治理理论的评价和埃莉诺・奥斯特罗姆荣获诺贝尔经济学奖的原因是趋向一致的，即促进了经济治理思想的发展（鲍文涵、张明，2016[103]；王丹、李斌，2018[104]）。

3. 自治理理论的近期拓展

下面从理论拓展、政府治理拓展和行业应用三个角度重点分析。

从理论研究的拓展层面而言，CPRs 自我管理的四组变量集包括：(1) 资源特征；(2) 依赖于资源的群体的特性；(3) 管理资源的制度的细节；(4) 群体、外部力量和当局（如市场、政府和技术）之间的关系的本质。Currarini、Marchiori 和 Tavoni（2016）[105]概述了关系网络、社会网络等对公共池塘资源的作用。Benchekroun 和 Long（2016）[106]研究发现开采量和利润水平都会影响参与人利用公共池塘资源的效用，开采量导向会加剧公地悲剧，利润导向则会适当减少公地悲剧。Lee、Jusup 和 Iwasa（2017）[107]通过运用合作博弈模型，发现公共池塘资源的自我修复能力越强，过度开采越有可能抑制资源使用者之间的合作。

从政府治理的角度而言，Ricks（2016）[108]，Freeman 和 Anderson（2017）[109]认为政府对公共池塘的治理非常重要，治理者需要频繁地与参与者进行互动才能保证治理的有效性，治理公地悲剧的关键之处在于所有的利益相关者能够实现有效的对话和沟通（Adams，2003[110]）。Harju、Sirén 和 Salo（2017）[111]发现政府在野生动物多样性保护上有重要作用，观念、能力、政策制定和执行都会影响公共池塘资源的治理效果。Hoffmann 和 Quaas（2016）[112]发现渔业管理失败的原因与过高的允许捕鱼量密切相关，通过构建离散的动态博弈模型发现，设定高捕鱼量的原因在于制定者缺乏耐心。文献中对公地悲剧的解决大都依赖政府治理，尤其是资源较为紧缺的地区，政府治理是有必要的（Schnegg、Bollig 和 Linke，2016[113]），但是政府治理也会出现悲剧，大部分是因为技术的冲击（Farrer、Holahan 和 Shvetsova，2017[114]），例如，砂石开采是一个典型的公地悲剧问题，需求导向下政府不当的治理反而会催生非法开采和走私（Torres、Brandt 和 Lear，2017[115]）。Tilman、Simon 和 Watson（2018）[116]研究了政府如何消减公共池塘资源面临的风险和变化，资源管理者和资源使用者之间的收益分享机制可以通过价格溢价来实现，与自上而下的管理相比，这种自下而上的激励有助于资源的可持续发展。

CPRs 理论应用最多的行业是渔业及水资源的管理。Lozano 和 Heinen（2015）[117]发现在海洋渔业管理中，推动集体行动的因素有小规模的捕鱼者、非政府组织、政府机构的协同三个方面。也有研究发现，渔业退化的因素与渔具和渔点的改变、渔民的数量和渔民的生活多样性都有关。Barnes、Arita 和 Kalberg（2017）[118]发现利用当地的网络进行信息交换有助于提高公共池塘捕鱼的生产率，但战略信息交换的成本很高。Calvomendieta、Petit 和 Vivien（2017）[119]以法国的水资源管理为例，分析了公共遗产与公共池塘资源的区别。Sun、Sesmero 和 Schoengold（2016）[120]研究了墨西哥的地下水资源灌溉，发现由于缺乏弹性，个别抽水者对水位的影响有限，因此消除成本分摊机制的政策在减少灌溉应用方面将比基于电价的政策明显更有效。

可以发现，有关 CPRs 的研究大部分仍围绕奥斯特罗姆提出的对鱼塘等典型资源问题的解释，其他相关领域的应用较少，目前除运用动态博弈、合作博弈等方法，其他理论研究和实证研究较为局限。

2.3.2 共享经济与 CPRs 理论的逻辑关系

在共享经济这种新的供给制度下，其特征是符合 CPRs 理论的，协同消费模式将原来狭义的“池塘”拓展为整合资源的“共享平台”，因此，本章将 CPRs 的自治理理论运用在共享经济平台的分析框架中，一方面对 CPRs 理论本身的发展具有重要意义，另一方面也为共享经济平台的研究提供了新的理论视角和新的研究范式。

下面深入分析共享经济与 CPRs 理论的逻辑关系。

1. 共享经济符合 CPRs 的研究范畴

奥斯特罗姆（2008）[121]等认为，公共池塘资源是一种人们共同使用整个资源系统但分别享用资源单位的公共资源，在这种资源环境中，理性的个人可能导致资源使用拥挤或者资源退化的问题。共享经济平台就是一整套资源系统，提供共享资源的个人和机构都是这个池塘中的资源单位，在共享经济的资源系统中可能更多地出现逆向选择的问题。这种公共池塘资源不同于纯粹的公益物品（Public Goods，不可排他、共同享用），也不同于可以排他、个人享用的私益物品或收费物品（Toll Goods，可以排他、单独享用）或者俱乐部物品（Club goods，可以排他、共同享用）。这种公共池塘资源的供给系统可以由多于一个的人或企业联合提供或生产，如共享平台对机构和个人资源的整合，占用公共池塘资源单位的实际过程可以由多个占用者同时进行或依次进行，但资源单位却不能共同使用或占用，如共享停车位在同一时间每次只允许停放一辆汽车。因此共享经济平台基本满足奥斯特罗姆对公共池塘资源的定义。

2. 共享经济有助于减少公地悲剧

长期工业化发展带来的环境污染、对不可再生资源的过度利用引发资源耗竭等问题的出现主要源于自然资源或者生态环境的产权界定不清晰，因此短期内理性经济人会最大限度地获得资源的所有权，如同公共鱼塘的过度捕捞。共享经济之所以可以减少公地悲剧，原因有两个方面。一是共享经济的交易方式对产权的明确归属要求降低，资源使用者并不需要将资源“纳为己有”，这样可以减少资源总量的开发，如用共享单车 ofo 代替购买新的自行车实现短距离接驳，既便捷又经济。二是通过协同消费的方式，共享经济可以将已经利用的资源使用价值进行最大化，如社区居民可以通过共享平台租用邻居家的维修工具。

3. 共享经济提供了创新的制度供给方式

共享经济在供给制度的创新方面，一方面表现为交易成本的降低，另一方面表现为交易匹配程度的提高。交易成本问题广泛存在于各类经济活动中，共享经济通过缩小企业边界，使原有大企业才具有的规模经济被平台的网络经济代替，交易成本因为平台的信息揭露以及简单的使用权转移大幅降低，尤其减少了信息搜寻和讨价还价的成本。共享平台的另一个供给制度创新在于整合了大量的、个体的、零碎的资源，使得交易市场变得稠密，这更加有利于资源的匹配。

这种创新的供给制度，加之共享经济平台本身对信息的揭露和评价反馈机制，形成了类公共池塘的一种自治理。供给制度本身可以调节资源配置的方式，减少交易成本，提高配置效率，加之共享经济平台依托互联网、大数据和云计算，可以实现信息的集聚，这种信息披露为交易的成功提供了保障，而且供给方可以通过平台提供的需求信息，及时调整供给结构。目前大多数共享平台都有用户评价的功能，有效的评价体系可以减少由于信息不对称带来的道德风险和逆向选择。本章将验证共享经济是否能够真正符合公共池塘资源自治理的预期。

共享经济本身及其蕴含的“自治理”是以往经济模式中鲜有的，这种创新要求政府的治理方式做出相应改变。当创新的速度超过政府监管的能力范围，原有的监管将会变得过时、过度并且阻碍竞争。共享经济不断推进经济发展的结构性调整，与“去库存、去杠杆、降成本”的改革方向相契合，但能否实现可持续发展，也给政府的角色定位和治理方案带来新的挑战。目前共享平台缺乏有效的政府治理机制，宏观环境对信用的评价体系尚未健全，许多共享行业出现了自治理无法解决的难题。例如，过多的共享单车挤占人行横道；房屋分享对原住民造成生活上的干扰；共享汽车遭到传统租车行业的集体抵制等。这些问题的出现，很大程度上是由于政府治理与共享行业自治理之间没有实现协同，政府治理的缺失限制了共享经济自治理的作用。因此本章拟提供实现自治理和政府治理相互协同的解决方案。

综上所述，本书将探究共享经济协同消费模式是否可以实现公共池塘资源理论中的持续性自治理，从而解决目前城市经济发展中资源、环境出现的双重外部性与产能过剩问题，并研究共享平台自治理如何与政府治理相互协调，提高城市的资源配置效率。

2.4　共享经济平台的政府治理

2.4.1　政府对互联网双边平台的治理

由于共享经济是互联网双边经济的一种特殊情况，因此可以借鉴政府对一般性的互联网双边市场的监管思路和治理方案。

对平台而言，治理方可以是政府，也可以是平台自身，其中政府治理的优势在于对平台经济的管理会更符合公众利益，但是也存在可获得信息不足以及手段较少的缺点，影响其治理的精准性与效率；平台自身的治理相对于政府监管会具有信息及知识层面的优势，但约束力度不够，容易出现合谋等一系列问题。如何在有效治理的同时保证双边市场交易的自主性和创新性，不局限其未来发展，是学术界普遍关心的问题，另外采取何种治理模式，也是学术界关注的重点。下面从政府治理和平台自监管两种方式的研究进行分类阐述。

1. 双边平台的政府治理

Boudreau 和 Hagiu（2008）[122]认为，平台经济治理需要政府与市场的高度协作，以政府为主体、以市场为导向，针对平台经济中出现的问题与弊端制定相应的文件和办法，只有平台企业良性竞争的制度和监管程序，方可有效保护各参与主体的利益。曲振涛、周正和周方召（2010）[123]发现当不存在法律强制时，C2C（Customer to Customer）电子商务平台不愿意与税务部门合作配合税收监管，原因是税收会降低市场份额和利润。李凌（2015）[124]研究了国内电子商务等平台经济发展的现有政府治理模式及问题，认为当前政府对平台经济的治理存在着对平台经济的性质认识不清楚的问题，从而导致“一刀切”的管理模式，加之对平台经济的双边市场垄断能力缺乏足够的判断能力，导致对双边的价格监管不够完善和监管效率低下的问题。他认为平台经济的政府治理应该打破现有的分散化、碎片化的监管模式，对平台经济建立专门的机构，遵循平台经济发展的内在规律，对平台经济进行分类管理，建立相应的经营标准。此外，政府部门也可以通过税收、政府补贴等多种方式扶持、指导平台经济的发展。

类似地，田原（2017）[125]深入分析了电子商务平台，比较了电子商务合理监管与电子商务创新发展之间的权衡关系，提出我国电子商务可以按照有效监管、信息保护以及有利于创新与开放的原则进行治理。刘兵和唐守廉（2017）[126]重点从国内外治理对比分析的角度对互联网领域的电子商务治理模式进行研究，在探讨我国平台经济治理缺陷以及借鉴国外经验的基础上，他们分析了我国互联网监管的运行机制和发展现状，提出我国平台经济治理应该采取“用自上而下加第三方机构”的模式。甄艺凯（2017）[127]探讨了网约车市场在存在网络外部性的情况下，数量管制会出现不合意的结果，价格管制相比则更为灵活，且效率损失较少。

总之，学术界研究大都认为当前对于互联网领域的治理未能跟上互联网的发展，导致存在监管空白、法律法规不配套、治理主体缺失等诸多问题，迫切需要政府从多个维度跟进治理，提高对互联网领域的监管能力，促进互联网行业和双边市场的健康发展。

2. 双边平台的自监管

为了与前文奥斯特罗姆自治理的表述进行区分，本节统一使用自监管表述平台企业的自我管理。双边平台的自监管由 Farrell 和 Katz（2000）[128]最早提出。他们认为平台企业可以起到对各方利益进行维护的监管者角色。此外，Rochet 和 Tirole（2006）还发现，平台企业可以直接决定是否允许各方进入双边市场参与交易，这种监管或者称为管理的权力，类似于政府机构对企业的牌照管理。王勇和冯骅（2017）[129]对比了以政府部门为主导的公共监管和以企业为主导的私人监管两种模式，发现如果平台经济被这两种方式双重监管，企业为主导的私人监管应该起主要作用，政府为主导的公共监管起辅助作用。吴晓波（2017）[130]认为对于平台经济监管而言，政府的监管只是起到辅助作用，而真正落地的价值还在于互联网经济平台更好地激发企业家们的创造能力，因为这样有利于互联网平台经济与公共民生服务相得益彰，以此凸显城市社会经济发展的新动能和新内核。因此，在规制创新的背景下，既要鼓励市场创新，又要兼顾利益，需要考虑平台经济的特殊性。

综上所述，政府应该调整对平台经济的治理角度，目前的治理仍存在诸多不足和问题，但是对于如何治理，目前的研究并没有给出较为明确的答案，这为本书的研究提供了研究空间，也是本书研究共享经济双边市场治理问题的目的所在。

2.4.2　政府对共享经济平台的治理

由于共享经济起步较晚，政府的传统治理遇到挑战，合理的管制模式亟待创新，目前的研究大都从共享经济的相关产业出发，研究政府的治理缺陷并提出管制建议，下面进行详细综述。

1. 政府对共享经济进行管制的必要性

政府是否应该对共享经济进行市场干预，目前主要有正反两种观点，支持方的研究认为共享经济可以帮助建立陌生人之间更加信任和高效的经济行为，因此政府应该帮助更多的共享经济形式变得合法化，并出台更具弹性的政策法规（Minifie、Wiltshire，2016[131]）。Hartl 等（2016）[132]进一步通过市场调查发现，大部分协同消费模式的参与者认为政府的治理和监管可以有效促进合作，因为经济理性人的利己行为会降低个人资产分享的激励。由于共享单车企业、单车使用者和政府三方的核心利益诉求在共享单车运营过程中必然会发生冲突，因此，郝身永（2018）[133]认为必须加强对共享单车的监管。进一步考虑不正当竞争可以发现，共享经济的不正当竞争重点体现在税收缴纳方面，许多传统企业抱怨当他们缴纳税费并受到严格监管时，共享企业几乎无须缴纳任何税费，还借由新兴产业的身份，规避法律监管（Koopman，2014[134]；吴晓隽、方越，2016[135]）。因此提高行业监管水平和透明度，跟踪大规模市场兼并重组行为，加大力度甄别并处罚垄断及不正当竞争行为是较为有效的途径。

反对监管的研究认为，共享经济基于互联网，在交易过程中的信誉积累可以替代政府保护买方，规避市场失灵，同时灵活的价格机制带来的利润可以替代法规的强制性并保证产品质量（Sundararajan，2012[136]）。Sparks（2015）[137]认为，共享经济重新定义了消费边界以及劳动力边界，对传统产业影响很大，且改变了原有的经济性进入壁垒，因此政府需要综合评估，而非简单阻止或者鼓励冒进。李玉虎（2017）[138]认为对于共享经济监管的理由来自两个方面，一是共享经济内在的需要，二是共享经济对传统经济的挑战。从市场准入退出角度来说，应当遵守市场监管法律制度的一般规则，更多地通过利益传导规则引导共享经济模式朝着有利于经营者与消费者福利最大化和社会公共利益最大化的方向发展，而不是通过行政命令的方式压制。

另外，从共享经济能否实现环境友好的角度而言，诞生于环境危机之下的共享经济本质是契合可持续发展理念的，可以帮助政府致力于可持续发展的实现（Bonciu、Balgar，2016[139]），然而目前的汽车共享在减少温室气体排放方面的作用是难以确定的，尤其是当大量无车家庭进入汽车分享市场中时，汽车分享行为可能反而会增加温室气体的排放（Martin、Shahhen，2011[140]），因此需要政府进行甄别。与大部分学者支持共享经济的环保性相反，吴昂（2018）[141]持悲观态度，认为共享经济本身蕴藏着环境风险，因为激活沉睡的分散闲置资源、集中高强度使用会产生大量消耗和污染，同时大规模的公众参与也会给环保监管带来挑战。例如，

Airbnb 允许房主在短时间内将闲置的房屋出租给游客，导致原来被规划为居民区的地方变成“商业酒店”区（Fraiberger、Sundararajan，2015[142]）。因此，应对共享经济的环境风险，必须在当前政府主导的环保监管模式之上进行创新，构建政府与共享经济平台方协同配合的合作监管模式。

2. 政府对共享平台的监管困境

刘权（2016）[143]认为传统监管对于共享经济而言存在诸多问题，如监管理念的不协调、过度依赖事前性监管措施、监管措施的实效性低、监管依据重硬法轻软法等。罗英和钟光耀（2018）[144]认为共享经济凭借参与的广泛性、非专业性和对闲置资源最大限度地激活等特点，为经济的创新发展注入了巨大活力，亦给人们的生活带来了便利和实惠，同时改变了传统经济模式中法律关系的内容与结构，这对根植于传统经济模式的政府监管提出了新的挑战和问题。政府监管应当以制度创新来回应共享经济的技术创新，在包容审慎基础之上坚持激励为主的监管理念，构建自我规制为主、行政监管为辅的合作监管体制；建设更注重信息甄别的网上信用平台，并注重提升消费者的信息识别与吸收能力，同时重视发挥非正式监管规则的作用。魏文松和覃晚萍（2018）[145]从市场准入制度、竞争制度、互联网监管制度探讨分析了现行的市场监管制度对共享经济监管和规制存在的不足之处。在此基础上，提出完善市场监管的相关法律规范、革新规制理念、创新多元规制途径、提高公共信用水平等建议措施。

共享经济在税收视角下偷税漏税、监管缺位所造成的对传统经济不公平的冲击也为众人非议，刘恒智（2018）[146]建议政府这只“看得见的手”也应该适度地引导规范并制定税收优惠措施对共享经济进行帕累托改进，增加整个社会的福利。白云朴和朱承亮（2017）[147]从共享经济带来的组织模式新变革、竞争秩序及格局新变化、行业管理新要求、产权制度新挑战、市场监管领域新变化五个方面出发，分析当前我国共享经济发展面临的治理模式变革与挑战，提出营造良好制度环境和监管体系是共享经济发展的基础，多方协同治理机制和共享经济信息平台的建立是共享经济发展的保障。

3. 共享经济监管的路径和工具

应飞虎和涂永前（2010）[148]提出使用信息工具进行监管，这是一种为交易主体或规制机构提供决策信息以改善决策质量的规制工具，与传统的监管工具相比，它对私权的影响力度弱，使用成本低，是一种最尊重市场的市场友好型监管工具。

李鑫（2017）[149]强调信用监管的作用，他认为不同类型的共享经济对现行监管体系带来挑战，目前存在平台企业法律定位模糊、交易主体权益损害、知识产权矛盾加剧、市场不正当竞争、公共产品负外部性等问题，需要在法律法规适用、行政监督权力配置、监督意识转变和监管手段完善等方面实现创新。因此，建立以信用为核心的共享经济分类监管体系，形成企业自治、行业自律、社会监督和政府监管的市场共治格局，有利于缓解政府市场规制与鼓励共享经济发展之间的冲突，打破监管机构间的信息孤岛，形成线上线下一体化的监管体系。

蔡朝林（2017）[150]认为，应该从分行业指导和管理、平衡创新与监管关系、改善基础设施及制度环境等方面提高政府对共享经济监管的有效性，并通过设定“服务标准”兼顾政府对效率和质量的双重目标；敦促单车企业改进押金制度；加快个人信用数据库的建设、开放和使用；先期进行正确的舆论引导。耿颖超（2017）[151]认为共享经济的三大矛盾分别是开放高效与机制障碍的矛盾、共享资源与固化利益的矛盾以及创新发展与监管低效的矛盾，他认为化解三大矛盾是当今共享经济释放经济红利与创新活力的关键，突破机制障碍、打破利益藩篱与创新监管方式是化解监管矛盾的首要扳手，也是拥抱共享经济的重要臂膀。傅晓（2017）[152]建议在共享经济领域建立以竞争法调整为主，其他监管、自律为辅的混合式监管模式。

4. 共享经济典型行业的监管案例

一些学者专门探讨了共享经济典型行业的监管问题，例如，郭传凯（2017）[153]和王玎（2017）[154]探讨了网约车的监管问题，认为当前对网约车的监管过于严格，与“共享”的本质相悖。

针对共享单车行业存在的问题，谭袁（2017）[155]指出，共享单车发展中出现的乱停乱放等违规现象，一个重要原因是共享单车运营商之间的“底线竞争”及单车企业之间的恶性竞争和“囚徒困境”，其解释逻辑是，单车运营企业在规则的制定和执行方面迎合部分消费者，提高了对各种违规行为的容忍度，并借此扩大各自的市场份额，要消除这些违规现象，运营企业就必须制定自律性规范并严格执行。刘根荣（2017）[156]也认为，共享单车从严格意义上讲并不属于共享经济的范畴，它只是现代移动互联网技术、物联网技术支持下的一种智能租赁模式，与传统自行车租赁并没有本质的差异。电子围栏技术有可能成为破解共享单车乱停放难题的技术手段，但这一技术的应用需要很多配套政策协同推进。孙迎坤等（2018）[157]认为共享单车的监管面临分布范围广、回收管理难度大、用车安全缺乏保障、行业规范不完善等问题，因此需要不断从完善公共交通系统、创新管理模式、提升安全系数、完善准入门槛等角度提升监管质量。

2.5 小　　结

移动互联网时代我国共享经济呈现出良好发展态势，创造出了众多新业态、新模式，为化解产能过剩、带动大众创业和万众创新发挥着积极作用。然而，由于中国的共享经济面临社会诚信的缺失、法律监管的滞后、快速扩张的风险、平台信息的断裂以及政策法规的混乱等问题，因此只有改变管理思维、加强信用监管、开放数据资源，才能实现多方共赢（潘建斌，2016[158]）。国家发展改革委等八部门联合印发的《关于促进分享经济发展的指导性意见》提出，政府对共享经济的监管主基调是鼓励创新、包容审慎；监管要求是放宽准入、底线思维；监管方向是多方参与、协同治理。

共享经济作为全新的新经济形态，它的出现给传统治理模式带来了前所未有的变革和挑战。由于共享经济独特的发展特征以及适应性法律法规制定的滞后性和路径依赖性，我国共享经济越来越受制于传统的经济社会监管制度，很难大刀阔斧地跨步向前，因此探索创新共享经济治理势在必行。加之共享经济平台的责任界定问题给政府治理带来严峻挑战，政府全面介入或完全放任的规制选择均有失偏颇（汪旭晖、张其林，2015[159]；刘奕、夏杰长，2016[160]）。因此，寻找多元协同的治理方式对城市共享平台的发展具有重要的意义。

第3章　国内外共享平台的发展概况与城市建设

党的十九大报告明确提出，“推动互联网、大数据、人工智能和实体经济深度融合，在中高端消费、创新引领、绿色低碳、共享经济、现代供应链、人力资本服务等领域培育新增长点、形成新动能”。城市发展一直在蜕变当中，每一个关键的技术节点，都可能导致我们的生活和城市发生一系列的变化，进而对城市规划提出新的挑战。随着共享单车停满大街小巷，共享经济在交通出行、房屋住宿、生活服务、医疗服务、知识技能、生产能力等领域迅猛发展。这不得不让城市建设者们思考，共享经济对城市中的生活工作方式、经济社会组织、城市形态结构乃至治理模式等方面会带来什么样的影响。

共享本身是将原本仅供一人使用的产品在多人之间实现循环利用，进而促进资源的利用最大化。因此，共享经济的发展需要依托大量的人口聚集，人口密度是共享经济能够顺利发展的重要前提。中国城市的人口密度远大于农村，且超过世界其他国家。例如，2017年上海市全市人口密度为3 814人/平方千米，中心城区如黄浦区、虹口区等人口密度分别为32 004人/平方千米和34 058人/平方千米。[①] 中国拥有如此大规模的人口聚集，为共享经济的发展提供了良好的发展基础。加之互联网在城市中的普遍运用和推广，让共享经济在中国的许多城市得到迅猛发展。

之所以把共享提到一个可能影响城市发展的现象和趋势来讲，是因为当前共享经济的发展更多地跟城市资源相结合。这种结合方式会直接改变

---

① 资料来源：《上海统计年鉴—2018》。

城市的经济发展方向、资源配置方式及政府治理模式。例如，在共享单车出现之前，很多城市都有政府主导运行的公共短租自行车，如北京、杭州等地。这种公共自行车从管理到实施由政府提供，有规定的停放点，属于有一定公益性的、被政府垄断的行业。但因为投放点有限，而且借还车辆需要在固定的场所，因此这种公共自行车对居民生活和城市交通的影响力一直不大。而共享单车的蜂拥而入，实际上与政府提供的租赁自行车形成了一定的竞争关系，并且基于突破了借还车的固定地点、较为实惠的价格、对绿色环保理念的商业宣传等原因，吸引了许多消费者的目光，极大提高了人们短途出行对单车的使用率，与此同时也给城市公共交通秩序的管理带来了许多难题。因此，本章在梳理国内外共享平台企业发展现状的基础上，研究共享平台对城市建设的影响，分析城市共享平台建设的问题与挑战。

3.1　共享经济平台的发展现状

本节对共享经济在国内外的发展现状进行梳理，重点关注共享出行领域、共享住宿领域、共享办公领域代表性企业的发展现状。

3.1.1　总体发展概况①

全球共享经济处于高速发展期，参与共享经济的人口不断增多，共享经济平台收入大幅提高，共享经济领域不断拓展。房屋住宿领域共享平台 Airbnb 已经覆盖全球 34 000 多个城市，市场估值 255 亿美元。截至 2015 年年底，美国愿意投资共享经济的机构由 2010 年的不到 20 家，增加到 198 家，这一数字仍在不断上升。从共享经济涉及的领域来看，美国、英国、中国的统计数据均表明，当下估值或收益最高的共享经济领域分别为共享金融、交通出行、房屋住宿、生活服务等。目前国内外已出现超过 5 大类 13 小类的共享型经济企业及模式，包括交通领域的租车及拼车、出

① 资料来源：本节数据来源于中国国家信息中心分享经济研究中心 2016—2018 年的《中国共享经济发展年度报告》。

租车、轮船共享、飞机租赁和自行车共享；旅行住宿领域的房屋住宿和办公室共享；物流领域的众包物流；服务及技能领域的零散体力劳动、知识技能等脑力协作服务；闲置用品领域的家庭用品和企业闲置物品交换等。较为细致的分类可参考李佳颖（2017）[161]对共享平台的分类，她将目前全球的共享企业按表3-1归为7大类13个小类。

从表3-1中可以看出，目前共享经济已经渗透到产品、空间、知识、劳务、金融等多个产业层面，已经从方方面面影响人们的生活和工作。下面分别对国内外的共享平台进行分析整理。

表3-1 共享平台分类及代表企业

共享类型	产品	企业名称
产品共享	服装	RenttheRunway、PoshMark二手服装平台、美丽租、女神派、衣二三、久物、多啦衣梦等
	餐饮	Eatwith、Plenry、Feastly、回家吃饭、我有饭、下厨房、觅食、妈妈的菜等
	出行	Uber、Lyft、Zipcar、BlaBlaCar长途拼车（欧洲）、Netjets私人飞机租赁、PROP游艇租赁、G-Auto印度电动黄包车、滴滴出行、嘀嗒出行、神州租车、易道、摩拜单车、ofo小黄车等
	其他	Youtube、Netflix视频共享、Castorama家具共享、都市王子、中国设备租赁网、易科学等
空间共享	住房	Airbnb、蚂蚁短租、小猪短租、Dog Vacay、Easy Nest、游天下、途家网等
	物流	Instacart跑腿服务平台、货拉拉、58到家、e快送、人人快递等
	办公	Citizen Space联合办公室、联合创业公司、马上办公、SOHO3Q、氪空间、雷格斯等
知识技能共享	知识	Wikipedia、Coursera公开课、Duolingo语言学习平台、Data. gov美国政府数据库、百度百科、经管之家、知乎、我懂等
	技能	TaskRabbit、Skill Share、Etsy、猪八戒网、时间财富网、名医主刀、在行等

续　表

共享类型	产　品	企　业　名　称
劳务共享		Handy Book、E 袋洗、河狸家、58 到家、阿姨来了、京东到家、人人快递等
金融共享		Kickstarter、Lending Club、京东众筹、众筹网、陆金所、淘宝众筹、借贷宝、人人贷等
产业链共享		阿里巴巴"淘工厂"、沈阳机床厂 I5 智能平台等
时间共享		Timebanks 劳动时间交换平台

1. 国外共享平台发展现状

本节选取美国、法国、韩国、日本、新加坡等共享平台较为成熟的国家进行分析，并与中国的共享平台进行对比。

（1）美国是共享经济的发源地和创意中心

美国是共享经济的发源地，世界上有关共享经济模式创意的种子大多是先在美国萌芽开花。从经济体量来看，美国共享经济市场规模估测为 5 100亿美元，约占美国 GDP 的 3%，在全球独占鳌头。根据智研咨询的调查：每五个美国人当中就有一人在为共享经济平台工作，五分之二的人享受过共享经济平台的服务，美国共享经济的参与者以年轻人为主，其中年龄在 18~34 岁的比率超过 50%①。2014 年 12 月，普华永道与 BAV 咨询公司对 1 000 名美国共享经济消费者进行了抽样调查，结果发现 44%的受访者对共享经济比较熟悉，其中 18%的受访者曾作为消费者参与共享经济，而 7%的受访者则作为供应商参与共享经济。2015 年，美国全国城市联盟（National League of Cities，NLC）对 30 个美国大型城市关于共享经济的情感进行调查，调查结果显示其中的 9 个城市持完全积极的情感、21 个城市存在混合的情感，并且在这 30 个城市中，有一半城市已经开始着手制定相应的政策和管制计划。

美国作为"共享出行"的代表者 Uber 与"共享空间"的代表者

① 资料来源：《2017—2023 年美国共享经济行业深度调研及市场前景预测报告》，智研咨询集团出版，2017 年。

Airbnb 的发源地，近年更是将共享经济的创意融入工作和生活的方方面面。例如，共享办公平台 ShareDesk 把 Airbnb 的概念用到办公室，一方面较大规模的公司可以提供闲置的办公桌和会议室；另一方面，移动办公族可以在邻近的任何地点进行临时工作。这种共享办公模式在节奏较快的发达城市里尤其适用，不仅便利，而且提高了工作效率。

再如，总部位于旧金山的共享美食平台 Eatwith，主营业务是给旅游在外的游客提供在当地人家里吃饭的机会和服务。在供给端，餐食的提供者可以在 Eatwith 公司的 APP 上开一个饭局，接受游客的订单，在需求端，任何人可以作为一个食客在 APP 上自由选择一场喜欢的、位于世界各地的私人饭局。从共享经济是利用闲置资源的这一概念上理解，Eatwith 的资源节约体现在“一个人的饭也是做，三个人的饭也是做”。可见，美国已经成为共享经济发展较为成熟和稳健的国家和市场。

（2）法国针对共享经济正式立法

根据普华永道的判断，欧洲国家的共享经济将在未来 10 年内增长 20 倍，其中法国更是欧洲共享经济的主要市场国家。网约车巨头 Uber 在法国有 230 万从业者，共享房屋巨头 Airbnb 在法国拥有超过 1 000 万套房源，90%以上的法国居民使用过共享平台的服务①。除了上述共享经济的国际巨头，法国本土的共享经济平台也处于该领域内的国际领先地位，发展迅速，规模很大，行业涉足衣、食、住、行、娱乐、购物、服务、融资等多个领域。

法国共享经济的兴起、发展和稳步上升是当地技术、经济、文化等多种条件综合作用的结果。从消费理念来看，个人间物品和服务的交换在法国较为普遍，二手交易和二手市场发展也很成熟，人们对于物品共享、协同消费的模式比较容易接受。从宏观经济层面来看，与美国类似，2008 年的经济危机发生后，法国人民的生活理念和消费方式出现转变，人们愿意将多样化资源或碎片化时间利用起来，借助网络平台，通过提供服务获得一定收益，从而创造价值并增加收入。从技术条件来看，法国的智能终

① 资料来源：中国经营网 http://www.cb.com.cn/index/show/zk/cv/cv13411791199。

端、互联网技术、手机普及率等在欧洲均处于领先地位，大数据分析和移动支付提高了资源供需双方的匹配度。

从绿色发展的角度来看，法国受限于本土资源的匮乏，历来对节能环保都非常重视，这种意识深刻渗透在法国的各行各业中，因此法国人较为推崇共享经济模式，认为通过资源再分配可以节约成本、提高利用率及减少环境污染。从社会体制的角度来看，法国的企业所得税税率高达 33%，企业的劳动力成本高，对应的服务价格也很高，共享经济模式带来的产品和服务分享相对传统交易更为平价和实惠，因此也很受法国消费者的欢迎。从就业追求和偏好来看，法国鼓励创新，推崇职业自由，也有成熟的法律法规对自由职业者予以保护，因此共享经济就业方式更为灵活，平台的从业者可以相对稳定地自由进入或退出社会生产过程，培育了规模巨大的自由就业群体，提供了新的就业机会，减少了失业可能带来的一系列潜在问题。

为了规范共享经济市场，2016 年 8 月 31 日，法国税务部门公布指导意见，要求网民申报通过网络共享经济平台取得的收入并纳入税收范畴，这意味着拥有一定收入的网约车和共享住房的从业者将纳入自由职业者范畴，在承担相应税收的前提下合法运营。2016 年 10 月 28 日这个法案获得法国国民议会投票通过，表明法国正式承认共享经济的合法性和合规性，并着手对其实施系统化的监管①。总体来看，法国各界对共享经济的评价是正面的，认为共享经济不但降低了服务业的成本价格，提高了居民的购买力，还增强了法国相关行业的竞争力。

（3）亚洲各国的共享经济发展迅猛

韩国首尔市 2012 年 9 月 20 日发布“首尔共享城市”宣言，并发表与市民生活密切相关的共享事业和共享城市基础建设及扩大政策为内容的“首尔共享城市推进计划”。首尔市还于 2013 年 6 月 26 日开设了“首尔共享枢纽”（http：//sharehub. kr），将共享相关信息和共享平台信息汇聚在了一起。通过“首尔共享枢纽”，市民只需搜索“共享城市”一词，就可

---

① 资料来源：新浪财经网 https：//finance. sina. com. cn/roll/2016 - 10 - 13/doc-ifxwvpqh7277796. shtml。

以轻松找到共享相关信息和共享平台。在这里，市民可以很方便地使用共享车辆、共享书籍、共享工具、共享停车场。首尔市很多社区的居民都可以去登记他们认为可以共享出来的东西，但需要通过政府或者社区的管理提供帮助。比如私家车主把车贡献出来，需要先跟政府签订协议，车的保险、质量等问题都有具体的法律规定。私人汽车在这种环境下，只要登记就可以放心投入市场共享。韩国这种私家车的共享模式基于政府提供一个社区网站来协调管理。美国共享汽车公司 Zipcar 的创始人罗宾在法国创建了另外一个类似的公司，提供线上 P2P（Peer to Peer）平台给有意愿分享自家汽车的居民来登记。对比来看，韩国首尔的共享私家车是政府主导的治理，罗宾的法国公司是私营行为。两者都在降低汽车共享的边际成本，从而促进共享经济的发展。

日本的共享经济以租赁为核心，发展较为成熟的共享业务包括共享空间、共享时尚和共享服务/时间等诸多领域。共享空间的发展源于赴日游客数量的激增导致传统酒店业的供应不足，日本政府逐步规范对民宿的管理。共享时尚行业中，日本的 LAXUS 公司专门提供在线租包服务，在这个平台上，主妇们把闲置的名牌包寄给 LAXUS，有需求的人会在 LAXUS 网站上挑选想要租借的包，每月需要 6 800 日元（约合人民币 401 元）就可以随意租借 LV、Chanel、Hermès、Gucci 等 52 个品牌约 2 000 个包；提供包的主妇，大概一年能够获得 2.4 万日元（约合人民币 1 477 元）的收入，传统的奢侈品包变为了年利率约 10% 的投资商品①。共享出行领域，除了国际企业 Uber 等公司外，日本本土的共享出行企业发展也较为迅速和稳步，例如，共享租车企业 DENA、TIMES；共享停车场 AKIPPA；共享跑车企业 ANYCA；共享电动车 Date Bike，共享单车企业 COGOO 等（吴敏，2018[162]）。

新加坡也经常面临资源耗竭的窘境，因此对共享经济也坚持开放的发展态度。2012 年，面向个人物品分享的网站 Rent Tycoons 成立，其企业宗旨是实现零废弃物率，之后包括 Rent Tycoons 和其他 5 家新加坡本地共享

① 资料来源：搜狐网 http://www.sohu.com/a/287016307_117373。

平台成立了共享经济组织，宗旨是保持民众对“共享”的持续关注，并为组织中的会员提供互助与合作的机会，同时还联合教育和政府等公共部门开展对话。这些共享经济平台都是围绕真实或虚拟物品共享的，其目标是利用共享模式节约资源（杨学成，2017[163]）。共享出行领域，新加坡本土的顺风车平台 GrabHitch 以兼职司机为从业主体，符合廉价、绿色出行的社区共享初衷。2017 年，新加坡政府对 Airbnb 和 Uber 两家公司的管制包括：如果发现 Uber 旗下司机 3 次及以上没有持有效执照或保险时，官员可暂时吊销该车辆共乘公司的营业执照长达一个月，涉及的司机也会面临罚款和监禁；对于 Airbnb，政府官员则有权进入住宅，以检查居民是否非法租住房屋①。这意味着新加坡开始逐步将共享经济平台纳入主流的经济行业。

综合上述国家的共享平台的发展可以发现以下两个特点：一是共享平台的产生和发展是需求推动的市场行为，初衷是为了利用闲置资源，实现节能环保的绿色发展目标；二是政府层面对城市共享平台发展持有的态度基本是积极、鼓励的，治理趋势是规范化和合法化。

2. 中国共享平台发展现状

共享经济的起源并不在中国，但是近年引领全球共享经济发展的国家却是中国，用户最广泛的国家也是中国，因为中国许多一线城市拥有巨大的人口基数和人口密度，为共享经济的发展提供了良好的契机。2017 年，全球单笔最大的风险投资规模达到 55 亿，投资对象为中国共享经济代表企业滴滴出行。李克强总理在 2016 年的《政府工作报告》中提出未来需要“支持分享经济发展”，足以看到共享经济在中国供给侧改革中发挥的重要作用。中国“十三五”规划中供给侧改革是未来几年的核心任务，由于共享经济蕴含潜在的巨大动能，其成为结构性改革“去库存、降成本”的新经济方案。

党的十九大明确宣示中国特色社会主义进入新时代，对新的发展阶段做出了战略规划和全面部署。我国已经站在了新的历史起点上，社会主要

① 资料来源：环球网 https：//finance. huanqiu. com/article/9CaKrnK0M0Y。

矛盾转化为人民日益增长的美好生活需要和不平衡不充分的发展之间的矛盾，共享经济是解决经济社会发展主要矛盾、实现经济高质量发展的重要抓手。

共享经济“中国式创新”引发全球关注。美国彭博社、英国《金融时报》、日本《日本经济新闻》、德国“德国之声”、西班牙《发展报》等媒体都对我国共享经济发展给予了高度关注和赞誉。《纽约时报》针对中国共享经济的创新势头评论道：“现在，轮到硅谷山寨中国企业了”“中国抄袭美国的时代过去了，在移动领域，美国已经开始抄袭中国”。我国共享经济创新也受到国外企业家的赞誉，Airbnb 联合创始人、首席战略官内森·布莱查奇克指出，“与其他国家相比，中国对于共享经济的创新模式更为认可、热情更高、反应更快”。

当下中国的共享经济，已经突破了早期闲置物品资源配置的经济模式，而将资源配置扩大到教育和医疗等服务、媒体内容分享、闲置资金众筹等领域。具体来看，2017 年中国共享经济市场交易额约为 49 205 亿元，比上年增长 47.2%。其中，非金融共享领域（包括生活服务、生产能力、交通出行、知识技能、房屋住宿等）市场交易额约为 20 941 亿元，比上年增长 66.8%；金融共享领域市场交易额约为 28 264 亿元，比上年增长 35.5%。2017 年我国共享经济结构继续改善，非金融共享领域市场交易额占总规模的比重从上年的 37.6%上升到 42.6%，而金融共享领域市场交易额占总规模的比重则从上年的 62.4%下降到 57.4%，下降了 5%。从各领域增速看，2017 年知识技能、生活服务、房屋住宿三个领域市场交易额增长最快，增速分别为 126.6%、82.7%和 70.6%。从投融资市场情况看，初步估算，2017 年共享经济融资规模约 2 160 亿元，同比增长 25.7%。其中，交通出行、生活服务和知识技能领域共享经济的融资规模位居前三，分别为 1 072 亿元、512 亿元和 266 亿元，同比分别增长 53.2%、57.5%和 33.8%。2017 年全球规模最大的 10 笔风险投资中，有 5 笔投向中国企业。其中，单笔规模最大的是滴滴出行 55 亿美元的融资。①

---

① 资料来源：《中国共享经济发展年度报告（2018）》，国家信息中心发布。

2018 年中国共享经济交易规模 29 420 亿元，生活服务、生产能力、交通出行三个领域的发展规模位居前三名。2018 年中国共享经济参与者约 7.6 亿人，参与提供服务者约 7 500 万人，平台员工 598 万人。值得关注的是，2018 年共享经济直接融资规模出现明显下降，总额约 1 490 亿元，下降率达 23.2%，可见投资者对共享经济的态度开始趋于冷静。分行业来看，共享出行领域，2015—2018 年网约出租车客运量占出租车客运总量的比重从 9.5%提高到 36.3%，网约车服务收入年均增速 35.3%，是普通出租车的 2.7 倍，网约车用户在网民中的普及率由 26.3%提高到 43.2%；共享住宿领域，2015—2018 年共享住宿收入占住宿业客房收入的比重从 2.3%提高到 6.1%，共享住宿收入年均增速为 45.7%，是传统住宿业客房收入的 12.7 倍，共享住宿用户普及率由 1.5%提高到 9.9%。①

从数据来看，不管是共享经济本身的绝对增长量还是相对于 GDP 的比重增速都在上升，尤其是交通和住宿两个领域在 2016—2017 年的平均增长率非常高。经计算，2018 年生活服务占比从 2017 年的 66.22%下降到 54.02%，生产能力占比从 2017 年的 20.08%上升到 27.99%，意味着共享经济开始逐步向生产领域渗透和扩展，生活服务领域的发展开始趋于平稳和成熟。详细数据整理见表 3-2。

表 3-2　2015—2018 年中国共享经济交易额②

分行业	2015 年		2016 年		2017 年		2018 年	
	总值/亿元	增长率/%	总值/亿元	增长率/%	总值/亿元	增长率/%	总值/亿元	增长率/%
生活服务	3 603	—	7 233	101	12 924	78.7	15 894	23.0
生产能力	2 000	—	3 380	69	4 170	23.4	8 236	97.5
交通出行共享	1 000	—	2 038	104	2 010	-1.37	2 478	23.3
知识技能共享	200	—	610	205	1 382	126.6	2 353	70.3

① 资料来源：《中国共享经济发展年度报告（2019）》，国家信息中心发布。

② 说明：表 3-2 中 2015 年无增长率数据的原因在于没有找到 2014 年相关行业的官方统计数据，无法准确计算增长率。

续　表

分行业	2015 年		2016 年		2017 年		2018 年	
	总值/亿元	增长率/%	总值/亿元	增长率/%	总值/亿元	增长率/%	总值/亿元	增长率/%
房屋共享	105	—	243	131	120	—	165	37.5
医疗共享	70	—	155	121	56	48	88	57.1
共享办公	—	—	—	—	110	—	206	87.3
总　额	6 978	—	13 659	103	20 772	52.08	29 420	41.63
GDP 占比/%	1.03		1.84		2.51		3.26	

资料来源：根据国家信息中心发布的 2017—2019 年《中国共享经济发展年度报告》整理获得，删除了金融行业相关（如众筹）数据。

注：—表示数据缺失。共享办公的数据在 2018 年以前合并在房屋分享中。

表 3－2 中各行业共享内容各有不同。生活服务：主要是劳务共享，代表性平台企业有阿姨来了、京东到家等。生产能力：如协作生产方式，包括能源、工厂、设备、基础设施等，代表性平台企业有沈阳机床厂 I5 智能化数控系统、阿里巴巴“淘工厂”等。交通出行共享：如汽车、单车，代表性平台企业有滴滴出行、Uber、ofo 小黄车、摩拜单车等。知识技能共享：如智慧、知识、能力、经验等，代表性平台企业有猪八戒网、知乎、Coursera。房屋共享：如住房、停车位、土地等，代表性平台企业有 Airbnb、小猪短租、Landshare 等。医疗共享：主要指基层小医院的医疗设备和医生，代表性平台企业有春雨医生、名医主刀等。共享办公：主要指共享办公空间的分享，代表性平台有 WeWork、氪空间、雷格斯等，共享办公是 2018 年发展速度居前三的共享平台企业，是共享行业的一匹黑马。

3. 共享经济平台的发展模式总结

从国内外共享经济平台的发展来看，共享平台不仅可以分享实体资源，也可以分享虚拟资源，进一步根据平台特征和运营模式，博茨曼和罗杰斯（2015）[164]将共享平台的发展模式进行分类，具体如表 3－3 所示。

表 3-3 共享平台发展模式分类

共享系统	产品服务	再分配	协同生活方式
资源类别	实体资源	实体资源	虚拟资源
共享方式	出租租赁，实物和租金的交换	二手交易，实物和资金的交换	物物交换，虚拟资源和资金的交换
共享特点	所有权不变、使用价值在使用权多次交易中达到最大化	所有权循环交易，同质新产品减少，二手垃圾减少	自由协作组合，知识、双翼和另类产品的分享满足高效需求
企业代表	Zipcar、神州专车、美丽租等	瓜子二手车、孔夫子旧书网、58 同城二手产品交易网等	Airbnb、SOHO3Q、小猪短租、回家吃饭、知乎等

按照共享经济的运营渠道不同，又可以将共享平台总结为 B2C（Business to Customer）和 P2P 两种，具体如表 3-4 所示。

表 3-4 共享平台运营模式分类

运营模式	B2C	P2P
资源提供方	企业	个人
运营特点	重资产模式，产品标准化和统一化程度高，成本高，价格高	轻资产模式，是对个人闲置资源的盘活，交易灵活，价格较低，风险较高
企业代表	Zipcar、神州专车、摩拜单车、沈阳机床厂 I5 智能平台、SOHO3Q 等	Airbnb、PP、名医主刀、小猪短租、顺风车、e 代驾、回家吃饭等

3.1.2 城市共享出行平台企业的发展现状

共享出行主要指使用方按照出行要求付出相应的使用费，以共享和合乘的方式与其他人共享车辆，无须拥有车辆所有权的一种方式。具体的平台企业以打车软件中的顺风车、拼车、共享汽车、共享单车为代表。本书探讨的模式是纯共享模式，即基于闲置资源的再利用，因此大部分用打车软件呼叫专业化出租车的模式暂不予讨论。

2018年是共享出行行业大洗牌的一年，一方面超过90%的共享单车平台倒闭，另一方面许多传统汽车制造商企业纷纷开始向共享出行领域进军。例如，2018年4月，美团在南京、上海等地开展打车业务，并扬言要分掉滴滴打车30%的市场份额；2018年7月，一汽、东风、长安等多个传统车企的巨头签署移动出行意向协议书，利用自有闲置汽车库存整合三方优势资源，合资组建T3出行服务公司；长城汽车集团也推出共享出行品牌“欧拉出行”，用于开展长短租、分时租赁和网约车等业务；2018年11月，上汽集团推出定位于中高端客户群体的“享道出行”，正式进军网约车业务，目前已在上海地区开启试运营；2018年12月，宝马集团作为第一家在中国拿到网约车牌照的外资车企也宣布旗下“ReachNow”即时出行平台正式在成都推出定位中高端客户群的专车服务。

针对共享出行领域的两大分类——共享汽车和共享单车，本节分别对有代表性的企业进行深度分析和探讨。

1. 共享汽车

为了缓解各大城市的交通压力，我国车辆限购城市已经拓展至北京、上海、贵阳、广州、天津、杭州、深圳、石家庄等八座城市及海南全省。随着城市人口的迅速增长，未来将有更多二线城市实施车辆限购政策，国内尚有大量自驾需求未被满足[①]。公安部发布的2019年上半年全国机动车和驾驶人最新数据显示，截至2019年6月，全国汽车保有量为2.5亿辆，但与之相比，全国汽车驾驶人高达3.8亿人，“有本无车”人群数量庞大。同时，2019年上半年汽车新注册登记数量与去年同期相比减少139万辆，机动车驾驶人则呈增长趋势，此消彼长之下，自驾需求难以满足，“有本无车”人群逐渐将目光瞄准了共享出行，为汽车共享市场提供了用户基础[②]。

不难发现，共享汽车大多是新能源汽车，主要原因是其作为共享汽车的一大特殊分类，有“新能源”和“共享经济”两大特征，更贴合国家

① 资料来源：《中国汽车分时租赁白皮书2018》，易观咨询，2018年11月发布。

② 数据来源：新浪网 http://auto.sina.com.cn/news/hy/2019-07-03/detail-ihytcitk9513975.shtml。

“互联网”以及绿色出行的发展战略。新能源共享汽车不受部分地区限行、摇号政策等因素的影响，可以满足如今城市群体的日常出行要求。此外，车辆制造和销售企业生产新能源共享汽车可以享受新能源汽车的扶持政策，销量提升的同时，还能获取国家政策补贴，可谓一举两得。

因此，对于共享汽车备受追捧的原因主要有两项。一是大中城市的限行政策、买车和养车成本越来越高、城市停车位饱和等问题，激发了公众对共享汽车的需求。二是投资者们认为在限行、限购的大背景下，新能源汽车更适合做分时租赁服务。作为新型高效的出行方式，理想状态下每个用户都可以找到自己适用的车。但在现阶段下，共享汽车行业在市场上投放的多为新能源汽车，车型、舒适度、价格等因素决定了用户的选择。所以综合来看，当前共享汽车的目标用户是以与新能源汽车适配程度较高的年轻群体为主。下面简要对共享汽车的两个典型代表平台进行探讨。

（1）Zipcar

Zipcar 是现代共享汽车的鼻祖。共享汽车的出现可以追溯到 20 世纪 40 年代瑞典的“自驾车合作社”，但是由于技术、政策、成本、观念等各种原因的限制并没有被大量推广。美国是一个汽车国家，Zipcar 是美国的一家互联网汽车共享平台，该平台由罗宾·蔡斯与安特耶·丹尼尔斯于 2000 年共同创办。与传统租车企业把汽车分布在机场、火车站等交通枢纽不同，Zipcar 提供的汽车主要停放在居民较为集中的社区，Zipcar 的注册会员通过网站、电话和应用软件搜寻需要的车辆，选择就近预约取车和还车，车辆的开启和锁停通过一张会员卡完成。

从技术方面来看，Zipcar 每辆车都安装有镶入式的系统监控器，用于和会员卡信息对接，并动态掌握汽车的即时状态。从经济效益来看，该公司成立至今，主要围绕着经济和便捷两个要求，努力降低客户租车所需的金钱和时间成本，实现了年收入的快速增长。从顾客定位来看，Zipcar 精准向个人、商业用户、大学生提供不同类别的汽车共享服务，精准的定位有助于其长期的发展模式和确定价格。从政策角度来看，Zipcar 在发展过程中善于寻找同盟，在美国马里兰州的一个名叫绿山脊的敬老院，该市政府全额支付其居民使用 Zipcar 共享服务的费用，以缓解交通堵塞和停车难的问题，这使得 Zipcar 受到更多美国环保支持者的认同。

共享汽车的一个不可忽视的问题在于，私家车的日常维护转移到企业，因此 Zipcar 为了保证汽车能够处于良好的状态，在车内装了与公司联系的系统，出现电池没电等问题时，车内的警示灯会自动亮起，同时通知公司，公司专门设有一组员工负责到现场处理各种问题。

（2）GoFun 出行

GoFun 出行成立于 2015 年，是中国首汽集团旗下的分时租赁共享汽车平台，依托首汽集团的行业经验和优势资源，致力于整合用户碎片化的用车需求，提供便捷、绿色、快速、经济的出行服务。

从近两年 GoFun 在中国各大城市的布局来看，2017 年 GoFun 出行在武汉设立的停取车网点超过数百个，覆盖武昌区、洪山区、江汉区等区域的各个热门商圈和自然文化景点，经过两年半时间的运营，已经成为武汉市民使用频率最高的交通工具之一。2017 年 GoFun 出行在广州首批投放的新能源纯电动汽车超过 100 辆，在合肥的投放量超过 200 辆。2018 年，GoFun 在郑州的取还车网点为 80 余个，停车网点近 400 个，投放车辆超过 300 辆；山西太原的取还车网点为 100 余个，停车位约 700 个，投放车辆超过 400 辆。2019 年 1 月，GoFun 入驻哈尔滨和沈阳，使东北出行圈进一步扩容，黑吉辽“跨省”出行脉络初步形成。

GoFun 出行 CEO 谭奕 2019 年 8 月 8 日晚在发布的员工内部信中称，他们已经在全国 84 个城市投放 4 万余辆车，为用户提供了超过 4 000 万次出行服务。GoFun 出行 APP 5.0 版本已经上线，还即将在北京、武汉等地推出“预约用车”“推荐建点”等服务。

综合来看，当前国内外的共享汽车大部分都是企业提供共享资源，很少有做到将个人闲置的汽车加盟进来，另外还有一个痛点是共享汽车的停车位。目前大部分共享汽车的停车位都由共享汽车平台提供，与城市中空闲的停车位对接较为有限，如果能在城市的规划编制阶段就设置一些共享车位，则会更有利于共享汽车的发展。另外，未来无人驾驶技术的推广应用，也会极大推动共享汽车的发展。这部分内容将在本书第 8 章详细讨论。

2. 共享单车

共享单车一度被誉为中国的“新四大发明”之一，主要指共享平台在校园、地铁站点、公交站点、居民区、商业区、公共服务区等提供自行车的共享服务。共享单车在 2016—2017 年迅速发展，由于短距离出行是许多城市上班族的刚需，特别是日渐拥挤的大城市和高峰时间段，需求市场巨大。然而，共享单车就像是一阵风，经历了爆发式发展后迅速出现产能饱和、融资困难、市场供给过度等问题，导致大量共享单车企业倒闭。表 3-5 梳理了目前倒闭的部分单车，发现大部分共享单车倒闭都与其融资方式有关。目前共享单车行业的结构变化剧烈，仅存的部分企业大都经历了被收购、兼并和重组。如摩拜被美团收购，永安行对哈啰单车的收购等。

表 3-5　共享单车平台企业的关停并转情况

结构变化	原　因	共　享　单　车　品　牌
重组	并购/收购	哈啰单车与永安行
		摩拜单车改名为美团单车
倒闭（括号中为倒闭时间）	资金链断裂	悟空单车（2017.6）；町町单车（2017.8）；小鸣单车（2017.7）；酷骑单车（2017.9）；卡拉单车（2017.2）；小蓝单车（2017.11）；优拜单车（2017.6）；桔子单车（2017.9）；单车（2017.12）；小强单车（2017.7）；由你单车（2018.4）；人人单车（2017）；赳赳单车（2017）；一步单车（2018）；小鹿单车（2017.10）；Ccbike（2018）；骑呗（2018）；电电 Go 单车；Meetbike（2017）；Dbike（2017）；Qbike（2018）；小毛驴单车（2017.6）；QFQ 共享单车（2017）；犀牛单车（2017）；迷你单车（2017.8）；德健单车（2017）；时光单车（2017）；52 单车（2017）；麒麟单车（2017）；优速单车（2019）；Robin 单车（2017.10）等
	持续亏损	立享单车（2017.6）；嘿嘿单车（2017.7）；子牙单车（2017.10）；四通八达单车（2017.8）；Gobee 单车（2018.6）；小樱单车（2017）；潮牌单车（2017.9）；七彩单车（2017.6）；立到单车（2017）；斯洛登单车（2017.9）；迪呗单车（2018）；周翼单车（2017）；Anda 单车（2017）；旺滴单车（2017）等

续 表

结构变化	原 因	共享单车品牌
倒闭（括号中为倒闭时间）	内部管理混乱	小明单车（2017）；踏踏单车（2017）；7号电单车（2017）；黑鸟单车（2017）；小白单车（2017.9）；百拜单车（2017.12）；迷你单车（2017.8）；嘿嘿单车（2017.8）；子牙单车（2017.10）；小龙单车（2017）；酷游单车（2018）；那这单车（2017）；七彩单车（2017.6）等
	单车大量丢失	3Vbike单车（2017.6.21）；悠悠单车（2017）；熊猫单车（2017）；牛拜单车（2017.12）；微蓝单车（2017）等
	经营方向变化	1号单车（2018.2）；快兔出行（2018）等

实际上，共享经济的本质是推崇轻资产模式，轻、重资产主要是影响企业的估值。例如，美国苹果公司是轻资产模式，市值超过8 000亿美元，而生产苹果手机的企业富士康是重资产模式，市值不到20亿美元；阿里巴巴公司是轻资产模式，市值超过3 000亿美元，而京东商城是重资产模式，市值不到600亿美元，由此可以发现轻资产模式较为占优势。

反观目前的共享单车，包括ofo在内的企业都依赖大规模的市场投放以求扩大市场份额，但是这样一来对这些企业而言成本非常大，这种投放势必无法实现共享概念中的边际成本收敛，加之后期对单车的维护、损耗的补偿等，均使得这些企业不可避免成为重资产企业。因此共享单车的行业洗牌被认为是由于“伪共享”。另外，中国的共享单车在使用过程中都存在一定比例的押金，这种押金的出现从一定层面也增加了消费者资金使用的机会成本，从而造成效率损失。

下面以ofo小黄车和哈啰单车为例，研究共享单车平台的发展现状。

（1）ofo小黄车①

国内较早的纯共享自行车平台起源于北京大学，创始人戴威认为“ofo”的字母组合类似于一个骑着自行车的人，因此提出了“以共享经

① 本节有关数据均来源于ofo官方网站http：//www.ofo.so/#/。

济+智能硬件，解决最后一公里出行问题”的理念，创立了国内首家以平台共享方式运营校园自行车业务的新型互联网科技公司。ofo 小黄车是一个无桩共享单车出行平台，缔造了“无桩单车共享”模式，致力于解决城市出行问题。用户只需用智能手机终端扫取车上的二维码或直接输入对应车牌号，即可获得解锁密码，解锁骑行，随取随用，随时随地，也可以共享自己的单车到 ofo 共享平台，获得所有 ofo 小黄车的终身免费使用权，以 1 换 N。

2015 年 6 月启动以来，ofo 小黄车已连接了 1 000 万辆共享单车，累计向全球 20 个国家、250 多座城市、2 亿多用户提供了 40 多亿次的出行服务。ofo 的理念是“骑时可以更轻松”。在未来，ofo 希望不生产自行车，只连接自行车，让人们在全世界的每一个角落都可以通过 ofo 解锁自行车，满足短途代步的需求。ofo 还以开放平台和共享精神，欢迎用户共享自己的单车加入 ofo，以共享经济的互联网创新模式调动城市单车存量市场，提高自行车使用效率，为城市节约更多空间。ofo 倡导文明用车，通过技术手段引导用户规范使用 ofo 共享单车，与市民和政府协同优化共享单车出行解决方案，让城市更美好。2016 年 12 月，共享单车平台 ofo 宣布在硅谷、伦敦等地开启城市服务试运营，首批连接 2 万辆单车进行试运营，未来也会面向海外用户开启“城市大共享”计划。2018 年 3 月 28 日 ofo 首次登陆日本，在歌山市启动服务。① 2019 年 ofo 经历信用危机，出现大规模的用户退押金潮，同年 3 月，ofo 上线折扣商城，所有还没有退押金的用户都可以选择将押金“升级”为金币。用这些金币，就可以以一定的折扣价格在商城里买东西。与此同时，“升级”后的用户还可以永久性免押金骑车。

（2）哈啰单车②

哈啰单车是哈啰出行的重要部分。哈啰出行于 2016 年 9 月成立，凭借差异化策略、智能化技术驱动精益运营、成本控制能力和用户体验，从共享单车市场竞争中脱颖而出，成为共享单车行业市场和用户口碑的领导

---

① 文中有关 ofo 小黄车的资料数据主要来源于 ofo 官方网站 http：//www. ofo. so/#/。

② 文中有关哈啰单车资料数据主要来源于其官方网站 https：//www. hellobike. com/。

者，并进化为囊括哈啰单车、哈啰助力车、哈啰车服、哈啰换电和哈啰顺风车等综合业务的专业移动出行平台。

与 ofo、摩拜相比，哈啰单车对市场的定位在于二三线城市，一是考虑到一线城市的单车市场已经饱和，二是考虑到二三线城市的公共交通不够发达，人们出行对单车的需求较大，这与永安行的企业战略不谋而合，因此在共享单车大规模洗牌的环境中，借力永安行，迅速发展成为一匹共享单车的黑马。

从上述两家现存的共享单车企业来看，共享单车的出现确实满足了短途出行的需求，解决了用户短距离出行的痛点，但过度投放也造成了产能过剩和监管不便的成本。越来越多的问题出现在共享单车行业，例如，停放随意，造成人行道、公共汽车站和十字路口等公共空间交通时常堵塞；有的单车被偷走或随意毁坏，在城市中堆积成一座座“共享单车坟场”；单车企业运维的成本越来越高，政府要维持城市秩序，不得不改变之前宽松的管理风格。原本以提供便捷出行方式为宗旨的共享单车未来能否持续发展，关键还在于共享单车能否真正激发闲置资源，为城市交通和环境保护做出贡献，这其中政府的治理模式也非常关键。

3.1.3 城市共享住宿平台企业的发展现状

共享住宿是互联网、共享经济与旅游的碰撞中出现的新兴行业，2017 年，中国共享住宿市场交易规模约 145 亿元，比上年增长 70.6%；参与者人数约为 7 800 万人，其中房客约 7 600 万人；主要共享住宿平台的国内房源数量约 300 万套。2018 年中国共享住宿业交易额 165 亿元，同比增长 37.5%，占全部住宿业客房收入的 6.1%；参与者 8 345 万人，其中服务提供者超过 400 万人①。2018 年 11 月，国家信息中心分享经济研究中心在北京发布《共享住宿服务规范》，首次对共享住宿、平台企业、房东、房客等行业术语进行了明确界定，并对平台企业、房东和房客三方主体进行了相应约束和规范；不仅适用于乡村民宿，还包括分散于城市社区中的民

① 数据来源：2018 年、2019 年《中国共享住宿发展报告》，国家信息中心。

宿。这意味着共享住宿开始越来越受到政府部门和社会各界的广泛关注，也是共享住宿走向规范化、合法化的重要环节。

下面分别以 Airbnb、途家网和小猪短租为例，简要分析国内外共享住宿平台的发展情况。

1. Airbnb——全球共享住宿的领军企业

爱彼迎（AirBed and Breakfast，Airbnb）是全球领先的民宿预订平台，也是典型的将闲置资源接入共享平台以提高资源利用率的共享平台企业。Airbnb 成立于 2008 年 8 月，总部设在美国加利福尼亚州的旧金山市，是一家联系旅游人士和家有空房出租的房主的服务型平台网站，为用户提供多样的住宿信息。作为互联网旅行房屋租赁社区，Airbnb 用户可通过网络或手机应用程序发布、搜索度假房屋租赁信息并完成在线预订程序。

据 Airbnb 的官网显示，其社区平台在 191 个国家、65 000 个城市为旅行者们提供数以百万计的独特入住选择，类型包括公寓、别墅、城堡和树屋。Airbnb 被《时代周刊》称为“住房中的 eBay”。Airbnb 在全球的商业模式简单而统一：从客户的总预订成本中收取 6%~12%的费用，然后将总预订费用的 97%转给房东，因此 Airbnb 会在每笔成交的房客和房东手中分别获取利润。

Airbnb 发展成共享住房的领军者，对全球的旅游行业影响巨大，不仅改变了人们的租住意识，也改变了旅游住宿行业，并为其他行业提供发展路径的参考。以往人们考虑到安全和隐私，大多不愿意让陌生人住进自己家里，Airbnb 却能做到让住客和主人彼此放心。传统的旅行住宿主要依赖酒店业，Airbnb 和它的效仿者们正在颠覆传统酒店行业，让游客多了一种住宿方式的选择。尽管目前民宿的市场份额只是全球酒店市场份额的很小一部分，但未来这类服务具有非常大的潜力。因为共享经济的逻辑在于有空闲的资源就可以出租，提高闲置资源利用率从而获得最大收益，这个逻辑同样可以应用到其他领域，因此很多创业公司就依照这样的逻辑打造出了自己的产品，如提供邀请别人到自己家里进餐的共享餐饮服务。

中国是 Airbnb 增长最为迅速的海外市场，同时也是全球出境游市场增长率第二的国家。自 2008 年以来，已有 860 万人次中国游客选择了 Airbnb，其中超过一半的人数增长是在 2018 年达成的。从 2016 年至今，Airbnb 在中国的业务增长了 100 倍，增长速度居全球首位。2019 年 9 月，Airbnb 分享了其第三季度业务动态，数据显示截至 2019 年 8 月，已成立 11 周年的 Airbnb 在超过 191 个国家的房源数超过 600 万个，房客逾 5 亿人，平均每晚入住人数超过 200 万。2019 年 8 月 10 日，Airbnb 单夜入住人次突破 400 万。仅 2019 年上半年，中国国内业务就实现了近 3 倍增长。可见中国共享住宿的市场潜力巨大①。

2. 国内的共享住宿在线短租平台发展迅速

国内的共享住宿（民宿）平台如蚂蚁短租等，都是共享住宿平台的后起之秀，且发展迅速，他们采用了与 Airbnb 相似的经营模式与经营思想。中国在线短租市场在 2017 年、2018 年持续出现大幅提升，意味着中国民宿市场的可观前景与较大体量。然而，对于现阶段国内的广大消费者来说，想要获取高质量的住宿体验还存在一定困难，仍有许多问题待解决，如卫生、真实度、安全性、当地生活体验度等。由于运营管理的难度，一些共享住宿平台无法实现对每一处房源的情况实地核实。民宿短租企业一直在强调自己提供的产品具有特色，可以深入当地生活，这也是与酒店住宿形成差异化的地方，但许多民宿在这方面目前还存在差距，国内许多连锁酒店在价格和舒适便捷度上仍然具有相当优势。

途家网作为国内在线短租的代表，主要提供短租住宿服务。2017 年至今，途家网相继并购了蚂蚁短租以及携程、去哪儿公寓民宿业务，房源数量不断增加，在大鱼自助游加入途家网以后，途家网形成了五家民宿平台的新集团。在流量入口方面，途家网已经打通了蚂蚁短租、携程、艺龙、去哪儿、58 赶集、微信酒店、芝麻信用和大鱼自助游等 8 个平台入口，实现了行业库存和流量的共享，这些业务统称为“途家系”。与 Airbnb 模式差异之处在于，途家网力图打通线上和线下渠道，尤其是在线下加强对房源质量的控制，包括实地考察、托管房东的房屋、与开发商合作、对房屋进行类酒店化管理等方面。同时，途家网还与全球最大的度假

---

① 资料来源：搜狐网 http://www.sohu.com/a/341283048_393368。

公寓租赁在线服务提供商 HomeAway 进行战略合作，推出海外精品度假公寓。目前途家网房源数量已超过 100 万套，覆盖国内 345 个目的地和海外 1 037 个目的地，成为中国旅游住宿行业的“独角兽”之一。①

除了途家网，小猪短租成立于 2012 年，也是国内共享住宿代表企业，为用户提供民宿短租服务。截至 2019 年 5 月，小猪短租全平台共有超过 80 万间房源，分布在全球超过 700 座城市及目的地。其他类似的共享住宿平台还有木鸟短租、榛果民宿、自在客、城宿、悦宿等，这些共享住宿平台均为旅客出行提供了多样的选择，同时各平台之间也形成了一定的竞争格局，未来将从细分市场等差异化战略中寻求发展。②

3.1.4　城市共享办公平台企业的发展现状

经过洗牌浪潮的众多共享概念已经开始褪去，共享办公却是发展非常稳步的共享行业，并在 2018 年一跃成为发展速度位居前三的共享行业。2018 年共享办公的交易规模超过 200 亿元，同比增长 87.3%。未来众创型的产能共享成为大企业创新发展的重要方向之一，包括要素汇聚、能力开放、模式创新、区域合作等四个领域。以中央企业作为领头羊的互联网双创平台不断增加，共享办公这种服务型产能共享日益成为共享经济向生产性服务转变的新模式。

共享办公的雏形源于创业孵化器，服务的对象主要面向小微企业，不仅提供单一的共享办公室，而且包括综合物业、行政、创业扶持等多种配套服务。共享办公平台与其他共享平台单纯接入资源相比，主要区别在于共享办公平台会对获得的办公空间进行改造，提供统一设计、个性化的办公环境，尤其是对城市老旧社区的改造，还会间接带动周围其他产业的发展。目前市场共享办公平台企业已逾百家，2018 年《互联网周刊》曾评选过办公室租赁企业的前 20 名，其中前十名平台包括优客工场、氪空间、WeWork，纳什空间、好租、点点租、办班、梦想加、空间家和世鳌国际等。2018 年 8 月，排名第一的优客工场完成 3 亿元的战略融资，总估值超

① 资料来源：途家官网 https：//www. tujia. com/。

② 更详细的分析研究参见本书第 7 章。

过 18 亿美元，同时，梦想加、WeWork、氪空间等共享办公平台都在增加融资规模，不断扩容，显然共享办公已经成为受到资本格外重视的新兴市场。

共享办公最大的优势在于低廉的租金，如氪空间的一间共享办公室半小时仅需要 30 元，还提供免费咖啡，被誉为新型的星巴克。这种成本优势对于初创企业、自由职业者来说极具吸引力。然而，许多管理不够规范、人员流动性较大的共享办公平台仅依赖融资输血，容易出现前期投入大、空置率高等问题，如洪泰创新空间、Workingdom 等企业很快就被并购。

在共享办公模式中，不同公司的人在同一屋檐下共同工作，共享服务，是比传统办公空间更为便宜的办公地租赁方式。共享办公不同于创业孵化器对企业保姆式的单向培养，办公空间的共享更提倡共享企业之间相互合作，包括共享资源、客户与产业链，这种社群与企业建立的新型合作关系是共享办公对小微企业的最大吸引力。优客工场首席财务官刘岩曾将联合办公这种新型办公模式比作“迪士尼模式”，即“迪士尼并不是靠卖票而活，依靠其价值而衍生出的其他品牌同样很厉害。联合办公的桌子就是迪士尼的门票，不要纠结于一张门票的得与失，不如放松一点，往前走，不断创造价值”。

1. WeWork 是全球共享办公平台的探索者①

WeWork 在 2010 年成立于美国纽约，早期的服务对象是纽约的创业者，截至 2016 年 3 月 WeWork 在全球超过 20 个城市拥有 80 个共享办公场所，包括美国的纽约、波士顿、费城、华盛顿特区、迈阿密、芝加哥、奥斯汀、伯克利、旧金山、洛杉矶、波特兰和西雅图等城市，以及英国伦敦、荷兰阿姆斯特丹、以色列特拉维夫等。2016 年 7 月 WeWork 进入中国上海，目前在上海、北京、深圳等大城市拥有超过 10 家企业。WeWork 提出的企业使命是“激励会员缔造有意义的事业、创造有意义的人生，助力会员事业及生活的共同成长”。WeWork 致力帮助会员高效工作，联结彼此，让交流与协作自然发生。

① 资料来源：WeWork 官网 https://www.wework.cn/what-is-wework?。

WeWork 拥有超过45万名成员，分布在28个国家100多个城市的485处办公地点，营业收入已经从2014年的7 500万美元增至2018年的18亿美元。2019年该公司拥有1.2万名员工，且在不断增加。2019年上半年，WeWork 的估值曾高达470亿美元，也启动了首次公开募服（Initial Public Offering，IPO）程序，但是受制于2018年亏损等多方面的影响，目前暂时推迟了IPO的计划，但 WeWork 依然是共享办公领域的独角兽。

2019年1月，WeWork 宣布公司更名为 The We Company，未来将包含三个不同的业务线：WeWork（工作）、WeLive（居住）和 WeGrow（教育）。与很多共享平台类似，这一共享平台仍然依赖投资，且短期的变现能力还较为有限，这是 WeWork 出现巨额亏损的主要原因之一，另外企业的运营方式、内部管理、竞争压力等都是 WeWork 面临的主要问题。未来 WeWork 要尽可能地多挖掘可行的商业价值，将凭借单一的租金模式升级为通过提供不同的服务来创造更多营业收入增长的模式。

2. 中国共享办公企业发展迅速

截至2018年9月底，中国共享办公运营商平台已超过300家，布局网点数6 000多个，总体运营面积达1 200万平方米，提供工位数达200万个；预计到2020年共享办公空间数量将达5 000家，市场规模将达2 315亿元①。以优客工场、氪空间、纳什空间、无界空间、世鳌国际等为代表的本土企业都逐渐在国内站稳脚跟，面对竞争激烈的共享办公行业，各个共享办公企业纷纷加速扩张并借助资本力量，谋求抢占更多的市场份额。

优客工场成立于2015年4月，其核心业务是以共享空间为平台，为创新企业提供全产业链服务，建设基于联合社群的商业社交平台。截至2018年年底，优客工场通过空间扩张、线上线下整合以及产业并购与合作，吸引了6 000余家企业及10万余名会员入驻，市场总估值达110亿元人民币②。截至2019年6月30日，优客工场共覆盖包括大中华地区的一线和

① 资料来源：https：//baike. baidu. com/tashuo/browse/content? id = ca30211268aa6241444629df&lemmaId = 19446223&fromLemmaModule = pcBottom。

② 资料来源：人民网 http：//house. people. com. cn/n1/2018/0419/c164220 - 29937535. html。

新一线城市以及新加坡和纽约在内的44个城市，拥有200多个联合办公空间①。与WeWork类似，优客工场也面临盈利模式单一、竞争愈加激烈的难题，因此提出一些解决方式，如未来将通过多元化改善营业收入结构、通过智能化改造服务特色、扩大出租率等。

氪空间②于2014年成立于北京，初心是解决小微团队办公难的问题，是最早一批中关村管委会认定的“创新型孵化器”，2016年确立共享办公的发展方向，2019年提出“全周期企业办公服务商”的新战略，向“综合办公服务+新型资产管理”的业务模式升级。目前氪空间已经覆盖北京、上海等超过11个城市，运行联合办公社区超过40家，服务企业数量超过3 000家，会员数超过50 000个。与WeWork和优客工场主要提供共享空间不同，氪空间更重视创业孵化，目前氪空间扶持的创业项目融资总额超过50亿，总估值超过300亿元人民币。未来，氪空间将在空间产品规划能力的基础上，结合智能办公系统、大数据分析、精细化资产运营管理，通过综合办公服务和新型资产管理方式，深度覆盖全生命周期企业办公及发展需求。

综合来看，共享办公是目前众多共享平台中发展较为稳健、潜力巨大的共享平台企业类别，其主要优势集中于有更高的灵活性、与其他创业者建立联系、更容易获得合作伙伴或投资、减少小微企业的办公成本等方面。然而，很多共享办公都面临隐私保护、缺乏定制、噪声干扰等问题，这是共享办公平台需要特别注意避免的。

3.2 共享平台发展对城市建设的影响

无论是共享出行、共享住宿还是共享办公，它们一方面依赖于城市环境中的前沿技术和高人口密度，另一方面也为城市的未来发展提供了更多的可能性，对互联网时代的城市建设产生了深远影响。

---

① 资料来源：优客工场官网 https：//www. ucommune. com/。

② 资料来源：氪空间官网 https：//www. krspace. cn/。

城市建设的规划问题通常需要考虑三个核心的内容，即人文、科技、可持续性。人文的背后反映社会规律的问题，科技和可持续发展的背后更多蕴含了经济规律。以往政府提供的很多类似共享产品的公共品或准公共品之所以没有发展起来，正是因为科技支撑力度不够，产业模式创新不够，因此影响力较为有限。当今的信息技术支撑了共享平台的发展，其最大优势在于以较低的成本盘活闲置资源，实现资源节约和环境保护。目前共享平台主要以生活资料和生产资料的共享为主，但随着信息技术的发展，最后会实现城市的共享，即共享城市。

从空间角度而言，城市的共享会为城市提供更多的公共空间，同时可能实现资源的充分融合。以共享办公为例，上海的甲级写字楼持续处于供应高位，2017 年核心商务区写字楼供应 110 万平方米，同比增长 57%，非核心商务区新增 140 万平方米，同步上涨 272%，与此同时一起攀升的还有空置率，2017 年上海甲级写字楼空置率达 14.8%，加之写字楼之间竞争激烈，租金持续下滑，共享办公的蓬勃发展成为写字楼去库存的调节器①。

共享经济的核心就是把资源分享出来，实现资源拥有权与使用权的剥离。共享经济平台对城市发展的作用机制包括当前已出现的各共享经济领域对城市功能的短期影响以及共享经济对城市空间组织的长期影响两个方面。

3.2.1　共享平台对城市建设的短期影响

目前已出现的共享经济形态，对城市发展各子系统或功能已产生了较为明显的影响。例如，共享制造能充分利用闲置生产设备，降低企业成本，提高工业用地的利用率，改变未来城市用地比例；共享住宿能降低生活成本、缓解一线城市生活压力，防止高房价带来的人才流失；共享办公可以节约资源、节约成本、节约土地，并逐渐转变为集中式的办公组织模式；共享空间能提高公共空间利用率、丰富市民活动，有助于推动公共服

---

① 资料来源：上海市人民政府网 http：//www.shanghai.gov.cn/nw2/nw2314/nw2315/nw5827/u21aw1321951.html。

务均等化；共享设施可以提高设备利用率，降低生产生活成本；共享单车能节能减排、绿色出行、解决出行“最后一公里”，同时也对城市交通的组织提出了要求；共享汽车可以降低机动车保有量，同时实现节能减排，降低生活成本，缓解交通压力。

可以说，共享经济悄然改变了我们的生活，给城市治理和社会发展带来诸多好处，短期来看至少包含以下六个方面。

1. 共享出行提高城市有限交通资源的利用效率

共享出行对城市带来最直观的影响是有效缓解目前大部分城市的交通拥挤问题。城市主干道在早晚高峰时间段的拥挤反映了城市交通资源的第一个稀缺性。无论是北京、上海还是深圳，早晚高峰时期的交通拥堵程度都非常严重，往往一辆5座的私家车上只坐了1~2个人。如果人们愿意将私家车共享，使用者在拼车平台发布出行信息并利用大数据系统实时匹配，那么早晚高峰时间段的交通堵塞问题将会得到极大缓解。北京TOGO途歌大数据平台显示，北京地区每辆共享汽车平均每天使用频次达5.1次，平均每次行驶距离为20千米，是普通私家车的4倍以上，大大提高了汽车使用效率①。

城市繁华路段的区域经常出现车位饱和情况，反映了城市交通资源的第二个稀缺性。共享出行解决停车难问题与减少私家车使用直接相关。目前许多城市繁华路段的商场、医院、电影院、居民区的停车场经常面临“一位难求”的困境，尤其随着家庭平均车辆保有量的持续攀升，未来对城市停车位的需求越来越大。很多车主都会抱怨去商场、餐厅或是医院面临的最大问题是有车难停，排队等车位的现象十分普遍。如果使用共享汽车，那么乘客就像普通打车一样便捷，随到随停，不用担心找不到停车位。同时由于出行的车辆减少，也会缓解停车位紧缺的难题。因此，共享出行是解决交通拥堵、缓解停车难的新经济方案。

与此类似，城市的其他设施设备也有突破单一职能的可能。例如，目前城市末端大量的变配电所，可以利用共享平台提供的实时数据，将办公

① 资料来源：南方网 http://kb.southcn.com/content/2017-05/23/content_171328930.htm。

与住宅用电高峰错开，提高单位变压器的运行效率，在合理供电半径内减少变配电所的用地面积。又如城市的路灯，除照明功能外可充分利用路灯灯杆资源，在灯杆上搭载其他功能的设备，如电动汽车充电桩、微基站、安防监控、LED 城市信息显示屏、路灯系统指引、城市噪声及空气质量检测、交通流量监测等。

2. 共享设备减少城市大型设施的重复建设

中国城市建设过程中的资源浪费在近年屡见不鲜，例如，2002—2006 年，中国移动、中国电信、中国联通、中国网通、中国铁通 5 家企业累计投入 11 235 亿元用于基础设施建设，重复投资问题突出，网络资源利用率普遍偏低，通信光缆利用率仅为 1/3 左右。按照有效利用、节约资源、技术可行、合理负担的原则，如果实现电信管道、电信杆路、通信铁塔等电信设施的共享共用，让新建铁塔使用率大幅提升，会比运营商各自建设杆塔、基站减少了用地，亦减少了行业投资。

为解决这一问题，中国铁塔公司在“宽带中国”、4G 建设和“互联网+”大背景下，秉承共建共享理念，联合三大电信运营商在 2014 年共同出资设立了大型通信基础设施综合服务企业。中国移动、中国联通、中国电信三大电信运营商通过铁塔公司共享移动通信铁塔、基站等，做到“一塔二用”“一塔三用”甚至“一塔多用”。各电信企业只需将自己的天线设备等加载安装在已经建好的铁塔上即可，这样有效避免铁塔、基站等重复建设，节约土地、电力、钢铁等多种资源。截至 2015 年年底，中国铁塔公司共承接铁塔建设需求 58.4 万座，交付铁塔 48.5 万座，新建铁塔共享率大幅提升到 75%，相比运营商各自建设通信基站，减少了 26.5 万座基站建设，节约行业投资 500 亿元，减少了土地占用 1.3 万余亩①。随着铁塔公司运营的日益规范成熟，今后通信铁塔上还可能出现 GPS 定位、大气环境监测、视频监控等与民生密切相关的相关设备应用。②

3. 共享模式弱化私有物品与公共物品之间的界限

城市公共品历来由政府提供，这是公共品本身存在的非排他性和非竞

① 1 亩 = 0.067 公顷。
② 资料来源：中国铁塔公司官网 http://zgtt.dlzb.com/。

争性决定的。与普通商品相比，公共品可以轻易实现资源的充分利用和连续利用。而私有物品往往面临因资源闲置和使用时间不连续带来的使用价值的浪费。例如，一只家用梯子，只用来安装了一幅画就被闲置，等下次使用可能已经搁置了很长一段时间。因此商品的价值会随着时间的推移逐渐降低，就如衣服变得过时，或新的替代品出现。对于耐用品来说，共享经济的出现可以使商品在使用时间上尽可能延续，并且是有偿的。

基于共享经济的理念，如果用群体的共同所有权代替个人所有权，那么不难想象，社会中出行用的汽车、办公用的空间、度假酒店等一系列物品的数量即使维持在当下的水平，仍然能够满足日益增长的人口带来的消费需求，尤其是在许多发展中国家，这一现象将更为明显。

4. 共享模式提升就业意愿、促进经济发展

在共享出行这一领域内，有 78%的司机通过参与“共享”来充实自己的事业或补贴收入。由 Airbnb 委托的基于共享经济对纽约市社区的经济影响的研究表明，其平台中超过 50%的房主不属于传统工作者，主要为自由职业者和创业初期人员。这一现象在发展中国家也尤为普遍，以印度为例，多数家庭妇女并不能像其他国家的女性拥有更多的工作机会，但是共享经济的存在为她们创造了工作的机会。

共享经济承载了大量的传统行业富余劳动力，例如，滴滴平台为社会创造了超过 3 000 万个灵活就业机会，2017 年 6 月—2018 年 6 月，共有 3 066 万人（含专车、快车、顺风车、代驾、豪华车司机和车主）在滴滴平台获得收入，其中，之前失业和无工作的车主占 6%。当前中国共享单车行业共带动就业 10 万人，仅摩拜单车（现为美团单车）在 2018 年就带动就业人数 1.5 万~2 万人。

5. 助力智慧共享城市等新型空间社群的形成

共享经济渐渐融入城市治理，借助于互联网等技术手段，提高了城市资源配置效率，在低碳节能、生态宜居、方便服务、智慧高效等方面实现了创新探索，给传统发展模式注入新的活力。共享经济的一个特征就是高度信息化，在共享经济出现之前，以个人为主体的买卖双方之间由于缺少可以直接建立联系的渠道，交易行为得到限制，而共享经济提供的信息平

台的出现，则有效减少了对信息流通的阻碍。

在一些欧美国家，城市正开始向社区化发展。因为共享平台中展示的信息让人与人之间的信任得以通过互联网相互传播，人们通过线上建立起信任之后再线下进行交易，降低了交易风险。随着人们对这种服务或者经济形式的逐渐熟悉和日常化，人与人之间信任的门槛也进一步降低。因此，在共享经济的大背景下，一个没有地域、种族、性别限制的新型空间社群得以产生。正是共享经济的存在，重建了城市的社区感。

6. 推动城市向节能、环保、绿色的可持续方向发展

共享模式显著降低了能源消耗及碳排放。仅 2017 年，共享单车用户骑行超过 299.47 亿千米，减少碳排放超过 699 万吨。摩拜大数据显示，摩拜单车全国骑行总距离超过了 25 亿千米，相当于往返月球 3 300 次；累计节约 4.6 亿升汽油，减少碳排放 54 万吨，相当于 17 万辆小汽车一年的碳排放量，减少了 45 亿微克 PM2.5 物质排放。①

可以看出，共享平台对重新配置城市资源、改变城市治理方式均产生了重要影响。

3.2.2　共享平台对城市建设的长期影响

从长期趋势来看，共享经济的发展将从生活工作方式、经济社会组织、城市形态结构乃至空间治理模式等各方面对城市带来更加深远的影响，主要体现在生活方式、城市结构和社会阶层的转变三个层面。

1. 生活方式的转变

在工作组织上，由过去的必须人才全面、设备齐全转向“基础工作+在线指导+设备共享”的组织模式，可以大大降低企业配置要求，促进高端人才价值显性的最大化，有利于创业活动的蓬勃发展。在工作模式上，白领们由过去的“朝九晚五”转向带工休假，可支配时间更多，时间组织更灵活，有利于个人幸福感的提升。在公共服务上，由过去的资源分散转向“在线服务+就近服务”的模式，有利于打破高端资源垄断，促进公共

① 资料来源：新浪新闻 http：//news. sina. com. cn/o/2018－02－03/doc-ifyremfz4417178. shtml。

服务均等化。在生活必需品方面，如房、车，则能通过共享降低生活压力，转变消费结构，同时降低迁徙成本，促进人口的自由流动。

2. 城市结构的转变

以往编制城市用地规划时，设计人员更多地着眼于三维空间，依据《城市用地分类与规划建设用地标准》（GB50137—2016）布局各类城市用地。而在共享经济模式下，城市用地性质可能更加灵活，在不同的时间维度里，城市用地可以呈现出不同的用地性质。例如，学校的体育场馆，工作日白天作为学校的体育设施用地，属于教育用地；而晚上、节假日、周末可以成为市民休闲锻炼的地方，可作为娱乐休闲用地。这里所说的时间维度，既可以是一天，也可以是一季，甚至一年或更长时间。

3. 社会阶层的转变

共享经济的发展有利于打破城市化快节奏发展下人情淡漠、阶层割裂等社会问题。类似于丹麦共同住宅计划的共享社区理念已经在国内出现，通过社区公益事务和日常生活中的共享行为，将有助于塑造和谐、融洽的生活氛围，自下而上地重建城市中的熟人社会。

简·雅各布斯①在《美国大城市的死与生》一书中指出，多样性是城市的天性。每一个城市都是独特的，有一个连贯的长期目标和一系列战略实现的情况下，他们才会实现最好的发展，这当然也包括城市需要协调的管理，需要一个长期基础设施的规划和发展。随着共享经济的成熟，三维到四维尺度的跨越，城市土地的用途更迫切需要一种弹性控制。今后在城市用地分类上，各类土地性质的界定可能仅仅代表一种规划主导的意向，个别土地除主导用途外还可兼容其他用途，从而允许部分土地在四维尺度范围内混合使用。土地如果采用这种共享共建模式，不但可以增强城市活力，还可以激活城市有限的土地资源，提升土地的价值。城市规划者可能不再仅仅关注土地单一的用地性质，还会从城市建设等多方面开创土地的综合用途。

① 简·雅各布斯：Jane Jacobs（1916—2006），美国著名的城市规划师、作家。她出生于美国宾夕法尼亚州斯克兰顿，早年做过记者、速记员和自由撰稿人，1952 年任《建筑论坛》助理编辑。

在未来，可能共享对城市和人类生活的影响主要来源于信息的共享。一方面，很多物质空间的共享出现，首先要基于信息，从城市发展，从新经济的形式，一直到城市的管理治理，可能都会跟信息的共享紧密结合。另一方面，信息也会影响物质空间的分配使用。如今信息的流通越来越快，现在每个人获取信息的主要手段已经不是课堂教育，也不是纸质传媒，而是新的数字媒体。在这种趋势下，信息共享就是虚拟社会，人与人在虚拟的空间交流。

共享的作用是减少增量、盘活存量，应用到城市建设和城市规划中，重点是利用开放的理念进行存量规划，随着虚拟空间、虚拟社会越来越流行，人与人的交流需求会增加，城市各种类型的公共空间越来越重要。

3.2.3　共享平台对部分旅游城市建设的作用机制

以旅游业为主的城市，共享经济的发展会使游客有机会获得一个独特的、非传统的旅游和居住体验。经典的共享经济平台 Airbnb 就是能使旅游者在短期逗留城市寻找合适房源的共享平台。因此，共享平台的建设将从多方位改善旅游城市的建设机制。下面以共享平台在部分旅游城市中的作用为例。

1. 意大利米兰

意大利的旅游业是一个非常重要的产业，传统观点认为米兰是一个商业之都、购物之都，在当前城市品牌再造的时候，米兰希望有一个长期的基础设施建设的规划，以改变旅游城市的天际线。在公共规划方面，米兰建立了更多的公共空间，来促进旅游的发展。但是由于政府现在的资源不够，因此在尝试与私营部门合作，来开发米兰的共享公共空间区域。

2. 印度尼西亚雅加达

共享经济在印度尼西亚的发展，特别是在雅加达的发展，主要特点是依赖电子商务，因为手机、网络的利用率近年快速提升，为发展共享经济平台提供了契机。2014 年，雅加达旅游景观管理部启动了智慧雅加达城市项目，运用更多的信息和沟通工具来高效利用城市的公共资源，提供一些问题的解决方案，包括污染问题、可持续发展问题，同时也用这一平台鼓励市民创业，特别是在共享经济的平台上进行创业。他们希望通过此举，把雅加达打造成绿色旅游业发展为主的城市。

3. 西班牙巴塞罗那

巴塞罗那旅游局局长卡尼斯认为共享经济有两个方面，就像古典音乐一样，在A面会说是积极的一面，积极的一面就是能够提供更多高质量的改善，带来更多的竞争，改善传统旅游经营，而且带来新的可能性和新的体验。但B面正如也有人不喜欢古典音乐一样，共享经济容易缺乏控制，包括运输的拥挤、酒店住宿的拥挤、其他能力的缺乏等挑战。

4. 阿根廷布宜诺斯艾利斯

作为阿根廷最大的城市，布宜诺斯艾利斯的旅游局局长贡萨洛·罗布雷多认为，城市的旅游应该提供正确的地点，通过某一个地方进一步加深外来游客和本地人的交流。考虑共享经济的趋势，这不仅仅只是关于基础设施或者关于运输，而是关于分享知识，把激情传递出去，分享出去，这会在随后的几年产生很大的影响，包括整个城市的景观和整体的变化。政府开始提供的是这样一个背景和环境，帮助游客认识到他们不再采用过去的旅行方式，不会把各种各样的经验拼接，而是可以更多地了解当地的文化，唤起情感的共鸣。

5. 中国洛阳

洛阳是文物大市，是集旅游和农业为一体的休闲城市，城市定位就是国际文化旅游名城。洛阳市副市长魏险峰认为，通过共享平台，可以实现城市元素的相互融合，不仅从物理空间抓全域旅游，更从领导的管理、政策的支持、人的意识，以及旅游和体育、旅游和文物等方面进行全方位融合。

从上述旅游城市发展中共享经济的作用机制来看，主要包括通过旅游城市公共区域的共享、城市旅游资源的融合、基础设施的共享等。无论是Airbnb还是Uber，在很多旅游城市都有大力发展，尤其是民宿平台Airbnb。但是Airbnb也是在这些城市中受到传统企业抵制和城市政府限制最多的，这部分内容将在本书第4章中详细阐述。

3.3　城市共享平台的治理问题与挑战

当今城市人口在不断增加，而城市不可能无限扩张。以往特大城市一味扩大城市空间、扩大产品生产量的发展模式已经过时，从全球共享经济模式发展的趋势来看，未来需要借助共享技术，打造共享城市。通过对当前城市的用地、空间、市政、公共服务设施不断进行优化利用或重新配置，提高城市资源的利用率，提高城市的综合承载力，让市民、社会组织更多地享用城市公共资源等，都是今后城市规划的方向。

3.3.1　共享平台治理的主要问题

作为新生事物，共享经济在给城市治理带来好处的同时，自身也存在着一些弊病。

1. 过度竞争造成了一定程度的资源浪费

根据电子商务研究中心的监测数据，截至 2017 年年底，国内共有 190 家共享经济平台获得投资，投资金额达 1 159.56 亿元。另据交通运输部不完全统计，截至 2017 年 7 月份，全国共享单车运营公司近 70 家。从街头五颜六色的共享单车可知竞争如火如荼，企业将资金和精力放在过度竞争上，以拼钱、拼优惠、补贴大战的方式争抢市场份额，多数中小企业难以长期维持而倒闭，资源大量浪费。

2. 安全技术瓶颈有待解决

共享经济作为新生事物，虽然依托着互联网和高新技术，但是难以保证系统运行中不出现漏洞，之前网约车、共享单车发生的安全事故，一些共享经济平台的监管缺失、资质审查存在漏洞等，都说明了共享经济在突破安全技术瓶颈方面还任重道远。

3. 新经济模式的盈利机制和可持续发展路径不够清晰

共享经济产品的盈利主要来源，一是使用者支付的使用费；二是线上线下的广告收益，包括品牌赞助、推广收益等；三是大数据收益；四是金融收益。以共享单车为例，单车的使用费在每次 1.5~2.5 元，加上其他收益，还需扣除制造、维护、管理、损毁的成本。共享经济领域每年都有大量倒闭的企业，足可见共享经济还没有形成可持续的盈利和发展机制。

4. 与传统模式的矛盾冲突尚未有效解决

共享经济的出现，挤占了传统商业模式的市场。例如，共享单车将“黑摩的”挤出了市场；而网约车则“抢”了原本属于出租车行业的“蛋糕”；共享房屋与传统酒店宾馆业也形成了竞争。这些矛盾和冲突仍未得到有效解决。

5. 就业人员的培训有待加强

共享经济给传统劳动力创造了大量的就业机会，但是其中也不乏长期失业人员、无业人员、接受劳动力教育培训年限较短的人员。无论是从事快递、外卖送餐，还是从事家政服务，包括其他服务业的从业人员，都要加强交通安全法规的培训教育、安全生产的培训教育、职业技术和道德培训，提升服务意识、修养水平和服务质量。因此未来从事共享经济行业的人员需要加强培训，尤其是道德、法律法规等方面的培训。

6. 管理模式和机制迫切需要创新

共享经济企业与传统企业在管理上有许多不同，一是管理不仅局限于企业内部员工，还涉及了大量用户和服务提供者；二是管理空间不仅在企业内部，而是基于互联网联系的更广泛的空间；三是管理难度更大，管理内容更加复杂，需要更多技术手段辅助；四是挖掘和运用好大数据是管理的新课题；五是市民对于如何更加文明地参与共享经济的意识还不够。这些都迫切需要共享经济在管理模式和机制手段上进行创新变革。

7. 针对网络事件传播的应对措施严重滞后

共享经济与社会大众的需求息息相关，关系到社会大众的基本生活安全和切身利益，一旦出现安全事故、利益损害、信息泄露、欺诈等事件，极易通过网络传播扩散，放大成网络公共事件。由于当前许多共享平台应对网络事件传播的措施严重滞后，反应不及时、沟通不到位，反而会对平台企业自身形成更大的舆论压力。

8. 研发和技术创新还有待大幅度提高

虽然现在有诸如大数据应用、卫星定位、追踪、人脸识别、智能设备监管、动态安全防控等现代技术，但是这些技术并没有很好地运用到共享经济平台中，共享经济领域的技术创新和研发还有待大幅度提高。

9. 与城市政府和有关部门的沟通还需要进一步加强

共享经济涉及城市治理的方方面面，不仅需要和市政管理、国土规划、房管、公安交通、物价、质量技术监督、教育医疗卫生、网络安全等多部门产生联系，也需要政府各部门的配合，这离不开企业与政府部门的高效沟通。

3.3.2　共享平台未来发展的主要挑战

1. 共享平台依靠自治理还是政府治理

作为政府，应该给城市提供能共享的资源，例如，“绿水青山就是金山银山”，要有新鲜的空间，要有公园，要有体育设施，要有文化设施，要有博物馆，要提供公共教育、公立教育，幼儿园要达到多少，这是政府必须做的。但是，作为共享经济，政府所提倡的，不代表一定要政府来出资做。政府提供的东西，民间经济、民间企业完全可以参与其中。自然资源、历史资源、文化资源都可以共享，都是大家可以在共享经济中作为结合点来发挥、发扬的。

2. 城市公共服务设施是公有化还是共享化

公共服务设施的建设是城市建设的重要组成部分，以往编制城市公共服务设施规划，设计人员主要对城市公共服务配套设施进行系统布局和统筹安排，以保障其用地和空间。

随着云计算、大数据、物联网、移动互联网（云大物移）的普及以及我国城市化率的不断攀升（已超过 50%），越来越多的人进入城市，导致城市各项公共服务设施需求也呈现多样化。城市公共服务设施的规划，除了需要用地空间这些“硬件”规划，在共享经济技术成熟条件下还需要配套的“软件”规划，也就是在“硬件”规划基础上，引入第三方平台提供技术支撑，通过合作共享方式充分利用城市资源，引导与控制公共服务设施的建设与管理，达到进一步完善城市功能、提高城市综合承载力、公平配置公共资源、推进公共服务均等化的目的。

3. 通信技术的发展与当前城市建设模式的冲突

共享的基础是信息的传递，在共享经济的热潮中，真正推动社会发展的动力是通信带来的新组织模式。随着信息技术的进一步发展，传统生产和生活模式很可能出现新的组织方式。例如，改变集中工作模式，在家中或在社区共享办公室工作，进而导致通勤减少，交通需求降低，居住地选择面更多，中心商务区相对弱化；无人驾驶技术的进步会极大地推动共享汽车的发展，大幅度降低机动车保有量和交通总量，甚至改变当前的道路设计标准。这些由于共享经济带来的变化，会对传统城市的发展模式提出新的挑战。如果无法应对这些技术进步和可能的发展趋势，就很难判断城市发展未来的应有趋势。

4. 共享平台对城市规划的冲击

近年来共享经济的快速涌现给传统的城市规划带来不小的冲击，小至共享单车的停车空间管理，大到共享城市的规划建设，都涉及有关共享经济的产权、边界、规范、价格、监管等方方面面的问题。规划行业一方面应当针对已经暴露的共享经济发展带来的空间问题，开展新的建设规划和治理规则的研究制定；另一方面也要以城市空间为着力点，结合共享经济的发展需求，开展政策设计、运营策划等方面的规则机制研究。在共享经济发展下，随着虚拟空间、虚拟社会越来越流行，将造成人可能更加需要交流、更加需要沟通的局面。因此，城市各类公共空间反而会越来越重要，成为人们当面沟通交流不可或缺的场所和媒介。未来城市规划可能要回归传统，真正以公共空间为最核心的内容来组织市民的生活。未来生活功能区、生产功能区的边界会越来越模糊，公共空间的塑造可能成为城市规划设计的关键。

5. 共享社区的探索充满挑战

共享社区的建设是共享城市的基础，因此结合共享经济的发展特点，微观共享空间规划设计就是共享社区的建设。例如，提高土地利用混合度，鼓励多功能业态的复合发展，促进社区（园区）空间资源高效共享；以开放共享的方式驱动公共空间供给方式的创新，如在道路上方进行合理平台的覆盖，建设大规模的云平台，将因地块分隔而破碎化的公共资源加以整合；加快智慧社区（园区）建设，利用万物互联、人工智能和大数据技术，将空间设施和零散资源服务化等。

共享城市的发展是多个层面交织推进的过程，在经济层面表现为生产资料和生活资料的逐渐开放和共享，在社会层面表现为扁平化且有更高信任度的社会组织形态的出现和普及，但最终是城市的共享，这种共享为公众提供更多的公共空间和交往机会。经济社会组织方式的改变投射到空间上，就是城市形态和功能结构的嬗变。因此，共享城市建设应当作为一项需要规划界长期关注和研究的重要方向，在今后的城市规划设计中应有意识地树立起“共享”的理念，结合城市实际对新经济模式下的空间发展需求做出判断，提出适应共享经济的空间策略，探索共享社会组织下的规划编制机制。

6. 共享城市的建设任重道远

建设共享城市，从宏观来看，中国已经有一个主体功能区区划，如长三角、珠三角、京津冀，这是国家战略上的城市之间的共享。从微观来看，共享城市是因为城市有分工，有合作，如共享城市中的各类资源，最终都要落到基层社区。因此，共享平台对城市规划建设应该多向社区倾斜。例如，在很多城市产业园区都会看到这样的现象：工作时间的拥堵和非工作时间的冷清。这直接反映了城市产业园建设中资源配置混合程度不够的问题。产城融合理念的根本目的应该是促进资源的高效共享，如果能实现产业园社区的“职住平衡”，可以有效减少城市早晚高峰的钟摆效应。在一定程度上，城市本身就是共享的，因为城市通过现代组织模式，提高空间设施的利用效率，大幅增加人与人的交往机会，有效降低各种服务的价格门槛。因此，共享经济如何盘活城市资源，提高资源利用效率，是城市建设，尤其是智慧城市建设需要重点考虑的。

3.4 小　　结

综合来看，共享平台的快速发展对城市管理提出了新要求。由于城市规划、配套设施、管理方式以及共享资源投放等多种原因，一些新型的共享平台与城市管理方式之间的矛盾日益凸显。在共享单车领域，平台企业为了迅速抢占市场，导致短期内单车投放数量急速增加，超出城市可承受范围，再加上现有城市规划中在慢行交通系统管理方面存在的规划建设不足、智能化管理水平较低、用户自觉有序停放意识薄弱等问题，导致车辆乱停乱放问题严重。在共享汽车领域，城市规划前瞻性不足导致公共停车位、公共充电桩等配套设施难以满足市场需求，烦琐的审批程序导致平台企业自建电站的周期长、成本高，使得汽车共享难以在城市快速普及。在生活服务领域，外卖送餐、上门取送快递、共享停车位等新业态离不开线下场景的开放，容易与部分小区封闭式管理规定出现明显冲突并引发许多纠纷。如何把握新业态培育和城市综合治理的平衡点，既实现有效的行业效率，提高资源利用水平，又与城市结构相互协调，是未来城市共享平台治理的主要难题。

第4章　共享平台对双边市场效率的影响研究

经历了市场的快速洗牌后，一方面，整个共享经济行业开始趋于稳定，跟风冒进的相关平台因为各种问题纷纷退出市场，激烈的市场竞争得以缓解；另一方面，基于协同消费的共享模式对市场资源配置的效率开始受到质疑，原来提倡“低消耗、零污染”的共享模式由于发展速度过快，出现了一系列问题。例如，共享出行行业的共享单车在消费者并不密集的区域投放过多的单车数量，导致城市交通出现管理混乱，资源浪费严重；由于平台的信息共享不充分，出现单车归还困难，搜寻成本上升；很多质量不太过硬的单车以共享的方式投入市场，由于缺乏平台担保，信用体系不健全，产品损耗严重，过早退出市场，很多城市都出现了共享单车堆放如山的尴尬局面。因此，这种协同消费的共享经济模式能否真正促进资源的有效配置，交易成本在其中起到何种作用，会受到哪些因素的影响，是本章重点关注的问题。

本章从共享经济本质出发，从使用价值、产权、折旧率和共享次数等角度对比传统双边平台与共享平台，通过理论分析、数值模拟和行业应用，探究共享经济平台如何发挥提升市场效率的作用，政府对此如何治理。

4.1　共享经济平台与传统双边平台的对比

共享经济在提倡更为绿色、环保、高效的创新消费理念的同时，在安全性、标准化和质量稳定等方面均存在不足，大量共享产品在短期内被淘汰，使共享模式的有效性和可持续性受到质疑。共享经济能否提高市场效率、优化市场结构，成为该行业可持续发展面临的重要问题之一，本节首先从使用价值、产权、交易成本三个维度研究共享平台与传统其他双边平台有何不同之处。

4.1.1 使用价值的最大化

共享经济的核心内涵在于闲置资源的再利用，即让原本已经退出市场的资源回到市场中再次参与交易，因此与传统的一次性交易相比，共享经济能够最大限度地发挥资源的使用价值。马克思主义政治经济学认为，“使用价值是价值的物质基础”。由于使用价值能够满足人们某种需要的商品的效用，因此让使用价值最大化的共享经济可以显著提升商品的效用属性（徐光辉，2011[165]）。

传统经济模式中，买方通过单次交易获得物品的终生使用权，这种使用权的获得只有在该用户使用的时候才能发挥其使用价值，然而由于人力行为活动的限制使一个产权持有方无法时刻让产品发挥使用价值（如每天上下班的工作者只有早晚会使用一次交通工具，而其他时间这个交通工具是闲置的，这种闲置带来了资本的机会成本），因此当物品无法满足持有者的需求时，该物品暂时失去了使用价值。

共享经济的协同消费模式，突破了资源交换因为产权带来的壁垒。对于原有单一用户已经不存在使用价值的物品，经由共享经济市场，可以重新被正好需要使用该物品的其他用户获得并加以利用，这使得原本失去使用价值的物品获得新生。因此，在共享交易中，前提条件是该物品的使用价值已经在短期内不为占有者所需要；在让渡使用权后，使用价值从占有者身上的零值或低值变为共享者的高值，从而直接增加有限资源条件下的资源利用率，实现“物尽其用”。

共享经济的协同消费模式，突破了“戈森第一定律”中对消费者效用递减的描述。消费者效用递减是当消费者消费某一物品的总数量越来越多时，其新增加的最后一单位物品的消费所获得的边际效益会呈现越来越少的现象。在共享经济模式中，消费者每次使用的物品都不同，因此比使用同一种物品产生的厌倦感要少，从而减少消费的边际效用递减程度。对同一件产品而言，每次提供给不同的人使用也会为使用者带来较高的效用，不会一直被同一人使用而产生厌倦。甚至对于很多闲置物品而言，对产权所有者的边际效用已经趋近于 0，但重新投入市场后，正好可以契合使用者的需求，则该闲置产品为使用者带来的边际效用要远远高于物品所有者。

4.1.2　产权问题

从理论角度看，共享经济打破了长久以来经济学交易过程中对“所有权”的假设，也不同于传统的市场供给需求关系。在产权明晰的条件下，固定所有权、转移使用权相当于每次交易带来的额外成本，仅包括资源的少量固定成本折旧和可变的使用成本。以摩拜单车（2019 年 1 月改名为美团单车）为例，为了保证使用过程中较低的磨损率，与市场上一般的自行车相区别，第一批投放的摩拜单车的生产成本高达 3 000 元/辆，之后成本尽管有所降低，但仍然高于一般自行车的成本。摩拜单车的运营依托智能手机软件可以实现单车的自动借还，因此可变成本相对较低，主要的可变成本在于售后、车辆维修和由于信用缺失带来的额外损耗①。

因此，共享经济通过不转移所有权、仅交换使用权的协同消费模式，减少了资源所有权交易过程中对资源的额外损耗，并依赖互联网信息平台，减少了信息不对称带来的风险。

共享经济的协同消费模式与传统消费模式的核心区别在于：共享经济强调使用权，弱化所有权②。在共享经济的交易过程中，明确了使用权与所有权的分离，如图 4－1 所示。

无论是产品还是服务、资源还是技能，对于供给侧的产权拥有者而言，由于传统私有化、个体化的交易制度造成很多产品或服务的价值并没

---

① 目前共享单车的额外损耗主要来自认为的将单车占为己有、违规停放、车锁屡遭破坏等，主观上提升了单车的折旧率。但由于涉及道德层面，在本文的研究中暂时略去。

② 所有权即狭义产权。最早罗马法将产权定义为人们关于有形资产的自由处置权，包括使用物品的权利、获取收入的权利、包括转让在内的管理权利，这也是完全所有权。新制度经济学对此进行了反驳，认为产权仅限于“事实上能够由其所有者排他使用且能够清晰给予界定的权利”，这一定义将完全所有权进行了分割，将使用权隔离出来。本文采用的是新制度经济学对产权的定义。

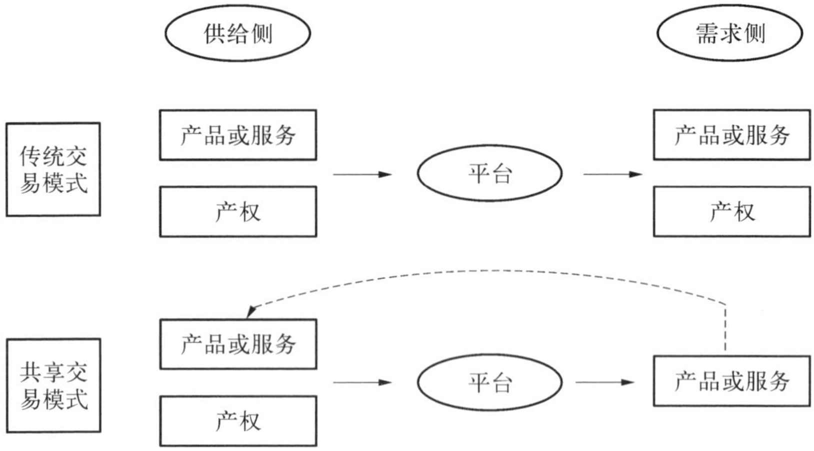

图 4-1 传统交易模式与共享交易模式的产权对比

有得到充分利用，尤其是耐用品（这一点从很多家庭都有储藏间可以看出）。然而，传统模式下产权交易中隐含的高额交易成本让人望而却步，因此闲置资源的交易难度较高。在共享经济中，供给侧的产品或服务拥有者可以以低廉的价格将使用权通过平台转移出去，作为中介的平台在信息传递过程中因为不涉及产权问题，交易难度有所降低，原有放在库存中的资源得以重新流动，并获得充分利用，产生更为充分的价值。

图 4-1 还反映了共享经济的另一个特征，即循环利用，这是共享经济能实现资源节约、低碳环保的根本原因。传统交易模式下，折旧的成本和损失是完全由消费者承担的，消费者不得不承担陈旧物品带来的使用体验感的下降。共享交易模式下，循环交易可以让产品在需求侧使用后，经由市场回到供给侧，重新通过平台提供给新的用户，最大限度发挥资源的使用价值。每次使用过程中唯一的区别在于产品的折旧。如果一定程度范围内的折旧并不影响产品的使用，需求侧是有意愿循环使用产品的，因为这种消费方式比购买产权物品的成本小得多。而且即使购买产权物品，也会遇到多次使用带来的折旧和磨损，而共享经济提供的产品选择范围更广，最终消费者承担的折旧可能是产品供应数量的减少而非质量的下降。例如，人们在选择共享单车时，如果遇到质量有问题的单车，可以选择放弃并重新选择，折旧和磨损的直接后果是减少市场中共享单车的可用数

量，较少有直接影响消费者对实际使用单车的体验。

4.1.3 交易成本问题

在传统的经济市场中，由于交易成本涵盖了交易双方在买卖前后所产生的各种与此交易相关的成本，来源可能有信息传递、广告费用、与市场有关的运输费用、谈判过程中的讨价还价、合约签署、监督执行等。交易成本是理解不同经济组织形式和契约安排方式的钥匙。早期 Coase（1937）[166]、Williamson（1979[167]，1995[168]）等提出了交易成本的概念，认为交易成本之所以出现，主要原因是有限理性、机会主义、不确定性和资产专用性，由此造成了市场失灵，表现为交易双方在追求效用最大化时由于认知信息不完善产生限制条件、交易过程中产生道德风险和逆向选择、环境因素中不可预期性增加签订契约的谈判成本以及资产的沉淀成本四个方面。与传统经济学理论框架中的经济成本相比，生产成本对应“收益”，最终关乎的是利润大小，而交易成本没有对应的“收益”，因而也谈不上利润（陈玉罡、李善民，2007[169]）。交易成本与沉没成本的不同之处在于，沉没成本强调固定资产投资的客观性，而交易成本强调交易过程中机会主义的主观性，这两者均不符合新古典经济学对完全竞争市场的假设条件，因而也很难求解帕累托均衡值（汤吉军、郭砚莉，2012[170]）。因此，当存在交易成本时，如果不能通过产权的重新调整来改善效率，那么就有必要选择适当的产权交易装置进行匹配来改善总的福利效果（刘凤委、李琳、薛云奎，2009[171]；罗必良，2017[172]）。

实际上，市场的运行是有成本的，交易成本越高，越有可能带来产业组织和交易形式的变化，共享经济就依托互联网，带来了消费模式和产业组织的革新，因此减少交易成本是共享经济这种新型交易方式出现的理论基础之一。

共享经济用协同消费的模式进行多次、快速的交易，不可避免会增加交易的频次。交易次数的上升有可能带来交易成本的上升。科斯定理指出，产权明晰时，交易成本越低，市场配置会越有效率。因此分析共享协同消费模式是否能实现资源配置有效的途径之一就是探究交易成本的高低。直观而言，依托互联网的共享单车在交易过程中由于实现固定价格，且有自动借用和自动归还功能，因此大大降低了买卖双方讨价还价的成本。另外，交易过程中不涉及产权的转移，降低了交易的难度，因而也能实现交易成本的节约。

在共享经济出现后，传统的私人占有资源所有权与使用权显得落后和自私，而共享的生活方式更为清洁、有生机、对环境有益（Levine，2009[173]）。Kim、Lee（2015）[174]发现目前很多企业试图用共享经济协同消费的模式来调整资源配置，以期获得更高的资源利用效率。他们还从理论上比较了最小生成树法和沙普利值在计算共享经济每个参与者交易成本的区别。Henten、Windekilde（2016）[175]从产业结构的角度，以 Airbnb 和 Uber 为例，探讨了交易成本理论如何应用在基于互联网平台的共享经济模式。Akbar、Tracogna（2018）[176]从定性层面综述了交易成本理论在共享经济中的应用，他们以住宿行业为例，建议宾馆可以利用其资源优势，减少交易过程中由于不确定性、资产专用性等问题带来的成本。因为交易成本会显著影响消费者的消费意愿（李琪、于珊珊，2011[177]），因此，基于“互联网+”的共享交易很可能减少由于购买频率和网络零售商的不确定性对购买意愿的负面影响，从而刺激消费。

综上所述，互联网共享平台主要从三个方面降低交易成本。第一，互联网大幅降低了闲置资源的信息传播和搜寻的成本，用户依托一部智能手机，就能够很快找到附近的共享产品，加之移动支付的出现极大简化了交易过程，带来交易成本的大幅下降；第二，所有权的固定降低了交易过程中讨价还价的难度，实现了交易过程的极大简化；第三，共享经济依托互联网大数据平台，平台上的信用记录强化了市场主体的信用约束，减少了信息不对称，从而降低了交易成本。从企业的边界角度来看，企业存在的部分原因是这种组织形式降低了市场的交易成本，因此一种新型经济业态的出现，其根本原因也是带来了交易成本的降低。基于此，共享经济将原来交易成本过高而没有进入市场的闲置资源激活，使其进入了可交易的范围。

在调整供给结构的大背景下，原有的经济增长模式遇到瓶颈，共享经济依托较低的交易成本，培育了新的经济增长点，可以助推供给结构的调整。直观而言，共享经济让极小规模的微观产品和服务重新回到市场，差异化、个性化的产品为需求方提供了更自由的选择权，引发"以买为主"向"以租为主"的观念转变。

4.2　共享平台对双边市场效率影响的理论模型

根据上述分析，本节的理论模型基于如下假设。① 完全经济理性人。由于交易成本的来源是决策制定者的非完全理性，为了计算并衡量交易成本，本节用新古典经济学对决策制定者进行"完全经济理性人"假设，将此处的交易假设为一种活动，而这种活动的劳动投入可以被交易函数量化。② 边际交易率递减。随着交易规模的增加，卖方和买方的搜寻成本增加，并且要花更多的精力监督交易过程，以减少机会主义行为出现的概率。交易活动由一个特殊的企业（平台）来承担，交易量越大，平台所需的技术水平越高，因此在技术不变的条件下，平台存在最优规模。③ 不存在政府规制。

本节的研究假定交易的行为是完全市场化的，不存在进入门槛等限制，生产者以意愿价格 P_{sale} 出售给平台，消费者再以意愿价格 P_{buy} 从平台处购买，平台通过中间的溢价部分获取利润。在促成交易的过程中，平台的核心作用在于信息的传递和质量的担保（类似于中介机构）。政府不干预整个交易过程。

4.2.1　传统双边平台的理论模型——单次交易

弗鲁博顿等（2006）[178] 详细定义了交易函数，本节的研究基于这个函数展开。Furubotn 等（2006）认为在一场交易中，生产者的意愿销售量 Q_{sale} 与消费者的意愿购买量 Q_{buy} 之间存在差额，这个差额足以支付交易活动的劳动投入。例如，生产者生产 100 吨小麦，在交易过程中，因为各类交易成本的存在，消费者的意愿购买量是 80 吨，另外 20 吨用于支付双方在交易过程中的各项成本投入。此时消费者的意愿购买量是生产者的意愿销售量的一个函数，假设该函数表示为 $Q_{buy}=F(Q_{sale})$，当交易成本大于0时，对应的曲线将位于坐标第一象限45°线下方（图4-2），根据前文假设，曲线的斜率表现为边际递减，其经济学含义是交易过程中的边际交易率递减，即随着交易规模扩大，交易成本上升，由此交易函数满足

$$\frac{dF}{dQ_{sale}}>0,\quad \frac{dF^2}{d^2Q_{sale}}\leqslant 0 \tag{4-1}$$

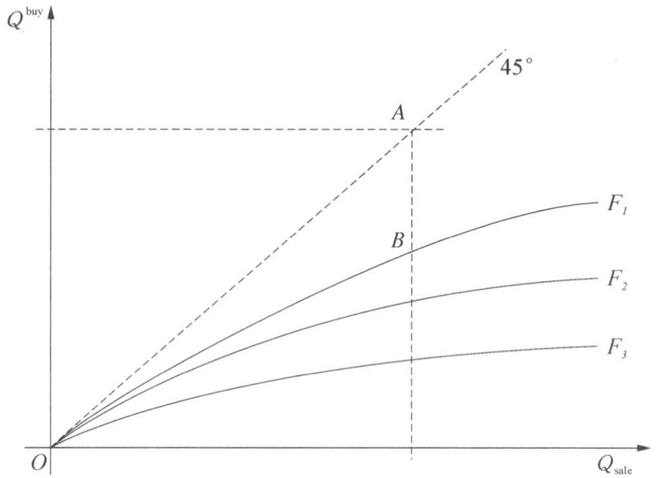

图4-2 不同边际交易率的交易函数 $Q_{buy}=F(Q_{sale})$

理想状态是不存在交易成本，那么交易函数将与45°线重合。

边际交易率递减意味着随着交易规模的扩大，匹配难度增加（如共享单车投放量不变的前提下，找一辆共享单车比找10辆共享单车容易得多），所依赖的交易平台要求变高，如平台数据维护等技术要求变高。图4-2还反映了不同边际交易率的交易函数图形。F_1、F_2和F_3的区别在于，F_1的效率最高，交易成本最小，F_3的效率最低，交易成本最大。图4-2中 AB 两点间的距离可以理解为交易函数确定为 F_1 时，交易成本带来的资源配置效率损失。

在传统的双边市场中，存在卖方、买方和平台三个参与者，平台作为一个交易型企业，其收益 R 可以表示为

$$R = P_{buy} Q_{buy} - P_{sale} Q_{sale} \tag{4-2}$$

在完全理性假设下，交易型的平台企业会在交易函数的约束下最大化其利润 R，即

$$\max R = P_{buy} Q_{buy} - P_{sale} Q_{sale}$$
$$\text{s.t.}\ Q_{buy} = F(Q_{sale}) \tag{4-3}$$

式（4-3）中，P_{buy} 表示消费者的单位意愿购买价格，P_{sale} 表示生产者的单位意愿销售价格。最优化平台的目标函数，可以得到均衡解为

$$\frac{\mathrm{d}Q_{buy}}{\mathrm{d}Q_{sale}} = \frac{P^*_{sale}}{P^*_{buy}} \tag{4-4}$$

式（4-4）中，P^*_{sale} 和 P^*_{buy} 表示价格的均衡解，在这个最优解上，利润最大化的交易计划是平台的利润曲线与交易曲线的切点，根据前文假设，交易曲线斜率始终小于 45°线的斜率，因此必有

$$\frac{\mathrm{d}Q_{buy}}{\mathrm{d}Q_{sale}} = \frac{P^*_{sale}}{P^*_{buy}} < 1 \tag{4-5}$$

这个均衡意味着消费者为购买产品所支付的比生产者得到的多，这其中的差额即为交易成本。因此，用 $Cost_{trans}$ 表示交易成本，公式为

$$Cost_{trans} = P^*_{buy} - P^*_{sale} \tag{4-6}$$

为了更直观地与后文共享经济的结果进行对比，假设交易函数 $Q_{buy} = F(Q_{sale})$ 为简单对数函数，即假设 $Q_{buy} = \ln(Q_{sale})$①，可以计算得到最优化的均衡解为

$$\frac{\mathrm{d}Q_{buy}}{\mathrm{d}Q_{sale}} = \frac{P^*_{sale}}{P^*_{buy}} = \frac{1}{Q^*_{sale}} \tag{4-7}$$

此时的交易成本为

$$Cost_{trans} = P^*_{sale}(Q^*_{sale} - 1) \tag{4-8}$$

---

① 这个交易函数的假设有可能高估了一般交易过程中的交易成本，因此存在系统误差，但由于本节进行比较静态分析，可以在对比中同时消除系统误差的影响，因此不影响本节的结论。

4.2.2 共享双边平台的理论模型

下面构建共享经济的交易成本模型，共享双边平台交易模型与上述模型的主要区别在于协同消费模式下，尽管生产商提供的商品仍为一次性，但是消费者的使用次数为多次，同一产品会出现重复交易。因此增加以下两个参数。

（1）设共享次数 n，$n \in [1, N]$，其中 N 为有限的产品生命周期中可以实现的最大共享次数。$N=1$ 时回到传统的交易模型，共享次数 n 的大小同时可以间接反映该物品对应的市场需求高低。

（2）设折旧率为 α，$\alpha \in (0, 1)$。由于每次共享会带来产品的折旧，根据前文对交易函数量化的分析，本节将产品的折旧体现为每期共享的产品数量减少，减少的比率为 α。

假设供应方在期初提供的商品数量仍为 Q_{sale}，每期产品投入市场的数量 Q_{sale_n} 可以表示为

$$Q_{sale\_n} = (1-\alpha)^{n-1} Q_{sale} \tag{4-9}$$

交易函数 $Q_{buy} = F(Q_{sale})$ 不变，P_{buy_n} 为每期交易的意愿购买价格，P_{sale_n} 为每期交易的意愿销售价格，每期交易平台获得的收益 R_n 可以表示为

$$R_n = P_{buy\_n} Q_{buy\_n} - P_{sale\_n} Q_{sale\_n} \tag{4-10}$$

平台的目标函数变为将交易 N 期所获得的收益之和最大化，即

$$\max \sum_{n=1}^{N} R_n = \sum_{n=1}^{N} P_{buy\_n} Q_{buy\_n} - \sum_{n=1}^{N} Q_{sale\_n} P_{sale\_n} \tag{4-11}$$

$$\text{s.t. } Q_{buy\_n} = F(Q_{sale\_n}) = \ln(Q_{sale\_n})$$

假设每一期交易的意愿销售价格和意愿购买价格不变，且 N 期的价格总和等于传统交易的意愿销售价格和意愿使用价格。即对于使用次数 n 而言价格外生为①

---

① 例如，2016—2017 年的初期阶段，摩拜单车每次的使用价格均为每 30 分钟 1 元，ofo 小黄车的使用价格为 0.01 元/分加 0.04 元/千米。月卡促销、红包和补贴不在本文的考虑范围内。简单估算个人消费共享单车的使用频率约为每天 2 次，每次 1 元，按一年 250 个工作日，共享单车的报废年数平均为 3 年，则每辆单车的使用价格之和约为 1 500 元，与购买同质量的单车价格几乎持平。当然由于单车的使用费一直发生变化，更精确的结果还要依赖长期的市场调研。

$$P_{buy\_n}=\frac{1}{N}P_{buy},\quad P_{sale\_n}=\frac{1}{N}P_{sale} \tag{4-12}$$

求解最大化平台利润的均衡结果，可以得到

$$\frac{P^*_{buy\_n}}{P^*_{sale\_n}}=Q^*_{sale}\cdot\frac{1-(1-\alpha)^N}{\alpha N} \tag{4-13}$$

此时，共享期数为 N 期的交易费用之和为

$$Cost_{trans\_n}=N(P^*_{buy\_n}-P^*_{sale_n})=P^*_{sale}\left(Q^*_{sale}\cdot\frac{1-(1-\alpha)^N}{\alpha N}-1\right) \tag{4-14}$$

对比式（4-8）和式（4-14）可以得到一个直观的结果①，即共享经济模式下，生产者提供相同的单次意愿产量，共享带来的交易次数尽管大幅上升，但共享多次后的交易成本之和反而比单次交易的交易成本有所减少②。

$$Cost_{trans\_n}\leqslant Cost_{trans} \tag{4-15}$$

本节的模型并没有考虑生产商的成本和收益问题，原因在于交易函数中的意愿销售价格本身已经涵盖了生产商的成本，如果意愿销售价格低于生产成本，则不会产生交易。对于共享模式而言，可能存在的问题还有生产商的成本回收期变长，短期内获得的收益很可能远低于其成本，特殊情况下最长的投资回报期中 n 趋近于 N 时，有可能出现提前破产的情况。例如，共享单车企业用产品抵押顾客押金会直接减少市场中产品的供应数量，进而影响共享交易，但这种情况出现的不确定因素过多，涉及企业运营、市场营销、投融资、道德风险等多个问题，因此本节暂时不做详细讨论。

下面简单分析共享次数 n 和折旧率的相关性问题。折旧率高低实际反

---

① 因为当 N 满足 $N\geqslant 1$ 时，$\lim\limits_{N\to\infty}\frac{1-(1-\alpha)^N}{\alpha N}=0$。

② 上述模型结果是基于简单对数函数的假设之下，本节尝试将交易函数拓展为一般的对数函数，结果发现只要满足边际交易率递减的假设，不影响上述结论，详见本章附录 1。

映了产品的耐用性程度，折旧率越低的产品越耐用，则共享次数的最大值 N 将直接受到折旧率 α 的影响，α 越低，N 越大。反之，单位时间内使用次数越频繁的产品，折旧速度也越快，共享导致的利用率的上升会加快物品的折旧程度和磨损率。因此，本模型中共享次数 N 与折旧率 α 之间在一定程度上是互为因果的。但是，因为共享产品还受到该物品被使用的单次时长、人为破坏等其他因素影响，需要综合考虑。

例如，共享停车场上单个车位的使用年限可以推算该车位的理论折旧率，实际使用过程中，有空置和停车两种状态，停车时长短则半小时，长则数天，其折旧大部分在车辆驶入和驶出时发生，因此如果停车时间长，尽管折旧率较低，但可能单位时间内的共享次数是较为有限的。另外有限时间内的使用次数还会受到该产品在一定的空间范围内，被用户的偏好和使用频率高低影响。例如，共享雨伞在较为干旱的季节或地区，共享次数会显著下降；在雨季或潮湿的地区，则会有明显上升。因此，折旧率和共享次数之间并不是完全互为因果关系，而是受到多种因素的影响。更重要的是，折旧率低的产品使用频次未必很高，因为使用频次还与市场对该物品的需求直接相关，需求越高的产品，在有限时间的共享次数越高。

综上所述，在不考虑折旧率与使用次数相关性的前提条件下，共享经济模式下的交易成本会受到折旧率和使用次数两个核心变量的影响，同时受到交易规模的直接影响（包括意愿销售价格和意愿销售量）。为了进一步刻画上述因素对共享双边平台的影响机制，下面进行数值模拟。

4.3 共享平台对双边市场效率影响的数值模拟

为了更直观地理解和表述上述理论模型，可对比基准模型和共享经济模型的均衡结果。在本节的模拟中，将传统交易的基准模型标注为“Model1”，将共享经济模型标注为“Model2”，两个模型对应的平台收益分别标注为“R”和“R_n”，交易成本分别标注为“$Cost$”和“$Cost_n$”。

均衡解中涉及的变量有意愿销售价格和意愿销售量，假设市场均衡条件下，意愿销售价格和意愿销售量都服从［0，1 000］的均匀分布，即 $P_{sale} \in U[0,\ 1\ 000]$，$Q_{sale} \in U[0,\ 1\ 000]$①。传统模型与共享模型的数值模拟结果如下。

4.3.1　两种模式平台收益及交易成本的对比

本节首先假设折旧率为 0.01，使用次数为 100，对传统模型与共享模型进行静态比较。

图 4-3 中，深色为传统双边平台交易，浅色为共享双边平台交易。通过计算两种模型的均衡解，对比图 4-3 中两幅图形的变化趋势可以发现，无论何种交易方式，平台收益及交易成本都会随着交易数量的扩大和价格的上升而出现明显的增加②。主要存在差别有以下三点。

（1）当交易量较低时，传统交易与共享交易两种模式下，交易成本的差别不甚显著；甚至传统经济模式下的平台收益会高于共享平台。

（2）随着交易量的上升，两种双边平台的交易成本和收益差别开始显现：交易量较高时，采取共享交易模式的交易成本之和低于传统交易模式

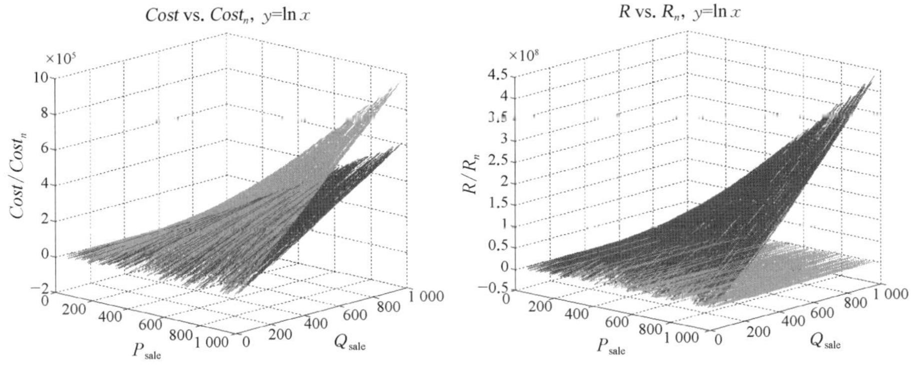

（1）平台收益　　（2）交易成本

图 4-3　两种交易方式下平台收益和交易费用的叠加对比

---

① 此处 1 000 的上限取值没有实际意义，仅仅为了展示交易价格由低到高、交易数量由少到多的变化带来的均衡解的趋势变化。

② 此处模拟直接采用了三维图，因此交易量的上升综合了价格和数量两个因素的影响。无论是价格上升还是数量上升，带来的交易成本和平台收益的上升趋势是一致的。本章附录 2 中详细展示了两个单因素的二维模拟结果。

的单次交易成本；与此同时，共享经济模式下的双边平台获得更高的收益。

（3）随着交易量的上升，传统交易模式下平台收益的上升速度低于共享经济的收益上升速度；传统交易模式下的交易成本上升速度却高于共享经济交易，可见共享经济模式比传统交易模式更具有规模经济性。

由此得到，共享经济重复交易模式的双边平台在节约成本和提高收益两方面均优于传统的单次交易模式。

为了进一步比较不同质量和类别的共享产品因使用寿命和使用频率不同对平台收益和交易成本的影响，分别选取低（0.01）、中（0.05）和高（0.10）三个折旧率以及低（100）、中（500）、高（1 000）三个共享次数作为数值演化的参数。其中折旧率越高意味着产品在使用过程中更容易磨损和消耗（如共享单车企业中，ofo 小黄车的折旧程度高于摩拜单车，市场曾预估最高折旧率达 10%）。共享次数越高说明该产品的可共享程度越高，市场对该产品的需求越大。共享经济数值模拟的参数设置如表 4－1 所示。

表 4－1　共享经济数值模拟的参数设置

交易函数：$Q_{buy} = \ln(Q_{sale})$			
	低	中	高
α	0.01	0.05	0.1
N	100	500	1 000

4.3.2 折旧率和共享次数对交易成本的影响

图 4－4 展示了折旧率变化和共享次数变化对交易成本的数值演化结果。可以看出以下两点。

第一，其他条件不变时，折旧率越低的产品，期初的交易成本越高。在市场交易和选择的过程中，人们在交易相对更高价值的耐用品时更加谨慎，而对易耗品的价值评估可能相对更为容易，因为从外观和体验中可以更快得到产品的质量信息。2017 年中国的共享经济市场出现了多种多样的共享产品，如共享雨伞、共享板凳、共享充电宝等，这些产品与共享单

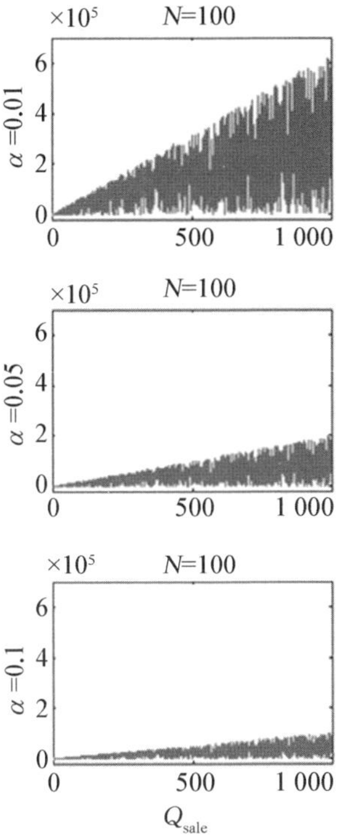

图 4－4　折旧率和共享次数变化对交易成本的影响

车相比，共同的特征在于都具有较高的折旧率，期初的交易成本较低，因此被快速投放市场。但是，折旧率较高的商品容易出现丢失、损坏，从而对所有参与方造成损失，因此在信用体系尚不健全的背景下，供给方尽管在期初提供这类商品更容易，但这是不具有可持续性的。

第二，其他条件不变时，随着共享交易次数的增加，边际交易成本呈现明显的递减。多次重复的交易带来了人们对交易物品的信任，信息被更多地披露，从而尽可能地减少逆向选择，让更高质量的产品留在了共享的双边市场中，因此这样的共享经济模式能够有效减少资源配置过程中的交易费用，进而提升闲置资源的使用效率，这与前文共享经济扩大了产品使用价值分析不谋而合。一方面，一个产品参与的共享次数越多，其使用价值就可以得到最大限度的发挥；另一方面，随着产品进入市场的次数增加，消费者对于该产品的认知也相对熟悉，认可度和信任度会提高，因此也是减少交易成本的一个重要因素。

4.3.3 折旧率和共享次数对平台收益的影响

图 4－5 展示了折旧率变化和共享次数变化对平台收益的数值演化结果。可以看出以下两点。

第一，其他条件不变时，随着折旧率的上升，平台收益会持续下降。说明对共享平台而言，更有意愿促成低折旧率产品的共享交易。平台本身为了盈利，希望进入共享经济市场的产品有较高的质量，这样可以保证平台为用户提供的共享产品具有较高的稳定性，提高用户使用的满意程度和对平台的忠诚度。同时，高质量的共享产品可以降低交易风险，减少平台的担保成本。在共享市场中，产品质量会直接影响消费者对于平台的信任，因此，进入共享经济市场的产品，应该以质量稳定、磨损较少的耐用品为主。

第二，其他条件不变时，随着共享交易次数的上升，平台收益存在规模极限。共享交易次数的上升使平台收益先扩大而后再减少，在本次实验模拟中，交易次数为 500 时，平台获得的收益较高，交易次数为 1 000 时，明显低于 500 次时的平台收益。说明在技术不变的条件下，交易次数并非越多越好。可能的原因是当规模持续扩大，平台促成交易的负担加重，规模经济性消失，收益递减，甚至为负。这解释了为什么只有在互联网经济和智能手机应用同步迅速发展的前提下，共享经济的规模才得以迅速扩张，因为要实现产品的循环交易、多次交易，平台所需要的技术要求更高，否则无法实现交易的规模经济，也较难促成闲置商品的再流通。

进一步结合前文折旧率对交易成本的影响可以看出，对于共享平台而言，提供易磨损的高折旧率产品是低收益的，平台为易耗品提供相应的担保或促成交易的意愿较低，因此，这类商品的共享规模大多较小，流通程度较低，范围较窄，一旦失去担保带来的高风险会让大部分产品失去共享价值，进而逐步退出市场。这种动态的变化，能够让进入市场的共享产品以高质量、低折旧为主，同时又兼顾了市场需求，在提高双边市场效率的同时，可以调整供给结构，减少供给失衡。

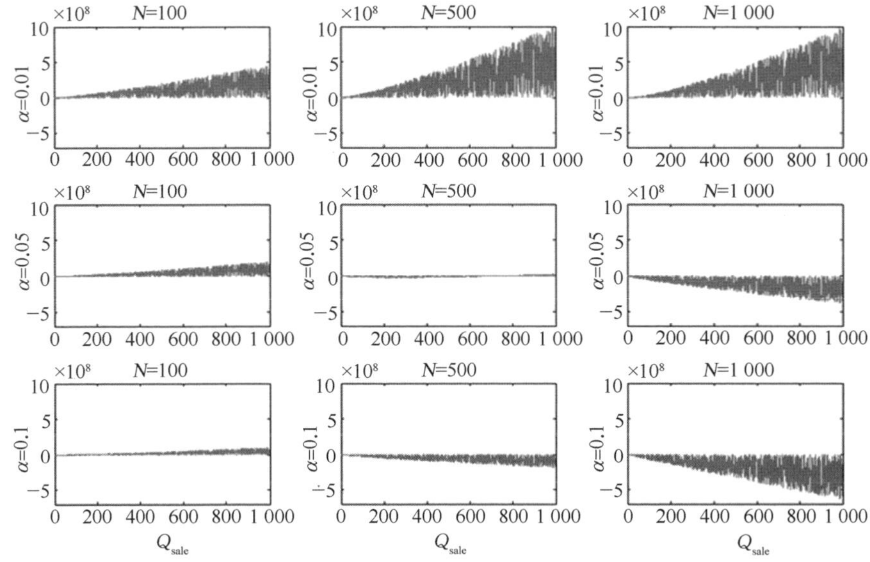

图 4－5　折旧率和共享次数变化对平台收益的影响①

4.5.4　模拟结果讨论

数值模拟的比较静态研究发现，折旧率越低的产品在共享经济中越容易获得平台的青睐，平台的市场化导向使得平台对容易磨损的易耗品没有促成交易的激励，因为易耗品带来的共享收益低于耐用品。而共享次数的增加，对交易平台而言存在最优规模效应，过多的共享次数对平台提出了更高的要求，如技术的支撑、匹配的效率等。随着产品共享交易次数的增加，交易成本呈现明显的递减趋势。折旧率越高的产品，交易成本越低。这意味人们在交易相对更高价值的耐用品时更加谨慎，应该引入平台进行担保。

共享不是现代社会的新发明，自原始社会的共同劳动、平均分配就实现了劳动力的共享，随着社会发展，社会分工和交易开始出现，所有权的共享机制被瓦解，后来股份制的出现实现了企业收益的狭义共享。时至今

① 为了便于直观比较，图 4－4 和图 4－5 均采用了意愿销售量作为横坐标的二维模拟，这不影响对结论的展示，即使换成意愿销售价格作为横坐标，现有的变化趋势仍然不变。

日，信息科技和互联网的发展让原先线下的、小范围的共享变成线上的、广泛的使用权共享。共享经济在为社会带来更清洁、更便利、更环保的消费新方式的同时，也对产业组织、新制度经济学的理论研究和政府治理提出了新的挑战。

4.4 行业应用：固定资产设备共享的四象限划分

从数据模拟的结果可以推断，适宜共享的产品需要满足较低折旧率和较高使用频率两大特征。下面以中国工业企业固定资产为例，依据折旧率和使用频率两个特征维度，对 41 个工业细分行业固定资产设备的共享度进行四象限分类。

本节依据《国民经济行业分类》（GB/T4754—2002）的两位数代码选取了采矿业、制造业、电力生产制造业三大工业类别中的 41 个工业细分行业。根据 2007 年 12 月国务院发布的《企业所得税法实施条例》和《企业会计准则第 4 号——固定资产》相关规定，各行业不同设备的固定资产的折旧年限已经明确，每年企业的会计核算都会根据折旧年限和预计残值率计算折旧。根据国家统计局官方网站公布的数据，依赖固定资产净值、年累计折旧、固定资产原值和主营业务收入等指标，可以计算出年均固定资产折旧率与固定资产周转率。其中，固定资产折旧率依据当年的累计折旧除以期初固定资产原值获得，反映该行业固定资产的年折旧程度；固定资产周转率依据当年主营业务收入除以固定资产净值获得，反映了该设备的使用频率，即固定资产在一年中的周转次数，也反映了对该设备的需求程度。如果一台设备的使用率高而折旧率低，则越应该被共享；反之，设备的使用率低而折旧率高，则意味该固定资产设备被共享的意义较低。

根据 41 个工业细分行业的固定资产折旧率和周转率（本章附录 3），绘制固定资产设备的共享四象限图（图 4－6）。根据固定资产的折旧率和周转率，将不同工业行业的共享程度划分为适合全行业共享、适合行业内共享、适合行业间共享、不适合共享四个维度。

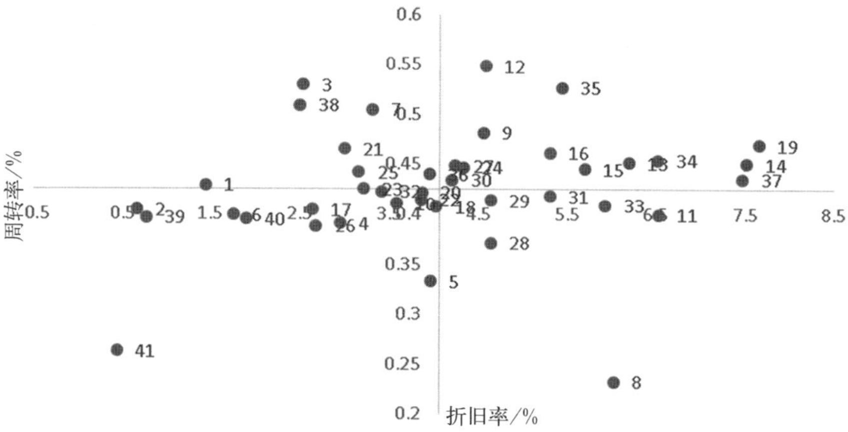

图 4－6　41 个工业细分行业的固定资产设备折旧率与周转率四象限图

第一象限：适合行业内共享。这一象限主要为折旧率较高、周转率也较高的行业，包括 35 号仪器仪表制造业，12 号纺织业，19 号文教、工美、体育和娱乐用品制造业，9 号食品制造业等。反映了这类行业固定资产设备的周转需求较大，同时磨损也较大，如果要对固定资产进行共享，需要更多考虑设备磨损的风险，因此可以在行业内部适度共享。

第二象限：不适合共享。这一象限为折旧率较高、设备周转率较低的行业，主要包括 3 号黑色金属采矿业，38 号金属制品、机械和设备修理业，7 号其他采矿业，21 号化学原料和化学制品制造业，25 号非金属矿物制品业等，可见大部分矿产资源的开采和加工行业中固定资产设备的周转率较低，同时设备磨损程度较高，不适合共享。

第三象限：适合行业间共享。这一象限为周转率较低、折旧率也较低的行业，包括 41 号水的生产和供应业等，意味着在这类行业中，单个企业对固定资产周转的需求较低，在行业内对设备共享的需求较低，但因为是耐用设备，因此可以将设备放在更宽泛的共享平台，进行行业间的共享。

第四象限：适合全行业共享。这一象限主要为折旧率较低、周转率较高的行业，目前分布的行业主要有 8 号农副食品加工业，11 号烟草制品业，33 号电气机械和器材制造业，28 号金属制造业，31 号汽车制造业，29 号通用设备制造业等。可见这类工业行业的固定资产设备使用率较高，同时折旧率较低，相对其他工业行业，更有可能优先推进设备共享，提高企业资金周转率和设备使用价值。

由于每个企业的设备均存在一定程度的差异，企业可以参考以上划分依据，适当将闲置设备通过共享平台进行设备共享，一方面可以获得收益，减少闲置成本，加快企业的资金周转；另一方面可以提高设备的使用效率，加强行业内外和企业间的深度合作。

4.5 小　　结

近年共享经济的发展非常迅速，但也较为盲目，甚至出现很多背离共享理念的伪共享产品，其主要原因还在于整个经济市场对共享经济的认识较为浅显，剖析产品本身性质和市场需求特征的系统性研究较少，因此盲目跟风的短期行为容易带来与低碳环保理念相违背的共享交易。本章从共享经济的本质出发，暂时排除道德因素、信用体系和政府规制的外部影响，深入探寻了共享经济的产权特征、双边市场特征及其减少交易成本、提高双边平台收益的内在机制，发现共享经济不仅利用重复交易提升有限资源的使用价值，而且通过分离物品的使用权和所有权，缩小企业边界、盘活闲置资本，从而提升了双边市场的效率。

本章的理论模型和实证研究结论包括如下三点。

第一，通过构建交易成本理论模型，证明了在完全经济理性、边际交易率递减和不存在政府规制的三个假设条件下，生产者提供相同的单次意愿销售量时，尽管共享经济模式带来的交易次数大幅上升，但交易成本之和反而比单次交易成本有所减少。同时也证明了促成交易的双边平台在共享经济模式下会获得更高的经济收益。因此，无论从降低交易成本的角度还是提高平台企业利润的角度，共享经济协同消费模式均提升了双边市场的效率。

第二，数值模拟的演化清晰地反映了折旧率和共享次数（共享需求）在共享平台交易中的关键作用。平台更愿意推广低折旧率的共享产品，以减少共享交易过程中的产品损耗，降低交易风险和不确定因素的影响。同时，技术不变的条件下，平台的交易存在最优规模，加之折旧率的影响，可以看出共享产品的重复交易会显著降低边际交易成本，这种降低在低折旧率的产品中更为明显。

第三，通过对中国 41 个工业细分行业固定资产设备的折旧率和周转率计算，将设备共享分为适合全行业共享、适合行业间共享、适合行业内共享及不适合共享四个维度。企业可以依据“低折旧率”和“高周转率”指标，将私有设备进行适度共享。这有利于促进闲置设备的再利用，从而提升企业收益、加快资金周转，加强企业间合作。

2017 年 7 月，国家发展和改革委员会联合中央网络安全和信息化领导小组办公室等七部门印发了《关于促进分享经济发展的指导性意见》，明确对共享经济发展采取“鼓励创新、包容审慎”的政策导向，“放宽准入、底线思维”成为共享经济监管新要求，“多方参与、协同治理”成为共享经济的监管大方向。在这样的背景下，本章的研究结论对促进中国共享经济健康有序地可持续发展，引导人们更好地共享生活、共享未来，推动中国的供给结构改革均具有一定的启示意义。

随着共享产品的多样化程度和交易次数明显增加，在技术支撑、匹配效率等方面对双边市场提出了更高的要求，本章的研究为共享经济的发展提供了理论基础，拓展了交易成本函数在共享经济模式下的理论框架，数值演化直观地反映了共享经济在节约交易成本、提高平台收益方面的优势，行业应用亦将共享经济从个人交易范畴提升到产业层面，对行业的多元发展提供了相应的参考价值。然而，由于本章理论分析中对交易函数的假设存在局限性，且没有将道德风险、声誉信用、政府规制等纳入共享经济的交易模型，与现实存在一定差距，因此还有待进一步完善。

本 章 附 录

附录 1：数值模拟部分交易函数的稳健性检验

为了检验交易函数的稳健性，设置交易函数存在不同的交易率，函数 $y = \ln x$（上段），$y = 5\ln x$（中段），$y = 15\ln x$（下段），交易成本如图 4－7 所示，可见不同交易率下，交易成本的变化存在相同趋势，可以进行比较静态研究。

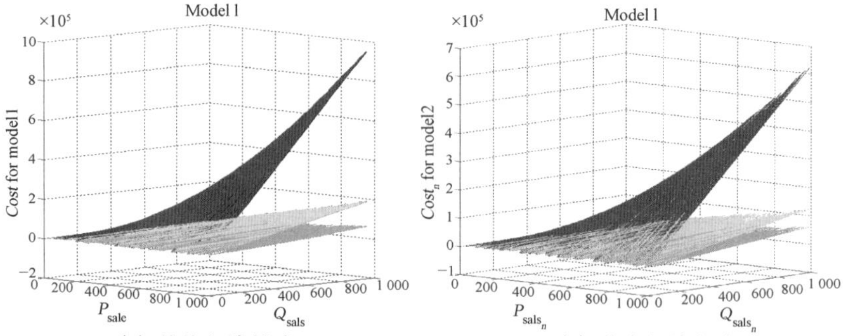

(1) 传统经济模式　　(2) 共享经济模式

图 4-7　不同交易率下交易成本的变化

附录 2：价格和交易量两个单因素的二维模拟结果：以交易成本为例

正文图 4-4 和图 4-5 以交易量作为横轴，图 4-8 反映了无论用交易量还是价格，传统平台、共享平台的变化趋势是一致的。其中 $y = \ln x$（上段），$y = 5\ln x$（中段），$y = 15\ln x$（下段）。

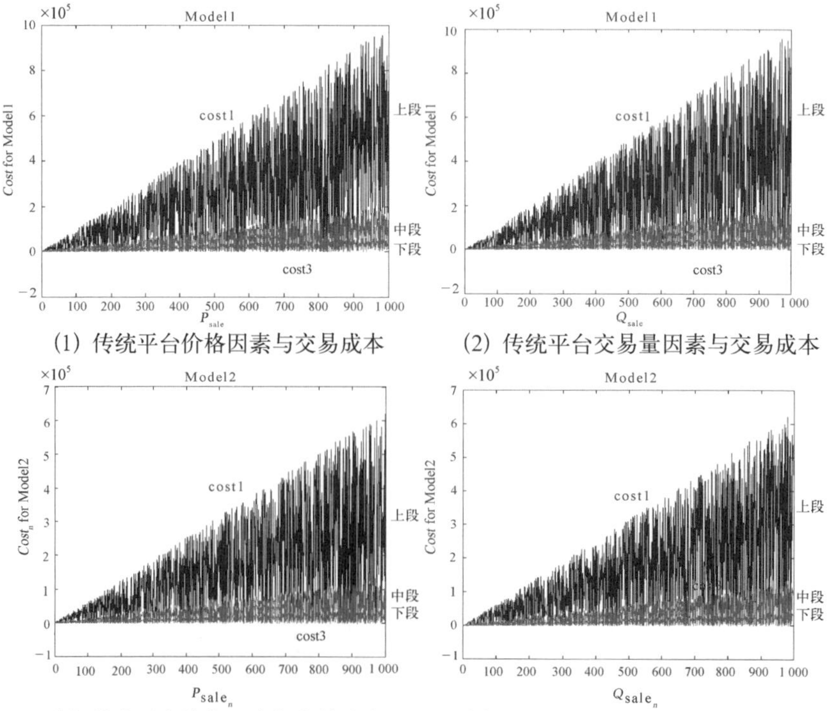

(1) 传统平台价格因素与交易成本　　(2) 传统平台交易量因素与交易成本

(3) 共享平台价格因素与交易成本　　(4) 共享平台交易量因素与交易成本

图 4-8　不同平台中价格因素、交易量因素与交易成本的关系

附录 3：41 个工业细分行业的固定资产折旧率和周转率（2013—2017 年 5 年平均值）

表 4-2　41 个工业细分行业的固定资产折旧率和周转率

编　号	行　业　名　称	折旧率	周转率
	全部规模以上工业企业	0.429 2	3.158 5
1	煤炭开采和洗选业	0.404 6	1.452 7
2	石油和天然气开采业	0.529 8	0.665 5
3	黑色金属矿采选业	0.391 1	2.536 0
4	有色金属矿采选业	0.333 1	2.950 1
5	非金属矿采选业	0.399 6	3.964 6
6	开采辅助活动	0.504 8	1.759 7
7	其他采矿业	0.232 9	3.305 9
8	农副食品加工业	0.481 6	6.034 3
9	食品制造业	0.411 1	4.555 9
10	酒、饮料和精制茶制造业	0.399 8	3.585 3
11	烟草制品业	0.548 2	6.533 4
12	纺织业	0.452 1	4.581 8
13	纺织服装、服饰业	0.450 7	6.198 4
14	皮革、毛皮、羽毛及其制品和制鞋业	0.445 5	7.516 0
15	木材加工和木、竹、藤、棕、草制品业	0.461 8	5.701 6
16	家具制造业	0.404 8	5.309 9
17	造纸和纸制品业	0.407 6	2.641 4
18	印刷和记录媒介复制业	0.469 5	4.030 6
19	文教、工美、体育和娱乐用品制造业	0.422 0	7.653 2
20	石油加工、炼焦和核燃料加工业	0.465 7	3.872 4
21	化学原料和化学制品制造业	0.414 6	2.999 3
22	医药制造业	0.425 3	3.855 9
23	化学纤维制造业	0.447 0	3.216 5

续 表

编 号	行 业 名 称	折旧率	周转率
24	橡胶和塑料制品业	0.442 1	4.336 8
25	非金属矿物制品业	0.388 2	3.161 2
26	黑色金属冶炼和压延加工业	0.448 5	2.686 0
27	有色金属冶炼和压延加工业	0.371 6	4.241 3
28	金属制品业	0.413 7	4.640 5
29	通用设备制造业	0.434 4	4.646 3
30	专用设备制造业	0.417 9	4.208 7
31	汽车制造业	0.423 1	5.304 3
32	铁路、船舶、航空航天和其他运输设备	0.409 4	3.417 5
33	电气机械和器材制造业	0.454 6	5.934 0
34	计算机、通信和其他电子设备制造业	0.526 8	6.521 6
35	仪器仪表制造业	0.440 2	5.440 3
36	其他制造业	0.435 6	3.955 1
37	废弃资源综合利用业	0.509 2	7.468 3
38	金属制品、机械和设备修理业	0.396 6	2.503 0
39	电力、热力生产和供应业	0.394 8	0.773 4
40	燃气生产和供应业	0.262 4	1.904 7
41	水的生产和供应业	0.380 6	0.448 9
均 值		0.425 7	4.061 3

数据来源：国家统计局官方网站 http：//data. stats. gov. cn/easyquery. htm？ cn＝C01。

第5章 国内外城市共享经济平台的政府治理经验

通过前几章的分析可以发现共享平台的确可以在一定条件下提高交易效率，促进经济发展，提供就业机会，并且促进资源节约和环境保护，从本章起将重点讨论目前共享平台遇到的治理难题、现有治理经验、共享平台的自我治理以及与政府的协同治理问题。

现代共享经济模式起源于发达国家，美国、欧洲各国及韩国、日本等陆续出台了针对共享经济的规制法案和政策，为中国共享经济模式的发展与创新提供了历史与域外经验。同时，2018年是共享经济的治理步入法制化和规范化的关键一年，本章拟梳理和总结共享经济在发展过程中遇到的问题与治理经验，为后文提出多元协同的治理方案提供经验借鉴。

5.1 城市共享平台普遍存在的治理难题

共享平台对城市建设带来的核心问题是既有的法律框架和治理途径如何适用于这种新型的经济模式中，具体涉及消费者保护、责任承担、劳动法以及税收等方面。

1. 安全性与创新性的矛盾较为突出

共享经济实际上是一种零工经济，是由工作量不多的自由职业者构成的经济领域，利用互联网和移动技术快速匹配供需方。与传统产业的参与者不同，共享经济的参与者一直处于商业和个人、公共和个人之间的“灰色地带”，这导致了安全性和创新性之间的矛盾。

从安全性的角度而言，服务提供者不能像普通职业工作者一样享有

《雇佣法》《劳动法》中提供的人身安全、最低工资薪酬、最高劳动时间等权利保障，因此服务提供者成为弱势群体，一旦出现平台对自己个人利益的侵犯或其他问题，很难举证并找到适用的法律法规维护自身权益。

从创新性的角度而言，如果将针对全职或专业服务提供者的监管条款施加于共享经济中的非职业参与者身上，则会提高共享经济的进入门槛、削弱共享经济中的基层创新，将企业边界重新扩大，共享的灵活度会降低。因此传统市场中为保障安全和公平而设立的法律条款、制度等，并不能有效适用于共享经济这类非正式、高开放度的参与型经济。

共享经济中的“个体”被定义为雇员还是个体户一直都是被重复、广泛争论的焦点。例如，顺风车服务和美国共享厨房的提供者并不是专职的司机和厨师；Uber 和 Lyft 的注册司机每周基于共享平台提供的服务低于 15 小时；只有 1/5 的易集（Etsy、手工交易网）用户，将此看作是自己的全职工作①。如果为了提供共享服务需要考取厨师执照和营利性驾照，会大幅度减少这类共享服务提供者的意愿和积极性。

因此，共享经济中的服务、商品提供者与传统企业员工并不相同，这直接会影响到政府对共享经济的治理框架。

2. 新旧产业组织之间的矛盾较为突出

共享平台提供的业务尽管给很多人带来了便捷和高效，但所引发的社会矛盾在各国屡见不鲜。从产业组织角度观察共享经济与传统行业的竞争可以发现，共享平台对产业组织的颠覆性影响在于极大降低了进入某一行业领域的门槛，不仅带来共享经济行业内部的过度竞争，同时对传统行业的从业者而言是不公平的。这种进入门槛的不同是不公平竞争的首要来源。美国和欧洲一些城市频繁出现了诸如 Uber 的共享出行公司被职业出租车司机联合抗议的事件，从而引发了关于到底是社会全体从共享经济中获益，还是仅仅一部分人获益的问题。例如，法国出租车司机认为 Uber 会威胁到自己的经济收益，因此工会组织示威游行进行抗议，并封锁了巴黎两个主要机场前往市区的主干道，Uber 汽车路过检查站时，还会遭遇他

---

① 数据来源：新华网，2017 年 5 月 17 日报道“共享经济治理：历史镜鉴与域外经验”。

们投掷石头、刷油漆等破坏行为，有的车辆甚至后车窗被打破、车胎被破坏。

就共享平台而言，不公平竞争除了体现在准入门槛方面，更重要的还体现在税收不力方面。由于诸多的共享平台都没有被真正立法监管，因此传统行业认为共享平台一直处于逃避税收监管的状态，而政府却视而不见。王萍、田天（2018）[179]指出，共享经济商业模式面临的税收问题包括税收主体难以确定、课税对象模糊、税率难以确定等问题。共享平台的组织交易的资金流包括平台、供给方、使用方等，是否都应该作为纳税主体尚不明确，且共享交易本身的多样性、业务的复杂性及活动的多变性，都为纳税主体的确定带来困难。加之互联网为纳税人避税提供了诸多高科技手段，稽查难度大。

准入门槛降低和偷税漏税问题共同造成了共享经济与传统行业之间的不公平竞争，如何维持公平的竞争环境，是政府治理重点考虑的问题之一。

3. 共享交易产生的外部性难以控制

除了共享经济参与者与社会传统工作人员之间的矛盾，共享经济中的交易者也会对没有参与交易的其他人造成不同的影响。这主要由于交易双方在达成交易时通常并不会考虑交易所带来的外部性。

正面的外部性可能表现为，游客被当地可供使用的共享房屋的多样性及便捷性所吸引，为当地的旅游景点、餐馆等消费场所带来额外的客源，带动当地旅游产业发展，如浙江湖州莫干山的民宿旅游。但更多的外部效应可能是负面的，如共享住宿中嘈杂的短期租客在一个公寓大楼可能将自己扰民的行为成本强加给其他居民。因为共享经济本质上是一种陌生人经济，然而当前供需双方共享精神不足、利己意识仍占主导，容易陷入道德困境，产生陌生人经济下的供需方无序行为，如网约车司机危害乘客人身安全事件，共享单车消费者违规骑行、无序停放、损毁单车等，这些负外部性成本极大，平台难以控制和协调，严重影响市民生活、城市管理部门工作及城市的市容市貌。

4. 信息不对称加大了政府治理难度

政府治理在任何领域都会面临信息不对称的问题。共享经济主要解决的是经济资源配置不充分的问题，而导致这一问题的关键原因就是信息不对称，包括供求信息、产品质量信息、消费行为信息等。虽然现有的共享经济平台通过信息分发和交易撮合，在很大程度上降低了供求信息的不对称问题，但是对于产品质量、使用信息等仍无法做到完全透明。不同形式的共享经济通常都存在信息不对称的问题。例如，将空闲房屋进行短期出租的房主，相较于租客更加了解房屋的信息，而租客相较于房主更清楚自身的信用等其他信息。

不同形式的信息不对称现象使交易双方无法完全信任交易的质量，最终可能导致市场交易量低于社会最佳水平，并出现“逆向选择”现象，这种情况下，高质量的交易者参与交易的意愿就会有所降低，而共享经济对社会闲散资源进行高效利用的本质也就无法如愿实现，重新回到“劣币驱逐良币”的问题中去。

因此，如果能通过技术对产品质量和用户行为进行实时跟踪，则将有效解决这类信息“黑箱”问题。目前，短租平台所提供的车辆信息以及用户的使用行为都无法得到有效监督；如果对车内各类布局布置传感器联网后，车辆数据的共享机制将得以实现，对于车辆的初始状况和使用状况都能做到更透明的信息跟踪，从而将这一共享模式的风险降到最低。技术是解决共享经济信息不对称治理痛点的关键所在。

5.2 美国部分城市共享经济平台的治理经验

在美国，共享经济产生已久，这一经济形式真正爆发并得以迅猛发展是在2009年经济危机之后。而引发这一趋势的主要原因是持续下降的家庭收入、日常生活中的科技渗透、对资源和生活方式可持续性的需求等。共享经济的出现从一定程度上否定了发达国家此前一直奉行的消费主义。2008年的经济衰退，使人们更清楚地认识了现实社会，并开始寻求和适应新的生活方式。伴随着共享经济在发达国家的发展，两个新的经济趋势也逐渐引起人们的注意：一是对资产使用权的追求大于所有权；二是消费不仅局限于实体货物和服务，更多地包含了时间、空间和技能。值得注意的是，虽然共享经济这个词被广泛运用在各个领域，但是 2015 年美国皮尤研究中心的调查结果显示只有 27%的美国人听说过这个名词[①]。

美国贸易委员会一直坚持地对共享经济的基调——以一种不会妨碍创新却能保护消费者的方式来监管这类新的商业模式。例如，加利福尼亚州政府就成立交通网络公司（TNC）对 Uber、Lyft 等公司进行管理，比传统出租车的准入门槛要低一些，但要求 TNC 平台对车辆负责，在服务安全方面也有严格规定。

纵观美国的法令，主要有两个治理方向。

（1）确立共享经济的合法性

美国对共享经济的立法监管立足于地方层面。在共享出行方面，2014 年美国 17 个城市议会和 4 个州通过了合法化专车的城市条例，2015 年 8 月美国合法化专车的城市与州增加至 54 个。加利福尼亚、俄勒冈和华盛顿等三个州通过了有关汽车共享的法律，将责任明确归属于汽车共享服务公司和保险公司，并且明文禁止保险公司取消车主的相关政策。

（2）加强维护消费者和从业者权益

美国的征信法律体系规定了征信机构、信用信息提供者以及个人信息主体等在征信活动中的权利义务关系。为规避风险，美国加利福尼亚州立法规定，交通类共享经济平台要为每单的事件购买保险，其保障额度为至少 100 万美元，并且要为驾驶员提供个人和商业保险。与此类似的还有澳大利亚，澳大利亚工党要求共享经济企业必须设立适当的保险政策来降低客户和第三方的风险，并与保险部门建立合作关系。

下文分析了美国一些州或城市对共享平台的治理。

5.2.1　纽约州对 Airbnb 的准入限制

2016 年 10 月纽约州州长签署法令，将对线上短租平台 Airbnb 的运营模式进行严格监管，导致这家新兴网络平台公司面临在纽约州经营受到巨

---

① 资料来源：美国皮尤研究中心（Pew Research Center），《变革中的数字世界——2015 美国新媒体研究报告》。

大限制的问题。纽约州此前的规定要求，不允许居民私自出租租期短于30天的房屋或卧室，同时指出即使对类似违规的出租进行宣传也在纽约州法律禁止的范围内。该立法生效后，房东若继续通过 Airbnb 宣传短期住宿（租住期少于 30 天），首次违反者将被处以 1 000 美元的罚款，第二、第三次违反者将分别面临 5 000 美元和 7 500 美元的罚款。

该法案的生效表示 Airbnb 公司既失去了纽约州短租的大部分顾客，也没有办法单纯为短租打广告来绕过纽约州法律的监管。据纽约州政府颁布法令的同时所披露的，Airbnb 在 2010—2014 年，有大约 30 万宗出租是违反纽约州法律的。而这些出租最终让房东们获得了共 3 亿多美元的收入，其中约 4 000 万美元进入 Airbnb 口袋。

Airbnb 在全球大部分城市面临同样的问题。这家历史不到 10 年的短租平台公司发展迅速，已经进行首次公开募股上市。但公司在发展过程中，与各地居民和政府之间的矛盾也越闹越大。矛盾的起因之一是很多城市居民将自己的房屋提供给前来旅游的年轻人。这导致一些社区凭空比之前“热闹”了许多。一个安静的居民区忽然变成成群喜欢喧闹、开派对的年轻人占据的区域让很多当地居民感到不满，他们开始向州政府施压，希望整治类似的问题。Airbnb 的另外一个问题是，便宜且租期相对灵活的模式让一些旅游城市的传统酒店业受到影响。酒店行业需要申请执照，并遵守酒店行业管理条例。而 Airbnb 出租的短租房因为避过了大量的监管，价格可以更加便宜。对于酒店从业者来说，这就造成了不公平的竞争局面。

对于 Airbnb 的案例，纽约州议员罗森塔尔表示，“我代表的是纽约人民的利益，而不是游客的利益。我们会保护所有符合规定的长租租客。但我们不会为了保证游客在纽约能够短租到便宜的公寓而让纽约人民受到损失”。可以发现，纽约州对于 Airbnb 的准入限制主要是为了控制共享住房带来的不公平竞争和负外部性两个方面。

5.2.2 洛杉矶对 Airbnb 的税收管制

与纽约州的直接限制准入不同，洛杉矶与 Airbnb 达成协议，从 2016 年 8 月起 Airbnb 需要缴纳旅馆税，税收将来源于 Airbnb 的洛杉矶房东，预计 Airbnb 每年缴纳给洛杉矶的税收将达 2 300 万美元。税收逃避一直是零工经济被传统经济攻击的最大痛点，也是共享经济长久处于“灰色地带”的表现之一。洛杉矶政府的税收措施不但使洛杉矶能从共享经济中获益，还能使分享房屋的中产阶级房东符合当地税法要求。然而，巨大的税收和人流量，也将给洛杉矶当地政府追踪税收是否缴纳带来不小的难度。

Airbnb 缴纳旅馆税给洛杉矶政府的事件反映了共享经济创业公司和当地立法者的特殊关系，标志着共享平台公司和政府能够互相合作。Airbnb 和 Uber 等想要瓦解现有工业秩序（如旅店和出租车等）的公司经常会与监管者和政策制定者不和。这也是为什么我们经常看到 Uber 和 Airbnb 等公司与全世界政府的各种官司。大部分共享平台公司其实并不是厌恶规则，它只是厌恶那些妨碍它以它所喜欢的方式做生意的规则，因此缴税可能成为 Airbnb 一首好的“前奏曲”，宣告它是有意愿和城市发展一种良好的合作关系，城市也可能相应回报它。

除了洛杉矶，Airbnb 自 2017 年起每年还向美国的其他城市缴纳旅馆税，如奥斯汀（700 万美元）、波士顿（300 万美元）、纳什维尔（300 万美元）和丹佛（200 万美元）。据 Airbnb 官方统计数据，该公司仅 2017 年缴纳的旅馆税超过 200 个城市，总额已经超过 8 500 万美元[①]。可以发现，洛杉矶等城市对于 Airbnb 的税收管制主要源于共享平台零散经济特征带来的税收逃避问题。

5.2.3　其他城市机场对 Uber 的准入限制

2016 年 5 月，纽瓦克市长在纽瓦克国际机场禁止 Uber 运营，称 Uber 未取得经营许可证运营，违反城市法规。同样的“机场封杀”也出现在华盛顿、洛杉矶、旧金山、波士顿。Uber 对此的解决方案是通过支付额外费用与美国部分城市的当地政府在庭外和解。例如，面对旧金山和洛杉矶的起诉，Uber 同意支付 1 000 万美元的和解金，用来补贴 Uber 司机，换取美国加利福尼亚州 11 个机场的合法运营。在洛杉矶机场，Uber 司机必须支

---

① 资料来源：爱彼迎官网 https：//zh. airbnb. com/。

付 4 美元的手续费；波士顿机场的手续费是 8.75 美元；旧金山的 Uber 司机则需要每年支付 90 美元来获得运营资格。前文引发最多争论的纽瓦克国际机场禁令，最后也以 Uber 和市长的和解协议终结——Uber 会在 10 年间，每年向纽瓦克市支付 100 万美元的手续费，以此获得运营许可。

这种“机场封杀”的准入限制，主要源于对 Uber 共享汽车平台的安全性和合法性考量。实际上，Uber 内部对驾驶人的安全要求非常高，具体要求包括：(1) 雇佣第三方背景审查公司，审核司机资格；(2) 司机筛查制度（Driver Screening）；(3) 司机停用制度（Deactivation Policy），包括永久停用暴力、酒驾或因肤色和性别拒载的司机。政府层面，美国各地 22 个（州、区）管辖区通过了针对共享出行行业的更加智能化、现代化的监管法规，确保 Uber 和其他平台可以继续为乘客提供安全可靠的乘车服务，给司机提供工作的同时提供合理的利益与保障。同时，美国劳工部仍然在权衡，司机身份是否合法以及 Uber 是否剥夺了司机作为雇员的福利和保障。

5.2.4 美国政府的综合治理态度

美国的联邦政府、州政府和其他地方政府都对共享经济保持了持续关注，例如，杰布·布什和希拉里·克林顿都将这个问题列入了 2015 年总统竞选的议题中。作为共和党人，杰布·布什亲自乘坐 Uber 来表达他对这一创新经济产业的支持。然而，希拉里·克林顿在她的经济计划中提到共享经济则说，“这种新兴的经济形式，正在促进经济的繁荣发展并提倡创新。但这也引发了有关就业机会以及就业保障的一些问题”①。

美国政府对于日益增长的共享平台治理存在两个相反的立场（勾占宇，2017[180]），保守派认为共享平台破坏了现有竞争法规，伤害了交通运输、住宿和其他相关产业的传统企业，同时也会对消费者和劳动者的权益产生负面影响，应该加强税收征收，并保护劳动者、消费者的人身安全和

① 资料来源：罗杰斯·凯特，希拉里·克林顿．呼吁关注共享经济：超过三分之一的美国人从事自由职业［EB/OL］．（2015－07－13）［2017－06－28］．http：//www.cnbc.com/2015/07/13/in-economic-address-hillar-clinton-calls-out-gig-economy.html。

财产安全。相比之下，自由派认为，每个共享企业中的嵌入式自动管理系统比政府监管更为有效和低廉，而过度的监管将阻碍这个新兴市场的发展，因为创新是经济增长的机遇，甚至是为了达到更高层次经济的一场革命。

5.3　欧洲部分城市共享经济平台的治理经验

5.3.1　欧盟共享经济指南的出台

2013 年 9 月，欧盟经济和社会委员会（European Economic and Social Committee，EESC）召开公开听证会，以讨论共享经济这一新兴的商业模式对于欧盟的重要性，并发布了一份名为《协作消费，21 世纪可持续性商业模式》（*Collaborative or participatory consumption*，*a sustainability model for the 21st century*）的意见。听证会之后，在 EESC 的倡议下，成立了共享经济的行业组织——欧洲共享经济联盟（European Sharing Economy Coalition），该联盟的设立目的在于整合力量，统一发声，推动欧盟层面和成员方层面共享经济政策的开展。

2015 年，欧盟的共享经济立法进程大大加快。2015 年 9 月，欧盟委员会启动一项将共享经济包括在内的公众咨询，希望在保护创新、公平竞争和保护消费者三者之间达成平衡。2015 年 12 月，欧盟层面关于共享经济的争议终于尘埃落定，欧洲议会发布对数字市场战略的立场文件，其中大力支持共享经济发展。虽然文件出台过程中，各国议员激烈争论，但共享经济最后赢得了欧洲议会所有党派的支持。这份立场文件表示，共享经济促进了商业竞争和消费者福利，创造了更多的就业机会，欧洲议会敦促欧盟委员会和各成员方重新审视现有法规政策是否对共享经济有阻碍的作用，建议逐步消除法律政策层面的障碍，进一步促进共享经济的发展。

2016 年 1 月，欧盟委员会发布报告对欧洲议会的文件做出回应，报告宣布欧盟委员会将在 2016 年 3 月出台《共享经济指南》，在考虑成员方不同利益的前提下，该指南将着力于如何更统一地在欧盟范围内促进共享经济的开展。该指南的主旨精神主要体现在以下方面。

（1）在市场准入方面，第一，当共享经济平台自身不提供服务、只作为信息中介时，不应对其设置准入要求或者其他门槛；第二，一般不应对服务提供者施加从业批准、许可等准入义务，除非这些限制对于满足相关公共利益目的是绝对必要的；第三，绝对禁止和取缔共享经济业务只能作为最后迫不得已的手段和措施；第四，区别对待职业的服务提供者和临时提供服务的公民个人，不得针对后者施加准入义务或者其他限制。

（2）在责任承担方面，纯粹作为信息中介的共享经济平台可以享有“避风港”庇护，不对其不知道或者在知道后及时采取措施的违法行为承担责任。

（3）在消费者保护方面，既要给消费者提供较高程度的保护，又不能给临时提供服务的公民个人施加过度的义务。

（4）在劳动关系方面，某个个体是否是平台雇员的判断标准主要包括其与平台之间是否具有从属关系、工作的性质以及酬劳。

（5）共享经济服务提供者和平台需要缴税，包括个人所得税、企业所得税、增值税等，这一方面需要共享经济平台与监管机构进行密切合作。

通过这一引导性条例的发布，欧洲各国的监管机构被要求减少在共享领域对创业公司的限制，由此也可以看出，欧洲共享经济的发展道路已有较为明确的方向，但在准入和税收政策上的规定还不够具体。

5.3.2 英国伦敦对房屋和汽车共享的鼓励政策

虽然欧洲地区大部分国家多次强调对于共享经济要予以支持，但是现实情况中各地对共享经济的接受程度各不相同。例如，英国伦敦对共享经济的包容程度就远高于其他地区。根据《每日邮报》的报道，英国拥有全球十分之一的共享经济业务，高于法国、西班牙和德国的总和。2015 年 5 月，伦敦为进一步推动共享经济发展，放宽了一项有 40 年历史的法律，使人们可以在更短的时间出租自己的房屋，并相应减免税款。

对共享平台而言，伦敦自由主义的经济学家坚决主张：数字化、高科技的市场中的任何经济瑕疵问题应该交由其飞速发展的市场自然属性去解决，也就是主张企业自律（Self-regulation，也是本书后面重点研究的自治理）。例如，伦敦政府没有单独制定法规，而是将网约车纳入 1998 年的《约租车法案》，采取更为开放的政策和政府监管平台来约束司机。

除伦敦外，英国在 2015—2016 年设立了两个共享经济试点城市，分别为利兹市和大曼彻斯特区，重点支持在交通、住宿和社会保障领域的共享尝试，如利兹市成立了一个网络共享平台，分享资产和服务，包括闲置的空间和设备以及居民的各项专长和技能。

从国家层面，英国政府向共享经济平台开放犯罪记录查询服务（Disclosure and Barring Service），英国政府承诺实现网络查询，并降低查询的手续和费用。同时将共享经济纳入政府采购，探索政府资产参与共享经济的道路。此外，英国政府支持保险公司开发适用于共享经济的保险服务，欢迎英国保险商协会发布世界第一份共享经济保险指引。可以看出，英国是全球对共享经济态度较为开放的国家。

5.3.3　法国巴黎对汽车共享的鼓励和限制政策

2009 年，法国巴黎市政府发起自助汽车项目。经过近两年的准备，法国 Autolib 公司于 2011 年夏天开始建站设充电桩，在大巴黎地区构建租赁网络，同时生产电动汽车“小蓝车”，并在巴黎市内建立接待管理中心。2011 年年底项目正式启动，总投入达 2.15 亿欧元。到 2015 年，该项目已在大巴黎地区拥有 4 000 辆电动汽车、1 100 个车站和 6 300 个充电桩，用户人数超过 32 万，其中活跃人数超过 14 万，平均每 5 秒就有一个人租用小蓝车。据估算，小蓝车累计行驶里程达 1.65 亿千米，可绕地球 4 000 圈。该项目覆盖居民人数达 400 万，而潜在客户则有 700 万，加上每年约 2 500 万前往大巴黎地区的游客，共享电动汽车服务的发展前景十分可观。在巴黎运营成功之后，法国其他一些城市也相继投入使用自助汽车，里昂的用户增长速度甚至超过了巴黎[①]。

---

① 资料来源：http：//www.hqrw.com.cn/2017/0710/66249.shtml。

这项电动汽车共享服务此前被宣传为巴黎城市移动出行的理想解决方案，一度成为全球各地效仿的榜样。然而，2016 年的数据显示，虽然自助汽车注册用户增多，但使用量反而有所下降。2016 年只有 580 万人次使用小蓝车，低于 2015 年的 620 万人次。有分析指出，随着用户群的增加，小蓝车的数量并没有成比例增加，用户找到一辆空闲的自助汽车变得越来越困难。另外，Uber 等网约车服务发展也对自助汽车形成竞争。这些都造成了自助汽车公司目前收支不平衡、盈利困难的现状。甚至有机构预测不到 10 年，这一服务就面临着即将关停的局面，因为这一服务已经使得巴黎市政府背负了数百万欧元的债务①。

与其他城市完全商业化的运作方式不同，巴黎的共享汽车是政府推动的，这也是目前政府承担主要亏损的原因，长期低廉的价格和重资产的运营模式使得巴黎的共享汽车难以持续，面临提前终止合同的问题。

另外，法国 2017 年通过了《共享经济税收法案》，立法目的有三：一是简化纳税人申报；二是促使税法规范与社会领域统一；三是保证纳税人之间的公平，防止不正当竞争。与法国原有的通用税法相比，新增的主要内容有建立共享经济下个人通过网络平台获取非工资收入的所得税制度，同时建立了一个简易而统一的标准用以区分普通个人与网络平台上的专业从业者，即如果通过网络平台获取的年非工资收入低于 3 000 欧元，则为普通个人，如果高于 3 000 欧元则被推定为专业从业者（茅孝军，2018[181]）。

可见法国是共享经济起步较早的国家之一，巴黎的小蓝车也是共享汽车的先行者之一，虽发展较快但也面临亏损等普遍问题，城市治理方面的经验主要是用征税促进行业间的公平竞争。

5.3.4 意大利罗马对 Uber 的准入禁令

2017 年 4 月 8 日，意大利罗马法庭宣布对 Uber APP 实施禁令，涵盖 Uber 三个类别的产品，分别是 Uber Black、Uber Pop 和 UberX，罗马法庭要求 Uber 的三个产品在 10 天内全面停止运营，同时停止促销和推广活

① 资料来源：http://www.cheyun.com/content/22102。

动，没有按期执行，每天将面临 10 万欧元的罚金。

把 Uber 驱逐出意大利的决议一开始是由出租车联盟发起的。早在 2016 年 1 月，意大利的传统出租车司机就在罗马、米兰、佛罗伦萨、那不勒斯等城市举行了罢工抗议活动，声称 Uber 抢夺了其市场份额，并认为他们是在干扰市场的公平竞争。这个决议不仅禁止 Uber 在意大利专车运营，并且禁止其在国内进行任何形式的广告宣传。罗马法庭禁止 Uber APP 的理由也是 Uber 对传统出租车行业造成不正当竞争，因此法庭在判决中支持了出租车联盟的投诉。

罗马出租车与 Uber 之间最大的冲突在于 Uber 的运营模式与意大利本土的出租车运营模式相矛盾。根据意大利出租车管理规定，出租车司机获得营业执照的成本为上千欧元，而 Uber 并不需要任何成本，只需要 3 年以上驾龄，车辆使用不超过 7 年就可以注册为司机。从价格角度，罗马的出租车需要电话或者在专门的区域喊车，而不是招手即停，而且行李也要另外收费。与这样的模式相比，Uber 很显然具有很大的成本优势，而且过低的司机门槛，让其可用的车辆也大大增加，很容易对原来的市场造成巨大的冲击。

在 2015 年，意大利米兰的法庭也曾下令禁止使用 Uber 的手机应用程序，原因是其顾虑可能有无证驾驶司机提供出行服务。从 2015 年到 2017 年，意大利法庭四次明确对 Uber 的不正当竞争判决，反对其通过不正当竞争扰乱整个传统公共交通市场秩序。尽管后来 Uber 上诉撤销了部分 APP 功能的禁令，但仍然对 Uber 这一共享平台在意大利许多城市的使用造成了不利影响。

5.3.5　德国柏林对 Airbnb 的准入限制

与纽约类似，Airbnb 在德国柏林也面临类似的麻烦。2016 年 5 月，德国柏林生效一项新法规，要求房主不能擅自将他们住房的性质改变为度假公寓，所有将房屋面积出租超过 50%且租期不超过两个月的房东一经发现会被处以 11 万欧元的罚款。Airbnb 一直希望柏林市政府可以降低此项要求，但仍然因此下架了数万套已经上线的房源。

柏林出台这个政策主要基于两方面的考虑。一是短租带来的负外部性，如旅客中有小孩会大声地喊叫，或年轻人在房间里组织聚会，对原住的居民造成干扰。二是柏林面临房源严重紧张的问题，在房源不足的情况下，这种短租行为无疑加剧了房源市场的紧张。很多有房者不愿意把自己的公寓作为普通房子租给普通市民，而是把它作为短租房、度假房租给旅游者，因为这样收益更高，很可能租一个星期的时间、几天的时间就等于原来一个月的租金。因此，柏林市政府必须要采取措施，应对目前的状况。

德国一直强调资源分配和社会福利等方面需要具有相当程度的公平性，反对自由放任的美式资本主义。柏林官方做出这一决定的逻辑还包括这些住房通过网络短租带来的丰厚利润使得房主不再愿意长期租给那些没有多少钱、但又真正需要租房的人，从而造成社会不公。

5.4 亚洲部分城市共享经济平台的治理经验

5.4.1 韩国首尔对共享平台的放松监管

韩国共享经济相比于英美起步较晚，是随着国外企业的进入才引发整个社会关于共享经济模式的思考和探索，但作为后起之秀，发展却不显逊色。主要的制度原因是韩国政府对共享经济平台的创新监管方式。首尔于2016年建立“共享经济枢纽网（http：//sharehub. kr）”，由市政府支持运营，将注册的企业按其运营对象分成12大类，分别是教育、图书、物品、照片、影像和音乐、民宿、旅行、艺术、衣物、机动车、经验才能和知识、空间。有的企业仅从事上述一种类型的共享经济业务运营，有的则涉及多种类型。除了人们容易理解的物品共享、住宿共享、车辆共享和知识共享以外，韩国的共享经济中还出现了把时间作为共享品的服务，比如Zipbob服务就是一种基于“社交晚宴（Social-dining）”理念创立的互联网平台，它将有共同爱好的人通过网络聚集起来，使用户可以自行讨论并组织聚餐，想要参加聚餐的用户只需要打开 Zipbob 网页，浏览并决定参加哪一次的聚餐即可。聚餐费用分为事前支付和现场支付两种方式，具体费用视具体聚餐规模而定，Zipbob 则与注册餐厅签订协议，从中抽取一定比例的聚餐收入。

韩国的共享平台企业大都是初创企业，并在 2011 年之后成立。汽车共享、住宿共享和二手交易市场是表现最突出的三个领域，而成长最快的企业集中在汽车共享领域，主要有 SoCar 和 GreenCar 两家，由首尔市、水原市等市政府通过与民间企业家的合作提供共享服务。

韩国政府对国内自由的民营共享企业大都持鼓励的开放态度，但是在监管方面，韩国政府对于共享经济典型企业 Uber 和 Airbnb 的态度并不宽容，二者先后受到来自韩国国土部的罚款指令，尤其是 Uber 的专车业务和 Airbnb 平台上的超短期租赁业务被认定为非法，Uber 公司更在韩国首尔等大城市遭到了出租车行业协会和司机协会的多次集体抵抗。

5.4.2　日本东京对共享房屋的规范化治理

2016 年 1 月 29 日，东京市政府正式开始接受市民通过 Airbnb 这样的共享经济平台进行家庭短租租赁服务资格登记，这是在日本首次关于短租的管理实践。Airbnb 官方统计显示，共享住房在日本发展迅速，2017 年东京更是全球最大的共享住房市场。但 2017 年年底《住宅宿泊事业法》出台后，许多不符合规定的 Airbnb 房源被迫下架。援引日本媒体 Nikkei 报道，2018 年春季 Airbnb 在日本的房源约 6.2 万个，而依据日本观光厅数据，截至 5 月 11 日，仅 724 个房东完成相关资质注册，日本的房屋共享开始受到越来越多的限制。

《住宅宿泊事业法》要求 Airbnb 平台的房屋每次出租不得少于 7～10 天，每年不得多于 180 天，非周末不许营业，这造成东京大部分中心地区的居民区全部不能出租，在部分如大田区的居民区里，其面积的 70%～80%受到限制，所有的私人住房共享都是非法的，连传统酒店也不允许经营。

据日本当地媒体《朝日新闻》调查，在东京、大阪、京都等大城市，有很多私人公寓在网上私自招徕外国游客。日本当局原计划出台鼓励短租的私宅旅馆法令，以充分利用无人居住的日本民房，希望外国人入住日本人家庭后能够体验日本生活，从而增进交流。但是，这一理想却被一些纯粹以投资为目的的当地业主撕碎，同时也遭到不少日本民众的抗议。一些长期住户决定群体搬家，理由就是无法忍受公寓经常有不同的陌生人出入。有部分民众认为，游客入住以后，原本宁静和干净的环境发生极大变化，许多变化都是负面的，如每天大门口前都堆满垃圾，夜间很晚的时候还常有人拖着皮箱进出，而且大声讲话，让附近邻居无法正常休息。例如，位于东京的高档住宅楼 Brillia Mare Ariake，正在共同禁止度假房屋租赁。住在 Brillia Mare Ariake 的一位居民代表说，“旅馆才是公众待的地方，我们并不想让其他人住到自己的房子里”。

与城市短租需求的旺盛相矛盾，由于对 Airbnb 的合法性存在争议，负外部性的频频出现也遭到当地居民的抵制，因此共享住宿受到包括日本东京、大阪等城市政府的限制性管制。

日本政府于 2018 年制定了《民宿新法实施细则》和《国土交通省住宅宿泊事业法实施细则》，一方面规范民宿行业的发展，另一方面也刺激了当地的经济发展[①]。这两个规定已经于 2018 年 6 月 15 日正式实施，其中《民宿新法实施细则》对民宿的认证、计算投宿天数的方法、申报文件的内容、投宿人名册的使用、民宿经营者的报告等内容做出了具体的规定；《国土交通省住宅宿泊事业法实施细则》规定了确保投宿者安全的必要措施、民宿代管经营公司及民宿中介公司的登记要项等，如民宿中介公司在签订合同前要充分说明民宿经营者的申报号码和住宿费用。

5.4.3 中国香港对 Airbnb 平台的治理经验

作为中国的特别行政区，香港的开放程度与国际接轨程度较高，Airbnb 与中国香港特区政府的关系处理和其他城市监督与被监督的关系不同，主要通过发布会与政府商议寻求最优的管制方案。Airbnb 在 2017 年

---

① 资料来源：中华人民共和国商务部官网 http://www.mofcom.gov.cn/article/i/dxfw/cj/201711/20171102673695.shtml。

为香港创造了超过 26 亿港元的收益[1]。

与罗马等城市类似，Airbnb 在中国香港也遭受了传统酒店业的一致抵抗，2018 年 4 月，香港酒店业主联合会召开记者会，公开指责 Airbnb 平台上出租的均是无牌住所，批评 Airbnb 以“共享经济”包装做违法生意，剥削酒店业界的合法权益，并要求香港特区政府尽快通过《旅馆业（修订）条例草案》，加强对“无牌经营”的共享民宿的威慑力。但另一方面，Airbnb 引用数据称全球 80% 的 Airbnb 房源位于传统酒店范围以外区域，表明共享民宿可以带来多元化收益，由此向中国香港特区政府提出若干共享民宿的政策建议，其中包括：注册要求将为香港特别行政区的官员提供重要信息；执行严格的安全准则，以确保社区安全；限制可租用整个房源的天数；简化宾馆发牌框架等。

2018 年 5 月 9 日，香港共享经济联盟发布政策白皮书《如何规管短期民宿市场》，其中重点强调什么样的共享能够真正适应香港，因为如果学习美国个人主体模式，香港居民是不是有那么多闲置资源能够提供出来？实际上，香港资源是相对紧缺的，如空间、时间等，自己尚不够用，何来“闲置”一说？如果学内地企业主体模式，以打造流量入口为目的，那么一定要有庞大的市场，很显然，香港地域狭小，走这条路并不容易。但是，虽然香港居民的个人资源难以利用，但聚集于香港中环一带的写字楼办公室资源倒是极为富裕，很多会议室并不是时时都能派上用场，如能调动起这些大企业的共享积极性，倒不失为香港的特色共享之路。由此看出，中国香港特区政府最关心的问题主要围绕对合适共享产品的甄别。

5.5　小　　结

纵观国际的共享平台治理经验可以发现，不同城市、不同类别的共享经济平台都能够促进就业、提升消费者福利和助推经济增长，主要暴露的治理难题包括不正当竞争对传统产业的冲击、安全性和合法性的不明确

① 资料来源：澎湃新闻 http://www.sohu.com/a/231288093_260616。

等。各国政府的应对措施有偏向鼓励或者偏向限制。无论何种治理方案，对中国共享经济的治理都有重要的启示意义，不同的治理态度和策略都会影响该行业未来的发展方向。正如欧盟委员会副主席于尔基·卡泰宁所言，“一个创新性的欧洲经济要求在产品和服务方面进行创新。欧洲的下一个独角兽将从共享经济中产生。因此我们必须确保我们的政策和监管环境不会扼杀而是有利于新生的商业模式”。

下面总结各国主要采取的治理措施和治理建议。

（1）建议共享经济进行自律性监管

自律性监管实际上就是即将在本书第 6 章予以重点讨论的自治理。自治理并不意味着放弃监管或者放松监管，而是对监管职责的重新分配，让共享平台处于一种各个主体通过有机结合的组织进行互相监督的治理情境下。尤其是作为中介的共享平台企业，不再是被直接监管的对象，而是进行协同治理的主要构成组织。这种自律性的自治理前提在于有足够的控制力确保任何规则都得到有效的遵循，如在处罚制度的设置上应将处罚成本设定为高于不良行为所带来的利益，并将淘汰制度、驱逐制度考虑在内。本书第 6 章将重点讨论这些问题。

（2）为共享平台的参与者提供基本法律保障

共享经济平台在不断发展壮大的过程中，已经在很多行业领域初具规模，随之出现的问题也越来越多，因此政府的治理应该有必要对已经较为成型的共享经济行业制定相应的法律法规，一方面规范行业发展，另一方面为参与者提供基本的法律保障。对原有法律法规中不适合共享经济的条款，需要进行适当的修改，以免在执法过程中出现随意解释、错用法律条款的情况。

目前，共享经济作为新兴行业，处于现有的市场监管和法律管制的模糊地带，其身份也处于合法与非法之间的灰色地带，共享经济平台的参与者需要用规范的法律法规来保障应得的权益和福利。共享平台只有慢慢规范化和合法化，才会让共享平台得到正名。

（3）利用税收管理促进行业公平竞争

如今许多国家已经开始尝试在部分较为成熟的共享经济行业中开展以

税收为切入点的经济性管制，旨在帮助这种新型行业与传统行业回到相对公平的竞争环境中。

由于共享经济有很多是个人参与行为，如何在征税时区分个人和个体户，起征点如何确定，税率多少，是否能参考相同行业的传统经济平台税率，都是政府采取税收管制时需要考虑的问题。加之涉及平台参与者的个人隐私，政府获取交易数据更为困难，因此可以借鉴上市公司通过提供审计凭证而不是原始运营数据的方式对共享平台进行合规性审查，定期整理收集交易信息并提交政府部门，帮助政府完成税收和税务审查工作。

（4）保证信息透明和完善信用体系

基于互联网和大数据的发展，人们一般是依靠互联网评价所展现的信息去决定是否选择或参与共享经济，因此，共享经济的生存能力还取决于网络评价的可靠性。目前许多共享平台推出的评价功能就是揭露以往交易信息和历史的主要途径，这是可以依赖平台自治理完成的。政府对此的主要治理重点应放在维护信息透明和完善征信体系上。

从维护信息透明的角度来看，保证评价有效性的核心是防止评价制度被某个共享经济平台滥用，因此可以设立一个独立于各个共享经济平台之外的第三方评价机构，这种独立的评价机构可以确保公众获取真实的反馈信息，杜绝公共信息的私有化。

从完善征信体系的角度来看，良好的社会信用体系可以有效规避共享经济交易中的许多麻烦，并促使消费者更积极地使用共享经济平台。因此以当前信用认证系统为基础，可建立共享平台参与者的信用评价体系，利用大数据技术分析供需双方的评价及客户的信用水平，并对认证过的共享平台开放查询犯罪记录的权限，便于他们在受理用户申请时，确认申请者无犯罪记录。在这几项服务的基础上，还可以建立黑名单制度，标注在共享经济平台上有严重欺诈行为的责任人，根据其严重程度实施不同类型的惩戒措施。

第6章　基于CPRs理论的城市共享平台自治理研究

从前文对国际共享平台的治理趋势来看，各国政府都较为认可和建议共享平台可以实施自律性监管，这种自律性监管的本质与奥斯特罗姆对公共池塘资源提出的自治理如出一辙，因此本章将基于自治理的理论框架，讨论城市共享平台自治理的原则、内容、效果以及与政府治理的协同，助力共享经济行业的发展。

6.1　城市共享平台的自治理原则

公共池塘资源自治理需要满足8个原则，包括清晰的边界、占用和供应规则与当地条件保持一致、集体选择的安排、监督、分级制裁、冲突解决机制以及对组织权的最低限度的认可和分权制企业等，下面分别结合城市共享平台的特点，对自治理需要满足的各项原则进行研究。

6.1.1　城市共享平台存在嵌套边界

奥斯特罗姆指出，自治理的目的在于解决集体行动的非有效性，因此要求资源供给的边界是清晰的，且从CPRs中提取一定资源的个人或家庭也是明确的。

城市共享经济平台的供给边界有两个层面：一是企业边界，即平台企业本身形成的边界，以企业法人为代表，共享行为需要依赖该平台的应用终端方能进行；二是空间边界，除了知识、技能等无形产品外，由于共享行为存在地域的集中性，大部分资源的共享均集中在一定地域范围内，因此从地域空间的角度存在以城市为边界的限定，跨越城市的共享行为很可能带来高额的交易成本，削弱共享的竞争力。

因此，共享平台的供给边界存在一定程度的嵌套，如图 6－1 所示，每一个共享平台形成一个清晰的边界，同时该企业在不同城市或地区开展业务时，交易还存在明显的地域集中性（集中于图中阴影部分）。图中实线边界为企业边界，分为两种，类型 1 为跨城市开展业务的共享平台企业，业务集中在编号为 1、2、3 的每个城市的边界范围内。类型 2 的共享平台为单一城市服务，在城市 3 的空间边界范围内集中开展业务。

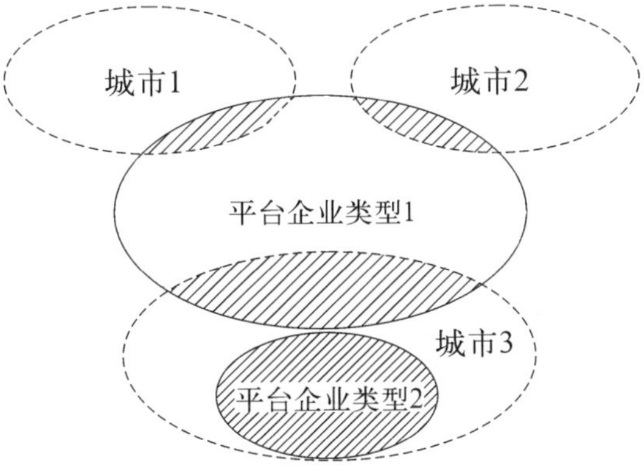

图 6－1　共享经济平台的边界嵌套

对于共享行为的参与者而言，目前需要经过共享平台获得相关产品和服务的消费者都必须在该平台上进行注册，只有在注册成功之后方可享受相关服务。因此从共享经济平台中获得资源使用权的参与者必须是该平台的注册制会员，这种会员制度明确了参与共享行为的群体，容易对参与者行为进行跟踪，会员与非会员也形成了共享交易中存在的明确边界。

6.1.2　共享平台应依托当地的资源条件

CPRs 理论认为公共池塘占用的时间、地点、技术和资源单位数量的占用规则，要与当地条件及所需劳动、物资和资金的供应规则相一致。这实际上要求共享资源的供给和需求要达到相应的平衡状态，不能过度供给或无效供给，或是浪费有限资源。

受益于当今发达的互联网技术和手机终端应用技术，共享平台可以通过用户注册，从中获得相应的供给和需求信息。共享平台作为中介，信息交流和传递是最基本的职能，这种信息传递和揭露使得闲置可利用的劳动和物资供应在平台上一览无余；而有需求的用户就可以充分地、便捷地、相对廉价地获得自己需要的劳动和物资。当平台的注册用户越来越多，平台能够揭露的信息就越来越充分，进而吸引更多的消费者，从而链接更多样化、专业化的产品和服务。这极大地解决了由政府主导带来的信息不对称问题，更容易达到市场均衡状态。

资源的闲置是客观存在的，被共享平台激活的闲置资源越多，平台创造的价值越大。在没有政府干预的情况下，每一笔成功的共享交易中，都在一定程度上节约了对城市有限范围内新资源的开发，并充分满足了市场需求。例如，超过90%的共享单车企业的快速破产就是因为没有对接好当地的现有交通资源，造成供给过度、资源浪费，还挤占了城市原本拥挤的公共交通。包括ofo在内的企业都依赖大规模的市场投放企图扩大市场份额，但是这样对这些企业而言成本非常大，这种投放势必无法实现共享概念中的边际成本收敛，加之后期对单车的维护、损耗的补偿等，均使得这些企业成为典型的重资产企业。

另一种可以帮助共享平台自治理的当地资源还有业主协会。例如，共享房屋的平台在进行产品渠道建设时，需要融入不同的群体，包括公寓委员会、房主协会、各种合作组织等。在美国，业主协会（Homeowner's Associations，HOA）本身担负着这种自治理功能，管理着社区的各个方面，包括保养、维修、生活质量等。这种自治理与法院针对“单位”出租颁布的禁令不同，HOA并不会禁止房屋的共享，取而代之的是对此类行为进行监管，包括房屋的出租频率、时间长短，或向业主收取出租费用，同时与共享经济的中介平台建立联系，实时掌握租客的个人基本信息。除了对业主的限制外，业主协会还能对负外部性的产生起到一定的抑制作用。通过与交易各方建立起的联系，业主协会可以将管辖内的社区或公寓楼进行区分，划分为“可租住共享型公寓”和“非共享型公寓”，以供未来的购买者或租户选择。

6.1.3 共享平台是集体选择的智慧

公共产品的提供是纳税人及其他利益相关主体进行集体选择的过程，由于存在外部性、收益—成本不对称、集体利益与个人利益差异等问题，极易造成冲突、抱怨和矛盾。因此 CPRs 理论强调绝大多数受到操作规则影响的个人应该能够参与对操作规则的修改。这要求共享平台有良好的反馈机制，这种机制能够让共享平台不断提升自己的服务水平，优化信息披露的方式，更高效地促成合作。

传统的企业在制定规则时，大部分是从企业所有者的角度考虑，其操作规则会更多考虑企业内部的运营、利润、规模等，管理方式相对封闭。相比而言，共享平台可以有更开放的管理模式，根据供给、需求变化调整操作规则，并利用评价体系及时反映所提供的产品和服务的优劣，让用户对平台拥有更多的参与感和归属感。

6.1.4　共享平台有效的自我监督

城市共享平台的自我监督与规则迭代，是其发展中不可或缺的组成部分。CPRs 理论要求池塘的自治理者能够积极检查公共池塘源状况和占用者的行为。共享平台依托技术和网络，能够更加准确地对每笔交易进行实时追踪、后台监测，及时处理交易者之间的矛盾。同时，基于共享经济平台对交易活动进行管理也能最大限度地减少操作执行的传递时间，并且由于运行效率和收益有直接关系，平台管理者有足够的动机去实施管理行为。

除了单一平台企业的自我监督，还可以依托整个共享行业，建立企业联盟的信息共享系统，这种信用监测系统的建立不仅能帮助共享经济平台更好地管理平台企业的内部问题，还有利于政府实施监管，如美国的卫生检查员可以使用 Yelp① 评级来分辨餐厅是否有引起食物中毒的嫌疑。

为了保证共享平台自我监督的有效性，还需要考虑透明度和可供审查的问题。平台内部的进度信息很有可能涉及商业敏感性，因此很多平台企业并不愿意将信息公之于众，这固然能够对企业产生保护，然而也会限制其他组织的监督和参与。

为了避免出现法律纠纷，提高共享平台自我监督的可靠性，可以适当

① Yelp 是美国规模最大的点评网站，成立于 2004 年，2012 年上市，市值超 60 亿美元。

采用三方模式，在自我监督的框架之外，雇佣第三方评估机构对共享平台进行全面评价。政府或其他组织可以通过第三方机构，间接评估共享平台的自我监督历史。这种三方监督模式还可以防止评价制度被某个共享经济平台滥用，减少虚假评论或不公平的批评，确保公众获取真实的公共信息，杜绝公共信息的私有化。

6.1.5 共享平台的内外部制裁

对城市共享平台而言，有效的监督也无法完全避免参与者的违规行为，因此需要用制裁作为违反规定的惩罚。CPRs 理论中对分级制裁的描述是违反操作规定的占用者很可能要受到其他占用者、有关官员或者他们两者的分级制裁（制裁的程度取决于违规的内容和严重性）。共享平台的制裁可以分为两个部分，一是系统内部的制裁，二是系统外部的、来自政府部门的制裁，即相关的监管部门对该公共池塘资源的制裁。

关于系统内部的制裁，在共享经济平台中的体现是平台一般设立基于互联网系统的信用体系，这种信用体系通常基于外人的评价，即交易对方对本次交易的评价，包括使用的体验度和便捷度、对服务平台的满意程度等。如果对产品的质量或服务品质的体验较差，通常反馈评分会很低，该评分可以被系统中其他用户或参与者看见，用户对于低评分的产品或者服务会产生质疑，减少使用，同时平台也会约谈该产品或服务的提供者，采取相应的惩罚措施。

系统外部的制裁主要指政府机构对侵害他人利益的违规、违法行为的惩罚机制，可以根据违规的程度和内容确定具体的惩罚措施，包括行政处罚和法律处罚。对于危害公共安全、妨碍系统正常运营的相关行为，或者违反已有制度安排的行为，都可以由政府相关部门进行制裁，这种制裁比系统内部的制裁更具有强制性，通常违规程度越高，越可能受到来自共享平台外部的制裁。

6.1.6 共享平台需避免行业内外部的冲突

在一个共享平台中，可能产生的冲突包括平台内部参与者之间的冲突以及平台参与者与政府之间的冲突两类。

一个成熟的共享平台应该保证尽量减少内部参与者之间的冲突，这种冲突容易出现在资源的提供者和使用者之间。与其他二手交易市场类似，资源使用者通过平台获取资源的全部信息，共享平台需要保证资源的信息是真实可信的，不能出现虚假或夸大，因此共享平台对进入共享交易市场的资源有核实和监督的作用。一旦出现不真实的共享资源信息，让用户很难判断资源的真实质量，则容易造成“劣币驱逐良币”的问题，进而逐渐降低使用者的参与度及对平台的信任。

共享平台激活了城市资源的存量，这一过程本身既会遇到来自制度的阻碍，也会遇到来自临近行业中传统企业的抵制。第 4 章的理论模式证明了共享平台依托的互联网技术革命带来了交易方式的革新，与传统企业的强排他性产权制度有根本的矛盾和冲突，因此传统行业会向共享平台企业和政府施压，对这种新型交易模式进行抵抗和阻挠。许多地方政府为了保护传统企业，也会对这种新型的交易模式采取较为审慎的态度，因此共享平台除了解决内部冲突外，更重要的是解决与政府制度、传统企业之间的冲突。

另外城市共享平台还会面临同行业间的竞争，这种冲突会出现在这个行业发展的任何一个阶段，与其他行业的竞争面临类似的问题，在此不再赘述。

6.1.7　共享平台拥有相对独立的组织权

共享经济的出现从根本上说是市场自发行为，是在“互联网+”模式下以现代企业的组织结构出现的，这种组织方式的优势之一在于让私有产权的资源变得像公共品一样得到最大限度的利用，也避免了类似的资源由政府垄断提供、易受政府政策干扰的弊端。

共享平台提供的资源是具有私有产权的闲置资源，在盘活的过程中，依托共享平台企业的技术和组织支撑，资源在这种共享模式下能得到高效的重复利用（尹于昆，2018[182]），这与政府提供的准公共物品十分相似，如共享单车与政府提供的租赁自行车。

共享平台提供的资源与政府提供的公共资源相比，主要区别在于共享平台的交易是企业行为，公共资源的提供是政府行为，共享平台企业组织有独立的运营框架，可以保证供给制度不受过多来自政府政策的干扰，同时更高效地获取市场的供需信息、价格信息。公共品的提供，非常容易受到来自政府制度变更、官员换届等变化带来的不利影响，且对市场的敏感度也不及处于行业前线的共享平台企业。

6.1.8 共享平台的分权制

分权制最初应用于国家政治结构，它是指下级机关在自己管辖的权限内，能独立自主地决定问题，而上级组织不加干涉的领导体制。

共享平台之所以能够激活如此庞大、多样的资源，正是因为共享平台与传统企业相比，并不由平台企业本身决定每一笔交易的规模、种类，甚至价格。在共享交易中能够起到决定作用并维护交易正常进行的主体是参与协同交易的每一个资源提供者和资源使用者，即共享平台自治理的最小组成单位。当出现矛盾或冲突时，自治理的每一个主体可以基于自己所处的平台，在最短时间内充分了解冲突的原因和症结所在，从而因时制宜、因地制宜地解决冲突。

另外，分权制还可以保证每一笔共享交易所涉及的资源、时间、地点、技术与当地条件相一致，保证该行业的可持续发展，不会被快速过度开发，或避免在占用者之间可能发生的冲突。

综上所述，满足以上 8 个自治理原则是城市共享平台能够有效自治理的前提。之所以目前行业中出现了诸多不可持续的共享经济产品，核心还在于没有对自治理平台的组织框架有深刻认识，因此出现了很多“伪共享”的共享交易平台，反而增加了资源浪费，损失了社会与经济效率。

6.2 城市共享平台的自治理内容

城市共享平台的自治理分为内部选择、制度供给、可信承诺与相互监督三个部分，下面分别阐述。

6.2.1 影响共享平台参与者的内部选择变量

影响共享经济交易自治理的变量包括预期收益、预期成本、内在规范和贴现率。考虑到促成协同消费模式的共享交易是双边市场的一种，对双边平台而言，涉及的利益相关者包括共享平台、资源提供者以及资源使用者，一共有三方，因此分别讨论。

1. 共享的预期收益

(1) 共享平台的预期收益

共享平台的本质是企业，企业的理性行为是利润最大化，因此获得收益是共享平台促成交易的根本动力，这一点与传统企业追求利益最大化是一致的。共享平台的特殊之处在于，共享平台无法决定每一笔交易的价格，因而共享交易带来的收益存在较高的不确定性。为了减少不确定性，共享平台往往会用会员制、押金制试图牵制参与协同交易的双方，产生客户黏性，同时平台企业也利用押金盘活自有资金。

不同行业的共享平台获取收益的方式都各有特色。以共享单车为例，早期共享单车是需要缴纳一部分押金才可以使用的，因此很多平台的收益是将盘活用户缴纳的押金作为新的投资来源，从而获得高收益。但是由于共享行为十分依赖信用，一旦出现信用危机，退押金潮就会直接压垮这些依赖押金再投资的共享平台。经历了共享单车行业广泛的倒闭潮、信用危机以及退押金难等问题，目前市场上仍旧在运营的共享单车已经部分取消了支付押金的规定，转而通过其他方式，如绑定个人的虚拟信用（如支付宝芝麻分的信用）来获得单车的使用权。此时共享平台的盈利模式更多地回到了赚取差价和服务费上。

另一种获得预期收益的方式依赖于产业链前端，指的是产业链的上游企业利用共享产品的高流通性，扩大自身影响力。例如，在共享充电宝、共享汽车、共享雨伞等共享交易物品上留下其他拟推广商品的广告，通过赚取广告费或销售其他商品获得收益，带来利润增加。

(2) 资源提供者的预期收益

尽管大部分参与共享交易的行为人都不是单纯为了获取利润，但资源提供者依然希望自己的私人物品回到市场能够带来一点收益，或受到其他陌生人的价值认可。在这一过程中，资源提供方希望使用者能够像保护自己私有物品那样来保护共享产品，有时还希望自己能够为资源环境的保护贡献自己的一份力量。

从使用价值的角度而言，共享行为的参与首先会带来共享产品的最大化使用价值，因此每一次共享带来的收益大部分是对物品在仓库闲置状态下的使用价值损失的一部分，也就是闲置资源本身的沉没成本。这是共享产品定价的重要方式之一。因此，资源提供者在定价时并不需要完整地获得该物品的全部使用价值，而是以该物品的沉没成本与使用次数的相对值，确定该物品的价格，这一价格同时需要考虑随着闲置资源进入市场流通，可能带来的折旧问题。

（3）资源使用者的预期收益

资源使用者的预期收益在于共享交易满足了短期对某一物品使用的需求，获得了该物品的短暂使用权，且与购买性的物品相比，成本大幅度降低，因此这种预期收益主要体现在获得相同使用价值时，共享交易比单次传统购买物品所带来的消费者剩余不同。

消费者剩余反映的是预期付出的最高价格与实际购买价格之间的差额。当然，在使用共享单车与购买一辆自行车之间对比，实际交易过程中，预期付出的最高价格是不同的，无法直接对比。但是相对而言，以自行车的使用寿命（或最高使用次数）为基数，可以计算使用相同次数的共享单车带来的消费者剩余之和与其有什么区别。购买一辆自行车带来的消费者剩余是期初一次性的，共享单车的多次使用，还容易受到价格波动、折旧、资金成本等多方面的影响，需要综合考虑。

2. 共享的预期成本

（1）共享平台的预期成本

共享平台的预期成本与一般双边平台类似。通常双边平台的成本主要由三部分构成：一是平台建设成本，二是技术维护更新成本，三是宣传推广成本。由于平台建成后可以长期使用，因此第一类建设成本属于一次性投入，目前基于互联网和手机终端应用的共享平台，期初的建设成本主要包括程序的设计、资源的搭建等。第二、第三种成本与使用人数相关，即平台人数越多，成本越高，这一点类似于传统意义上的可变成本。这部分成本随使用人数的增加而增大，但其平均成本和边际成本通常呈下降趋势。到了后期，随着平台品牌信誉的建立，考虑到平台经济普遍存在正的网络外部性，平台使用规模的不断扩大可以带来不断增加的收益，这种传递效应也使平台呈现边际收益递增的趋势。

（2）资源提供者的预期成本

作为共享经济的供给方，资源的提供成本即闲置资源经历折旧后的现有价值，另外还包括对资源使用带来的折旧等，与其获得的预期收益是基本对等的。提供实物或服务的卖方在每笔交易前，会评估现有资源的产值，如属于完全闲置还是暂时闲置。相同价值的物品，在完全闲置时，其沉没成本是最高的，因此价格最低；暂时闲置是对未来是否仍会使用存在不确定的可能。即使共享交易的信誉度再高，也比闲置在仓库会给产权人带来更多的风险和不确定性，因此资源提供者可以根据拟共享物品的闲置程度来评估每一次共享交易的成本。

另外还要考虑的问题是折旧。第 4 章的数值模拟结果发现，对于耐用品而言，折旧率相对更低，因此单次的共享交易对物品的损害程度较低，排除人为破坏的可能，耐用品的交易对应的折旧更小，因此交易的成本越小；反之，对于易耗品，很多是不适合共享的，主要因为每次使用带来的折旧可能会给物品带来损害，并显著影响下次交易，此时折旧率越高，交易的预期成本越大。

（3）资源使用者的预期成本

资源使用者的直接成本在共享交易中是最小的，因为单次的使用仅仅需要支付使用费，相比直接购买产权物品的价格低很多。但是由于物品并不属于自己，因此每次使用时需要付出一部分额外的信息搜寻成本。同时由于信息存在不完全的对称，可能在使用过程中带来风险，这也是资源使用者预期成本的一部分。例如，上班高峰期可能很难找到附近可用的一辆共享单车，由此花费了更多的时间，导致搜寻成本上升。

3. 共享行为的内在规范

共享平台所具有的内在规范类型受处于特定环境中其他所有参与方的共有规范的影响。如果这一规范成为与他人共享的规范，那么采取被其他人认为是错误的行动便会受到社会非议，进而形成制约。

（1）技术层面的规范

共享经济平台高度依赖信息技术、互联网技术、手机终端技术的发展，因此在平台构建的系统设计中，技术规范是基础。信息技术发展最大的好处在于解决了信息不对称带来的逆向选择和道德风险。因此平台需要考虑如何才能最大化地揭露拟共享物品的真实信息。从重复博弈的角度看，由于交易是多次的，每次交易都会揭露该物品的价值信息、使用信息、流转速率、地理位置信息等，平台可以利用后台数据对这些信息予以分析、归纳和整理，同时可以根据用户的反馈信息判断物品价值的真实性、折旧程度等，进而让交易变得更有效率，获得新的帕累托均衡。

需要注意的是，在技术规范中应明确避免违反工程伦理的设计内容，如利用共享平台的用户终端窃听使用者的语音信息、文本信息、个人情况等隐私。

（2）制度层面的规范

制度的规范是共享平台发展的保障，如平台运营的基本规范、行业许可等。许多共享服务都为消费者带来了极大的便利，以共享汽车为例，目前在中国许多城市已有注册制的共享汽车平台企业，并为旗下车辆授权许可经营共享业务，但到目前为止，行业层面对于共享汽车还没有明确的制度规范。在等待国家出台强制性的规范之前，行业自律性规范是起到核心作用的，在规范草拟的过程中，可以让行业内的每一个共享平台企业根据自身的共享特征，拟订标准的制度，让每笔交易有序可行，如具体的资费方式、执行内容、责任判定等。

此外，很多平台运营者的专业程度也难以确定，他们对风险的预估难免有失准确。这些因素使得共享这一新事物在破土而出、蓄力发展的同时，也埋下不少隐患与风险。因此，仅凭市场巨大的需求，不能决定共享平台未来的走向。平台和个人，也不应该认为存在市场需求就可以畅行无阻。只有实现了规范化、合法化，共享平台才能走得更好，走得更远。

（3）道德层面的规范

共享平台面临的重要问题是民众较难从“私有经济”和“共有经济”的已有概念框架中理解共享代表的真正含义，大部分只存有“是我的”和“不是我的”概念，因此在共享平台的发展中体现出了种种恶劣影响。

以共享出行为例，共享单车曾遭遇诸多因道德问题带来的额外损失，如破坏共享单车的车牌、去掉密码锁、骑回家加以私锁变成自己专用等。另外，由于共享单车的出现对非法营运的车辆带来负面影响，因此也有竞争行业恶意将共享单车损坏或锁起来。这种“人心崩塌”的负面影响很可能带来社会整体道德败坏，反而破坏了社会的信用环境，放大了少数恶劣行为。

从博弈的角度而言，当使用者和提供服务的公司各自选择自己的最佳方案时，利益的彼此冲突却往往会使双方陷入囚徒困境。从理论上来说，当博弈的次数为有限次的时候，双方会一直选择对自己最为有利的方式以保证自己的利益不受损，从而导致囚徒困境无法得到解决，帕累托最优无法实现。事实上在现实中有一部分人确实会做出对自己最有利的选择（如“公车私用”），但这无疑损害了其他使用者以及公司的利益。如果向最坏的结局发展，所有人都为了自己的利益做出如最开始一小部分人的选择，那么平台公司会遭受巨大损失。如果共享平台公司出于个人最大利益的选择，将停止服务。此时供给双方达成了一种纳什均衡，都没有改变的动机，但毫无疑问这个时候双方的利益其实都受到了巨大的损失。

幸运的是目前共享平台的发展并没有走向这个方向，但风险依旧是存在的。应对这种风险，突破囚徒困境的有效方法是延长双方的合作，将有限次博弈变为无限次博弈，或者至少还有下一次合作的可能。在这样的情况下，出于对长远利益的考量，双方不会轻易违约追求短期利益而放弃巨大的长期利益。与此同时，也应当完善奖惩机制，如设立诚信黑名单和对有利于公司运行的行为的奖励机制，这将改变用户在博弈中的支付矩阵，也同样能够突破个人选择与集体选择之间的囚徒困境。

奥斯特罗姆对公共池塘资源自治理的内部选择还有贴现率，指的是受到个人所处的自然和经济保障程度的影响，那些对资源未来状况持有怀疑态度的占用者在进行权衡时，会给予未来收益很高的贴现率。如果公共池塘资源被其他人的行动所毁坏，那么即使多年来一直遵守秩序的人，也会给予未来收益很高的贴现率。由于共享的交易是对使用权的交易，而非产权的交易，属于短期行为，因此暂不对贴现率问题进行深入讨论。

6.2.2 制度供给的优势

奥斯特罗姆认为，要了解一套制度所可能产生的收益，是非常复杂的，取决于公开信息的类型、替代方案、已有的制度安排等，她提出了一套评价制度的 9 个环境变量，包括使用者人数、公共资源规模、资源单位在时空上的冲突性、公共资源的现有条件、资源单位的市场条件、冲突的数量和类型、变量资料的可获得性、所使用的现行规则、所提出的规则等。根据城市共享平台的特征，下面主要探讨资源单位所使用的现行规则与传统双边平台的不同。

（1）规则 1：共享带来交易成本的降低

第 4 章已经指出，在传统的经济市场中，由于交易成本涵盖了交易双方在买卖前后所产生的各种与此交易相关的成本，来源可能有信息传递、广告费用、与市场有关的运输、谈判过程中的讨价还价、合约签署、监督执行等。从企业的边界角度来看，企业存在的部分原因是这种组织形式降低了市场的交易成本，因此一种新型经济业态的出现，其根本原因是带来了交易成本的降低。

通过第 4 章构建的共享经济的交易成本模型发现，互联网共享平台的出现对降低交易成本的作用有三个方面。第一，互联网的应用大幅降低了闲置资源的信息传播和搜寻成本，用户依托智能手机就能够很快找到附近的共享产品，加之移动支付的出现极大简化了交易过程，带来交易成本的大幅下降。第二，所有权的固定降低了交易过程中讨价还价的难度，许多交易成本的出现都是源于对所有权的讨价还价或者所有权不清晰，共享经济交易的前提是保证所有权不变，这使得交易过程被简化。第三，共享经济依托的大数据平台用信用记录强化了市场主体的信用约束，减少了信息不对称，从而降低了交易成本。因此，原有因为交易成本过高而没有进入市场的闲置资源被激活，进入了可交易的范围。

（2）规则 2：共享带来交易匹配程度的提高

匹配理论的基本思想是个体普遍存在差异性，以职业匹配为例，每个个体都有其个性化特征，同时每一种职业由于其工作性质、环境、条件、方式的不同，对工作者的能力、知识、技能、性格、气质、心理素质等有不同的要求。这种供给和需求两端都存在异质性的问题需要根据一个人的个性特征来选择与之相对应的职业种类，即进行一人一职匹配。

通过研究共享双边平台的匹配稳定性，可以发现对于一个共享经济的资源系统，每个提供资源的个体都具有独立特征，整个系统提供的资源不是单一的、重复的或者完全标准化的，而是多样化、有差异的，因此供需匹配程度的研究无法套用企业或者产业层面的供需理论，而是一种类似于婚姻匹配或求职匹配这种一对一排序的问题。因此，对多类型资源的包容是共享经济构建的资源系统所具有的一个核心竞争力，由于平台上聚集的各类资源都存在一定的差异，因此能够更好地对市场上千差万别的需求予以匹配，从而提高多样化供给和需求的匹配程度，这既区别于自然资源系统单一的供给方式，又提供了满足 CPRs 自治理的创新供给方式。

例如，将婚姻匹配模型中的男方集合和女方集合拓展为供给方集合 $S=\{S_1, S_2, \cdots, S_N\}$ 和需求方集合 $D=\{D_1, D_2, \cdots, D_N\}$。以民宿为例，到西湖景区游玩并需要寻找夜宿地点的游客是需求方集合，该集合中每个人对住宿地点的偏好不同，因而对所有提供住宿的酒店、民宿有个人偏好和排序；所有西湖景区提供住宿的单位为供给方集合，既包括传统的各类酒店，也包括共享民宿，考虑到安全性、价格等，民宿提供者对游客的要求比传统酒店高，尤其是游客的个人素质、道德等因素，因此不同的住宿供给方也有偏好排序。

令 $S \cdot D$ 表示所有可能的形如 (s, d) 的有序对的集合。一个匹配 W 是来自 $S \cdot D$ 的有序对的集合，且具有如下属性：每个 S 的成员和每个 D 的成员至多出现在 W 的一个有序对中，其中一个完美匹配 W' 是 S 的每个成员和 D 的每个成员恰好出现在 W' 这个对里。

完美匹配不一定是稳定的，因为除了完美匹配的要求外，还需要满足不存在相对于该匹配的不稳定因素，如两个稳定匹配中，都存在一个个体对另一个个体的不满意因素。通过对比存在共享民宿（如 Airbnb、蚂蚁短租）和仅有传统酒店两种住宿条件下的旅游景点的游客与住宿地选择的匹配问题，可以比较两者在同时实现稳定且完美匹配的均衡结果变化，进而验证共享经济所具有的差异性、灵活性和专业性。

6.2.3 可信承诺与相互监督

可信承诺与相互监督是相辅相成、密不可分的。在一个自治组织的初始阶段，大多数人同意遵循所提出的规则，随着时间的推移，如果有人违反这条或那条规则所得到的利益高于遵守规则所得到的利益时，他就有可能违反规则，除非这种行为被人觉察并受到制裁。因此，遵守规则的权变承诺只有存在监督的情况下才是可信的。从自治理组织中监督成本的角度看，因为不需要付出太多额外成本就可以使自主组织内部的相互监督得到加强，所以进一步增加了人们采取权变承诺的可能，提高了人们对规则承诺的可信度，两者相互补充、相互加强。

许多自组织设计的内部治理规则本身既提高了组织成员进行相互监督的积极性，又使监督成本变得很低。“监督一组规则实施情况的成本和收益，并不独立于所采用的这组特定的规则本身”（埃莉诺·奥斯特罗姆，2000）。监督成了人们实施规则、进行自治理的副产品，因为不必付出太多其他额外成本。

新制度经济学明确指出，保证合作博弈（Assurance Game）的互利结局一旦能够实现，便是稳定的潜在均衡，参与者没有意愿再改变个人行为策略，但这种集体选择面临和囚徒困境一样的问题，此时外部强制被用来作为解决承诺问题的方案。但外部强制的实施者更多是政府或机构，容易因为信息缺失、动机问题等而失败。

共享经济在提供可信的动态评价的条件下，作为一个自治理的群体需要在没有外部强制的情况下解决承诺问题并反馈，以保证参与者对规则的遵守。直观而言，共享平台通过对参与者信息的收集，将静态博弈变为动态，运用反馈机制，将用户的历史评价作为参与者信用的体现，这比通过政府构建个人征信平台更为容易，且对未来行动形成更有效约束，由此可以形成新的有限重复博弈均衡。

有限重复博弈在 CPRs 理论中的应用是为了解决资源损坏对公共池塘的影响，因为大多数的公共池塘都比较脆弱，容易出现资源的过度提取。对于共享经济而言，信用体系和反馈机制是交易能够持续顺利进行的必要条件，不守信或者损坏资源的行为对共享经济的发展有重要影响，如共享单车曾遭遇的诸多失信行为造成共享单车的折旧率远高于期初的市场预期。因此，在持续动态的信用反馈条件下，可以进一步探讨共享资源损毁对共享资源系统的影响，如果考察损毁概率是否使相应博弈的提取行为发生重大改变，需要讨论如下两个假设。

假设 1：如果没有损毁概率的上限，那么共享资源将很快按照子博弈完美均衡的预测被损毁。

假设 2：如果损毁概率是一个区间，那么在某些情况下群体共享行为可能出现最佳均衡状态，这种情况依赖于信息的披露程度。

上述两个假设的验证可以帮助判断共享经济能否在没有外部干预和强制的前提下，通过系统自身的反馈，减少因为失信问题造成的资源损毁等。

6.3　城市共享平台的自治理效果

6.3.1　产能过剩问题的加剧与缓解

产能（Capacity）即生产能力，是衡量产出能力的重要指标。Klein 等（1973）[183] 以微观视角提出产能是指在正常生产条件下（如不延长工作周期、含常规假期、机器正常维护等）所能达到的产出水平。当受到生产条件的影响，实际生产能力小于最佳生产能力并达到一定程度时，可称为产能过剩（周劲，2007[184]）。宏观层面，受社会需求波动的影响，各类资源无法得到充分的利用，因此存在着产能的部分闲置。林毅夫

(2007)[185]提出产能过剩可能源于“潮涌现象”，认为发展中国家企业所要投资的产业常常具有技术成熟、产品市场已经存在、处于世界产业链内部等特征，因而全社会很容易对有前景的产业产生正确共识，在投资上出现“潮涌现象”导致产能过剩。共享平台典型的“潮涌现象”就是2016—2017年出现的几十家共享单车平台，这导致了城市产能过剩问题的加剧。

由于产能过剩是一个相对概念，因此研究该指标需要在产业层面对同类企业做对比。产能利用率指标是许多制造业产业用来衡量企业生产能力发挥程度的，显然一个企业的产能利用率越高，单位产品的固定成本就相对更低。

以旅游行业为例，这是一个创意、创新产品不断出现的产业，传统酒店在新业态、新要素上往往存在不足，但现有景区宾馆又会因为政策驱动、投资过热出现产能过剩。共享经济平台依据要素供给与游客需求相平衡的原理，帮助我国景区宾馆建设与游客接待量及其游览、住宿需求相匹配，为游客提供多样化的选择。

美国酒店业的客房供应过剩始于20世纪80年代，有利的税法使连锁酒店和开发商能够用借来的资金进行疯狂的建设[186]。到1990年后，美国的客房入住率开始下降，客房价格逐步上升，酒店业产能过剩开始显现，2007—2009年房间容量持续快速增长，每周供应的房间数显著增加，每间可供出租房屋价格显著下降（Zheng，2014[187]）。从供需的角度看，由于市场需求的不确定性，闲置的产能可以抵抗临时需求增加带来的冲击，充当减震作用。

中国的酒店业在20世纪80年代初中期，受入境旅游快速发展的诱动，开始出现旅游城市饭店的密集投资，到20世纪80年代后期至90年代初期，诸多城市出现了饭店过剩问题，客房价格和出租率双双暴跌，形成行业性饥荒，并对饭店业的利润率和产业素质形成长期的负面影响（马波，2011[188]；Zheng，2003[189]）。图6-2展示了2009—2018年我国星级饭店主要指标，从近10年的数据走势可以看出，中国星级饭店数量减少，而平均出租率保持平稳。

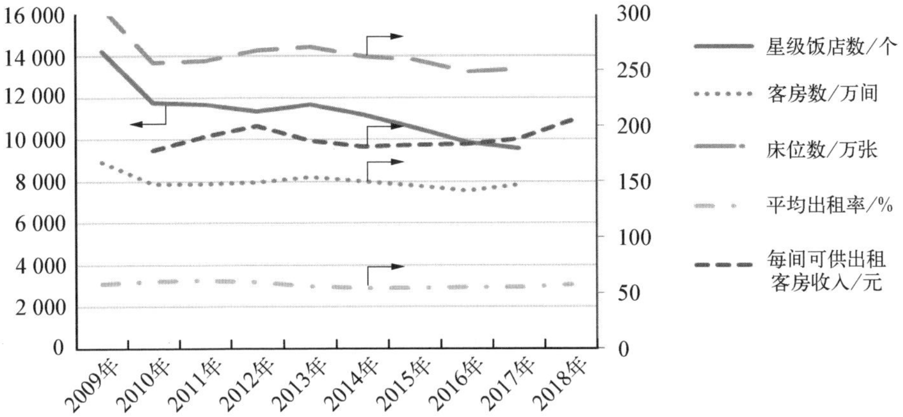

图 6－2　2009—2018 年我国星级饭店主要指标

数据来源：根据《中国旅游业统计公报》《全国星级饭店统计公报》整理获得。

直观来看，2017—2018 年的明显变化在于每间可供出租房收入的增加，在平均出租率保持较平稳的状态时，租房收入的增加意味着市场的供需关系在逐渐优化，这种优化是否是共享住宿行业带来的，共享住宿旅游行业的产能影响程度有多大，仍需要进一步地深入分析。《中国住房分享发展报告 2017》指出，盘活存量房源是住房分享的影响作用之一。住房分享平台可以盘活城市家庭拥有的闲置房源，经过线上运营使其转变为满足短期住房需求的“蓄水池”，为不同出行目的的消费者提供个性化的住宿服务，从而成为房地产市场“去库存”的重要利器。

6.3.2　负外部性问题的增加或减少

前文已经描述了共享行为对城市环境、周围社区带来的负外部性问题增加，下面讨论共享可能带来的负外部性减少。

外部性具体分为代际外部性和环境外部性。代际外部性的出现源于对有限资源的过度利用、开发和占有，从而导致资源耗竭和后代使用不公。共享经济降低代际外部性的主要原因在于减少了新资源的不断开发和占有，取而代之的是充分利用现有闲置资源来满足需求。环境外部性的出现源于各类消费和生产行为对公共环境的破坏，包括空气污染、水污染等。共享经济减少环境外部性的主要原因在于通过低成本的协同共享行为，从总量上减少了独立行动对环境造成的污染（如使用顺风车代替使用私家车，汽车尾气的排放量可直接减少一半或更多）。

传统的代际外部性主要体现在资源的耗竭性。共享经济模式对资源的耗竭影响是间接的，主要在于对现有资源的利用程度提高会减少新资源的使用。通过对共享汽车代际外部性的研究发现，传统出租车行业和共享汽车（如嘀嗒拼车、顺风车）的运营绩效、使用效率存在差异，共享汽车的使用效率明显高于私家车。共享出行行业对环境外部性的影响较为直观，例如，共享汽车出现后，汽车空驶率明显减少，乘客出行的时间成本减少、花费减少，在相同出行距离的前提下，共享出行减少了环境污染。

6.4 自治理与政府治理的协调

前文通过研究共享经济的资源系统内部本身，发现共享资源系统可以在一定条件下通过自治理来实现有效率的运营，并协助解决资源配置的失衡问题。政府治理与自治理的结合方向是共享平台如何与外部资源进行协调，这些外部资源包括传统的资源系统、城市公共资源系统、个人征信体系等方面。只有资源系统的治理在内外部相互协同，方能实现整体资源利用的高效率。

6.4.1 城市共享平台的多中心治理

早期的集体行动理论认为个人的理性选择并不能自发地提升社会效用，公共物品的产生要靠强制性的或选择性的方式，即要么强制执行，要么以奖惩机制来使外部性内化，这否定了利他主义倾向的存在。奥斯特罗姆认为在人类社会生活中，人类作为个体存在物，其认识和思维能力总是相对有限的，必须与人类群体共同生活，协调发展。

因此，影响集体行动的制度涵盖操作规则、集体选择规则和宪法选择规则三个层面，其中宪法可以决定谁具有资格决定用于影响集体选择规则的特殊规则来影响操作活动和结果。因此，奥斯特罗姆认为自治理是与国家、市场并存的一种分权制治理形式。这种分权制可以引申为一种多中心自治理制度，多中心治理包括中央政府、地方政府以及不同层级的自治组织，其中中央政府最主要的作用是为地方政府赋予自治权，而地方政府最重要的作用则是为平台的自治理赋权，并为自治理的实现提供一个外部环境，直接的治理主体还是组织自身。

由于组织间成员有着广泛的、经常性的直接接触，他们之间的相互了解更为真实，而相互了解所需要的信息的收集成本也是最低的；同时，由于组织成员之间以及组织成员与公共资源之间利益的高度相关性，他们比任何外部的权力中心更关心资源的良性发展和存续问题，也更知晓如何对公共资源进行治理才能保证这种良性发展和存续的实现。所以，相较于单中心的中央集权制度和彻底的私有化制度而言，这种多中心的自治理制度是解决“公地困境”的更好选择。

王朝霞和戴滢（2017）[190]指出，在共享经济的时代，企业如何更好地履行其社会责任，需要企业、政府、公众各自承担不可或缺的职责。在共享模式下，企业应该成为主导者，重视和承担其自身所应该承担的社会责任。本书第 7 章、第 8 章将详细阐述共享房屋平台和共享出行平台的多元协同治理。

6.4.2　基于公平和安全的事前准入

共享经济的交易形式有利于将闲置资源进行高效利用，但参与共享经济的组织群体一直处于商业和个人、公共和个人之间的“灰色地带”，这也导致参与者不能像传统行业的职业工作者一样享有《劳动法》提供的权利保障，在这种模式下，服务提供者和参与者均有可能成为弱势群体。同时，共享出行因税收差异、许可证差异等问题打破了公平竞争原则，被传统出租车司机抗议，从而引发了社会关于“到底是社会全体从共享经济中获益，还是仅仅一部分人获益”的争议。这些问题的出现，都源于共享平台尚未构建合理的准入门槛，缺乏合理的市场经济运行规则。因此，除了共享经济的资源系统内部需要满足自治理的必要条件以外，资源系统外部合理的政策体系则是共享经济良好运营的充分条件之一。

例如，旅游行业提供的共享产品以民宿为代表，由于民宿提供的房间大都具有自身个性和特色，无法统一用旅馆或酒店的行业标准进行规范，因此需要在广泛深入的市场调查的基础上，构建民宿行业的准入标准。交通运输行业受到争议最多的共享行为是顺风车、拼车等业务对传统出租车行业的冲击。由于传统出租车行业中服务提供者的准入门槛较高，有规范的行业标准，但大部分共享平台上的顺风车业务运营成本较低、门槛较低，没有准入规范，因而容易出现恶意竞争、安全性得不到保障等问题，使得此部分政府禁止共享汽车的运营。政府应协同构建顺风车/拼车的准入制度，在保证公平竞争和安全性的条件下，为共享汽车行业的有序发展创造空间。

6.4.3 基于规范自治理的事后管制

共享经济的良好运营，除了系统内部的信息揭露，还需要在社会层面拥有成熟的征信体系和完善的信息揭露体系。由于个体行为在共享经济中占主要部分，一旦交易双方的任何一方征信出现问题，共享行为的风险将会不断扩大。因此政府事后管制的主要任务在于构建完善的企业征信和个人征信体系，以保证交易的合法合规，保护共享经济参与方的利益不受损害。在放松管制的大背景下，政府不能直接对市场的交易行为进行干预，但可以对市场的交易主体进行规范。

事后管制需要寻找政府治理与共享经济治理的契合点，形成共享经济的协同治理方案，包括共享经济自治理与准入的协同、共享经济自治理与税收的协同、共享经济系统与城市公共资源系统的协同三个方面。具体而言，准入协同基于上文对准入制度的研究，可以找出有利于构建公平、安全的市场环境的准入门槛与自治理的契合点，帮助推进共享经济自治理的实现。税收协同在同类传统行业税收标准的基础上，综合考虑共享经济对资源配置失衡问题的解决，在具体的操作过程中，通过判定共享行为对产能过剩和外部性的解决程度大小，对共享经济行业的税收予以相应的优惠和减免，然后逐步向传统行业靠拢，维持公平竞争环境。城市公共资源系统协同，主要是共享经济资源系统不能影响城市原有的公共资源体系，如共享单车不过度挤占公共停车场等。

共享平台自治理与政府协调的逻辑关系如图 6－3 所示。

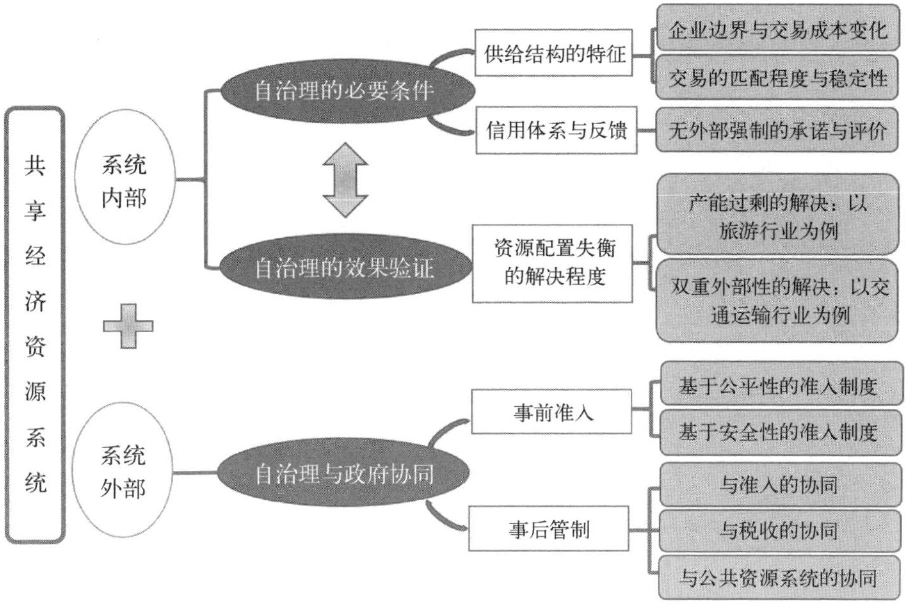

图 6－3　共享平台自治理与政府协调的逻辑关系

6.5　小　　结

奥斯特罗姆的公共池塘自治理理论为集体行动的选择困境提出了方案，同样也为共享经济行业治理提供了方案。

结合第 5 章的政府治理经验可以发现，目前国际上对共享经济的政府治理主要基于两个原因，一是由于税收回避、过低门槛等问题对传统行业带来的冲击，主要体现在不公平竞争方面；二是由于共享经济与城市空间结构之间相互冲突，带来负外部性。对于上述两个主要问题，目前的政府治理方式过于强硬，如直接限制进入、颁布禁令等，这种治理途径尽管可以快速解决现有冲突，但也干扰了共享经济行业的正常发展，降低了经济效率。

本书第 7 章、第 8 章以共享房屋平台和共享出行平台两个典型行业为研究对象，尝试从包容式监管的角度，思考政府治理与行业自治理的协同性，探讨准入机制、税收调节、共享空间的城市区域规划和配套设施的完善及征信体系的建设等方面与共享经济自治理的相互协同，以及城市共享平台的多元协同治理机制。

第7章　城市共享房屋平台的多元协同治理

中国的共享经济一路高速增长，在整个行业快速发展的驱动下，各个领域的行业发展迅猛，共享房屋作为共享经济重要的分支领域，依托互联网共享服务平台，将闲置的房源与劳动力调动起来，提高了闲置房源的使用率。2018年共享住宿收入165亿元，占全国住宿业客房收入的6.1%，比2015年增加了112亿元，增长率为3.8%①。目前城市共享房屋平台发展较为成熟的企业包括针对个人用户的共享住宿（后文简称民宿）平台和针对商务用户的共享办公平台两大类。

共享住宿平台包括城市民宿和乡村民宿两种，本章重点分析城市共享住宿平台与治理以及城市共享住宿平台如何对接乡村民宿资源，助力乡村民宿发展。共享办公平台是2018年发展十分迅速和亮眼的共享平台企业，在整个共享行业开始出现投资下滑、信用降低、规模缩小等一系列问题时，共享办公依托对城市稀缺办公资源的准确把握、有力的后台技术支撑以及具有吸引力的营销理念，逆流而上成为共享平台行业的一匹黑马。

7.1　城市共享住宿平台的自治理

共享住宿是指利用当地闲置资源，住宿主人参与接待，为游客提供体验当地自然、文化与生产生活方式的小型住宿设施。这种共享经济与旅游的融合为人们出行提供了更多选择，人们通过共享住宿，得到的不仅是一

① 资料来源：《中国共享经济发展年度报告（2019）》，国家信息中心发布。

个住处，看到的不仅是一处风景，更是不一样的人生体验。

然而，目前共享住宿平台存在以下三个方面的问题。一是信息沟通的真实性较难保障，如一些平台上的房源图片与实际房间的情况不符，房客只能通过网络获取信息，这种信息鸿沟导致共享住宿平台的信誉降低。二是房间设施的质量参差不齐，如平台曾收到民宿顾客反馈所住房间的床上用品没有经过消毒、房间没有及时清理，或是入住才发现是新装修房间，存在明显的刺鼻装修气味等。三是民宿的安全性较难保障，如普通民房的消防设施不健全、可能泄露个人隐私、民宿所在居民区人员混杂等。针对上述各种问题，本节研究共享住宿平台的自治理、政府治理以及两者如何实现协同，共同解决目前共享住宿行业存在的问题。

7.1.1 共享住宿平台自治理的内容

根据奥斯特罗姆提出的自治理内容和原则，本节分别讨论共享住宿行业的预期收益、预期成本、内部规范、制度供给优势以及可信承诺与相互监督。

1. 共享住宿行业的预期收益

随着旅游出行个性化要求逐渐提高，对民宿也有迅速发展的市场需求，因此民宿市场的参与者越来越多，平台的发展规模越来越大。民宿利用平台优势打破了房屋供给方与住宿需求方之间的信息不对称，提高了住宿需求匹配。与传统酒店相比，城市民宿大都位于社区内，乡村民宿大都位于村镇中，房间内普遍配备厨具、阳台等家居设施，更有利于生活起居。许多体验者形象地称入住民宿有点像“在别人的地盘当了回主人”。

(1) 民宿经营者的预期收益

传统的民宿经营者主要为个人，通过分享自己的闲置房屋资源来获取收入。由于经营民宿的成本与酒店相比要低很多，因此民宿的定价也比常规酒店要低，房东的心态往往是“闲着也是闲着”，因此低价格和居家感是吸引客源的主要方式。利用高信誉带来的口碑和个性化的房东服务也是吸引顾客更好的办法，但这样做也会推升民宿经营的成本。长期来看，口碑是形成民宿经营者预期收益的关键。

目前中国很多民宿经营者为机构，他们将居民区闲置的客房集合起来，形成一定规模，再根据一些文化特征（如中国古典文化、戏曲文化等）进行统一装修，进而作为卖点推向市场。这种形式更接近于传统的酒店行业，但问题是由于缺乏酒店行业的正式约束，又缺乏房东与住客之间的良好沟通，因此尽管可以实现一些规模经济性，但是也容易让民宿本身的内涵发生变化，减少对顾客的吸引程度，因为大多数选择预订民宿而不是酒店的旅行者初衷就是个性化体验、与房东的友好沟通以及这种住宿带来的不一样的旅游体验。因此机构化的民宿经营者处于酒店和个体经营者之间的尴尬区。

这种民宿机构化的形成原因在于，民宿经营者的预期收益十分依赖市场需求的变化，在竞争逐渐激烈的环境中，许多个体民宿的经营者发现获得收益的最好办法是扩大规模，但由于个人闲置房屋资源的规模往往十分有限，因此对于同一个社区环境内，来自机构中的同行业竞争比传统酒店更为激烈，而且已经明显对个体民宿经营者造成冲击和挤压，降低了民宿经营者的预期收益。

（2）民宿平台的预期收益

随着行业的快速发展，与传统行业需要准入、安全许可等高门槛相比，民宿平台早期的发展门槛较低，因此迅速出现了诸多的同类型平台企业，形成了激烈竞争，如爱彼迎进入中国后，途家网、小猪短租和美团民宿等迅速崛起，这些平台的收益大都依赖扩大规模形成资源和信息优势。

以途家网为例，自 2011 年 12 月上线以来，途家网主要经营中高端住宿市场，利用闲置的房屋资源为游客提供酒店式公寓、特色民宿、别墅等更具家庭氛围、性价比更高的住宿产品，在平台上发布房源信息供用户选择，提取交易佣金，主要目标用户是家庭自助旅游和商务出行游客。途家网获取收益主要有两种途径。① 通过并购持续扩大规模，提高规模经济性。途家网是国内拥有最多房源的共享住宿平台，除了其自营民宿以外，途家网相继并购了蚂蚁短租以及携程、去哪儿公寓等民宿业务。在大鱼自助游加入途家网以后，途家网形成了五家民宿平台综合的新集团。在流量入口方面，途家网已经成功打通蚂蚁短租、携程、艺龙、去哪儿、58 赶集、微信酒店、芝麻信用和大鱼自助游等 8 个平台入口，实现了行业库存和流量的共享。目前途家网房源数量已超过 100 万套，覆盖国内 345 个目的地和海外1 037 个目的地，成为中国旅游住宿行业的“独角兽”之一。② 通过与线下合作实现多元化发展。途家网与国内近 1 000 家房地产开发企业在不动产经营管理方面进行合作，创建了专注于异地不动产管理的“斯维登集团”，推出“斯维登精品公寓”“斯维登度假公寓”“斯维登服务公寓”“欢墅”“途窝”“迹墨”“五悦”等一系列以“住宿分享为核心”的系列品牌，与线上经营模式相结合，业务覆盖了多座城市和地区。

（3）民宿顾客的预期收益

预订民宿的顾客往往对个性化的旅行体验有更高的要求，因此旅行本身带来的收益会因为住宿在当地的人家有所提升。在付出与入住酒店相同或更低的价格时，顾客住在民宿可以更多地像当地人一样生活。

以海南三亚为例，作为经典的旅游城市，三亚的某些海鲜市场对当地居民和外地游客有时会实行差异化价格，入住民宿的好处是可以像当地人一样用更实惠的价格买到更高质量的海鲜，同时在自己入住的民宿中请房东帮忙烹饪或自己制作，增加烹饪海鲜的过程体验，这对许多去三亚的游客具有额外的吸引力，因为住宿不仅只是旅途中休息放松的场所，而是变为旅游整体体验的重要环节之一。在一些民宿预订平台的评论中可以发现，经常有顾客和房主表示“民宿拉近了人与人之间的关系，社会变得更加开放和包容”。

因此，民宿为顾客带来的预期收益除了享受休息放松的住宿环境外，还增添了丰富生活文化等方面的社交收益。

2. 共享住宿行业的预期成本

（1）民宿经营者的预期成本

从传统的个体民宿经营者出发，由于经营的是个人闲置的房屋，因此预期成本是较为低廉的，主要的成本包括房间的卫生打扫、床品的清洁、提供餐饮等方面，这些可变成本是直接被房屋共享后带来的收益所覆盖的。而且大多数个体民宿的经营者提供共享住宿房源的初衷也不仅仅是为了获得收入。

如今民宿行业竞争越来越激烈，导致个人民宿经营者的收益不断下降，因此许多平台开始向上游延伸，扶持民宿经营者降低成本。许多平台利用信息优势，帮助个体民宿经营者解决设计、装修、保洁、商城、物联网设备、智能化管理等诸多环节上的技术难题，最大限度地降低房东的经营门槛，如小猪短租的“揽租公社”、榛果民宿（2019年10月改名为美团民宿）的“星空计划”等。

对于民宿经营机构而言，目前很多民宿的机构运营方都试图通过寻找一些法规的漏洞，游走在传统酒店日租房和民宿之间，一方面希望获得规模带来的经济效益，将个体民宿经营者挤出市场；另一方面又规避传统酒店的经营门槛（如传统酒店经营日租房需要的准入条件、税收缴纳等）。这些民宿机构者对个体民宿经营者而言形成了竞争和对抗，个体经营者较难与之竞争，因而许多个体经营者甚至退出市场或者转而做与民宿相关的其他经营活动，如地方特色餐饮。因此，民宿经营者的预期成本中，与房间直接相关的成本较为固定且可控，更值得经营者关注的成本是行业竞争带来的变化。

（2）民宿平台的预期成本

民宿平台的预期成本包含平台前期搭建所需的资源、平台运营期和维护期的各类成本。从商业模式来看，民宿平台属于轻资产的企业，平台前期的搭建成本主要在于技术资源的投入，例如，如何实现互联网的供需资源对接，如何开展互联网分销技术等。从技术层面而言，民宿平台的经营已经实现了专业化分工和产业链，如2019年4月在广东成立的游小云信息技术有限公司是专门从事通信技术研究开发、网络技术研究开发的技术型企业，是提供旅游网络分销的SaaS云平台[①]技术服务的公司。民宿平台所需的技术资源占成本比重较大，因此这一行业是典型的技术密集型行业。

① SaaS又称为“软件即服务”，是指通过互联网以服务形式交付应用程序，通过SaaS平台交付的软件也称为云软件、ASP、按需软件或托管软件。对于消费者而言，首选的应用便是网络邮件、书签和照片分享。而对于企业而言，招聘、支出和客户关系管理等应用都属于企业管理常用的早期创新方式。

经过快速发展，目前国内规模较大的民宿平台已经形成了较强的竞争优势，对新进入的平台企业和准备进入的平台企业而言难度加大，在位企业的优势构成了民宿平台新的进入成本。

对现有的民宿平台而言，为了更好地对接资源，降低运营成本，许多民宿平台开始尝试其创新的运营模式，例如，小猪短租平台打造了住进花店、住进剧场、“城市之光”书店住宿计划、“乡村美宿”等一系列特色项目，房客可以通过居住四合院、花园洋房等特色民宿，感受当地的文化，在旅途中感受居住的快乐。而房东通过平台分享闲置的房屋，或是一张沙发、一顶帐篷，在分享的过程中与房客结交朋友，并获得收益，这些创新的运营方式让民宿的资源对接更加的广阔和多样，平台流量的上升减少了平台运营的平均成本。

由于顾客对民宿安全性的要求逐步提高，平台作为担保者，在保证安全性方面的预期成本将不断增加。为了控制成本，各民宿平台不断增加行业间合作。例如，小猪短租与 IFAA（互联网金融身份认证联盟）合作，通过不断升级智能门锁安全技术，实现安全认证下的智慧入住。用户通过刷脸等方式确认身份后，即刻会在手机上收到电子钥匙，轻松完成开锁。2019 年，小猪短租已开启用户黑名单机制，并在国内主要城市与公安部门联合举办房东培训，向房东免费发放安全经营手册。针对房客，小猪短租推出《房客保障计划》，房客如遇“预订房间无法入住”“房间及设施与照片不符”“房东临时提价”等情况时，可以及时向平台反映，平台会核实后进行补偿全额退款等。

（3）民宿顾客的预期成本

民宿顾客入住的主要成本包括住宿前期的信息搜寻成本和入住房费两个部分。潜在的成本还有入住体验差、安全性隐患等。

信息搜寻成本和入住房费是民宿顾客的显性成本。民宿入住前期的信息搜寻成本随着互联网技术的发展大幅度降低。调研显示，民宿平台的平均预订时间在 10~30 分钟，且选择入住民宿的顾客群体对自己的需求非常明确，因此入住民宿搜寻信息的时间成本和精力更少。另外，民宿的入住房费往往比同地段的经济型酒店价格便宜，因此从成本上而言更为经济实惠，对顾客有较大的吸引力[①]。

更值得关注的是民宿顾客遇到的隐形成本。由于住房信息只能从网上获得，如何确认网上信息的真实性是顾客十分担心的。目前有部分民宿顾客遇到入住体验与预订时信息出入较大的情况，这种“信息陷阱”在入住连锁酒店中是较少遇到的，因此如何在个性化和标准化管理之间寻找平衡，是民宿经营者需要考虑的问题。另外，安全性隐患是让许多顾客对民宿望而却步的主要原因。由于住宿在旅行的过程中是非常私人化的部分，对私密性要求较高，因此顾客希望入住的地方能够足够的安全和放心。许多民宿都在普通的社区中，社区的安全性与酒店相比往往较低，一是由于酒店的住客信息比较明确，每人都有身份证登记信息；而民宿所在的社区居民人员繁多，社区环境复杂。二是酒店有实施安保系统和监控系统，在公共区域的覆盖范围较为全面，加之酒店有专业安全通道，遇到危险后容易寻求路线和帮助；而社区的公共区域监控主要依靠小区监控和社区物业的安保系统，容易存在监控盲区，且社区环境一般较为宽广，遇到危险较难寻求帮助。三是酒店有24小时的安保人员和前台的值班人员，比社区物业管理的夜间值班制度更为专业和周全。四是酒店作为专业化的旅游住宿提供者，受到更为严格的行政管理规范和法律条款限制，对顾客的隐私保护程度更强，而民宿的经营者分布广泛，房东的素质参差不齐，更有甚者故意利用住客信息进行广告推销等，容易侵犯顾客的合法权益。这些安全成本是民宿预期成本中的重要组成部分，如何尽量减少这些隐性成本，是民宿经营者和民宿平台需要慎重考虑的问题。

3. 共享住宿行业的内部规范

民宿行业已从旅游大省、旅游热点城市向二三线城市扩展，从郊区、乡村向市中心渗透，全国已有250个以上的城市有了一定规模的民宿行业。而城市民宿处在社区内，时常出现扰民现象，这是因为经营民宿的实质是改变了房屋的性质，由居住改为商用。

住宿服务业（酒店、家庭旅馆）本身为特种行业，需要申请政府许

---

① 资料来源：文旅界 https://news.cncn.net/c_848714。

可，获得消防合格证等方可经营，而新生的民宿行业绕过了监管，潜藏着较大的安全隐患。因此，在这样的情况下，亟须建立行业内部统一的管理规定和行业规范，来引导全行业合法、合规经营。其中，形成统一的行业内部规范，是民宿行业自治理的重要组成部分。

作为民宿经营者，需要不断提高自身能力，在政府与社会的严格监管下规范经营。作为民宿平台，需严格审核上线房源，保证房源的真实性，并承担起监督者的角色，严格把控平台上每一套上线房源的真实性，维护平台的健康良好运营。作为顾客，可以通过信息反馈，将房源的真实性、服务质量、住宿体验反馈给平台和经营者，帮助平台完善信息，协助房东提升房源质量和服务质量（整理三者关系如图 7－1 所示）。

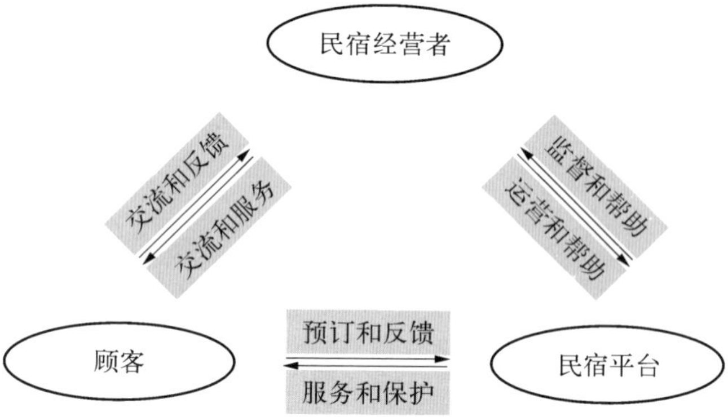

图 7－1　共享住宿的内部运营机制

4. 民宿平台的供给制度优势

民宿平台最大的供给优势在于连接了闲置的住房资源和个性化的顾客需求，形成多元化的供需匹配。民宿平台的快速发展与其他共享经济行业的发展类似，通过提供创新的资源配置方式，使传统的个人交易、商业行为与社会形态发生颠覆性变革（刘国华、吴博，2015[191]）。

中产阶级是民宿的主要客群，他们对休闲度假的需求、生活质量的追求在不断上升，同时闲暇时间增多，释放压力的渴望也在不断攀升。与此相对应，民宿比一般酒店的经营更为灵活，更容易与创意创新产业、活动展览、物产培训等产业融合，并利用自身的特征（如职业、爱好）、所处的自然环境和人文环境等各方面优势，提供不拘形式的个性化住宿体验，更好地满足不同类别的需求。目前民宿的供给品质升级、价格攀升、入住率持续增加也反映出中产阶级层的旺盛需求与民宿行业的匹配。

目前中国民宿行业的另一个特征就是前文提到的机构化。表 7－1 整理对比了机构化民宿供给制度的部分优劣势。

表 7－1　机构化民宿供给制度的部分优劣势对比

	与传统酒店相比	与个体民宿经营者相比
相似之处	具有一定经营规模，提供住宿为主的标准化服务	闲置资源的再利用，个性化装修，有居家感
相异之处	个性化和居家感明显，但服务范围有限	规模较大，与房东直接沟通较少，标准化的清洁服务等
优　势	门槛较低，成本较低，服务更灵活	容易形成规模经济性
劣　势	缺乏行业规范，如准入制度、税收制度等	缺乏房东与顾客的一对一沟通，体验感降低

机构化民宿越来越趋近于传统酒店中的主题酒店模式，这些机构将现有的闲置房源集合起来，重新装修改造后变为同一品牌的民宿，提供特色化的房间给顾客选择，甚至在规模上并不亚于普通酒店。这种机构化民宿具有规模经济的优势，但是容易丧失房主与顾客的一对一沟通和交流。因为形成规模优势，机构在成本节约方面比个体经营者更有优势，例如，雇用临时工专门对房间进行打扫，以减轻自己清洁卫生的麻烦，同时专业的清洁人员对房间的打扫可能更细致。然而，要区分酒店与这种机构化民宿，核心在于传统的酒店并不是对闲置资源的再利用，而是一种对新资源的开发，而机构化民宿应属于整合闲置资源、提供丰富住宿体验的共享经济。

在肯定机构化优势的同时也要看到，机构化民宿尚没有受到与酒店类似的行业监管和规范，因此也容易出现和一般民宿类似的安全性等方面的问题。那么机构化民宿是否应该按照传统酒店进行管制，也是值得深入探讨的。

5. 民宿平台的可信承诺与相互监督

民宿平台上的开放评价体系是对该行业可信承诺和相互监督的最大保障，这种评价形成了行业自发的服务监督体系。如今，民宿的服务提供者想要换来顾客的“五分好评”越来越难，因为消费者对于住宿体验的要求越来越高。

以 Airbnb 中国网站上的开放评论为例，评论区设有两个指标，一是对房间的文字评价，二是对房间的评分。这种评论方式的公开展示对其他消费者是一种提醒和建议，许多民宿平台的顾客并不在意商家在网上公布了什么信息，而是更在意其他已入住顾客的评价，因为他们站在同一立场，具有相同的角色和处境。Airbnb 对顾客的文字评论还提供关键词筛选的功能，将消费者对房间的主要评论精练为短语，作为标签显示在房间预订的主页面，形成对该房源的标签化描述，这种方式让消费者更容易对该房间形成确切的主观印象和判断。

然而，在不成熟的消费环境下，评分系统也会成为民宿行业发展的双刃剑。由于消费者的主观评论成为掌握生杀大权的“老板”，平台可以不用再依赖其他的第三方监督者，但对提供服务的民宿经营者而言，不仅要考虑入住率，还要刷评分，算法和规则成为他们的“老大”。由于消费环境的不成熟，滋生了一小部分“花一顿麦当劳的钱，却想得到五星酒店服务”的吹毛求疵的消费者，让民宿经营者反受其害。因此，作为中介的平台，需要重点考虑如何控制这种恶意评分对民宿行业带来的负面影响，如让评分为“差评”的消费者提供照片等确凿证据。

双边市场的可信承诺与监督不仅仅是消费者对经营者的监督和经营者对消费者的可信承诺，也有消费者之间、经营者之间和经营者对消费者的相互信任和承诺。2015 年 3 月，美国地区法院法官爱德华·陈在审判加利福尼亚州 Uber 司机的集体诉讼案中表示，“评分系统不只是一个消费者的反馈工具，而是代表了一种全新的监管水平和方式，比任何盯着员工不放的老板都更有效。”陈还引用了福柯《规训与惩罚》(*Discipline and Punish*) 中的名句，“一种有意识的持续暴露，能够保证权力的自动运作”。

按需平台的评分系统通常还具有一定的惩戒功能。例如，在 Airbnb 的平台上，平台公司不会直接注销记录欠佳的服务者，但会把这些低分服务者的排名放在后面，因而表现不好的民宿经营者只有较少的被曝光率，进而接单少，赚钱也少。从动态博弈的角度来看，相互分散、缺少官方监督的民宿经营者在平台上能够持续经营、获得平台曝光的，就大致属于持续提供良好服务的经营者。

7.1.2　共享住宿与城市公共资源的协调和冲突

1. 与公共资源的协调

共享住宿与公共资源的协调体现在两个方面，一是盘活闲置房源，二是促进旅游发展。

民宿将闲置的房源与劳动力积极调动起来，提高城市和乡村闲置房源的使用率。随着我国房地产市场繁荣发展，主要城市的房屋空置率十分严重。《中国共享住宿发展报告 2018》数据显示，我国主要城市住房中总体的空置率约四分之一，其中一些旅游热点城市空置现象尤为突出，如三亚的淡季空置率高达 80%。从目前的实践来看，共享住宿的发展水平还比较低，通过平台共享的房源仅占我国空置房源的 4%左右，还有巨大的潜力有待挖掘。

民宿极大地开发了乡村旅游资源，促进了我国乡村的经济发展。以浙江省湖州市德清县莫干山镇为例，莫干山的民宿发展具有其独特优势，地理位置方面，莫干山地处上海、杭州之间，十分适合自驾出游。生态环境方面，莫干山为天目山的分支，拥有国家 4A 级景区。市场定位方面，莫干山能吸引以休闲、度假为目的的长江三角洲地区的白领阶层以及入境游客。这些人群希望在工作之余跳出城市快节奏的生活，转而追求乡村生活，回归大自然。德清县政府将精品民宿作为乡村旅游的发展方向之一，在旧屋改造上给予了相对宽松的政策，并成立民宿学院。根据莫干山镇的资料，截至 2019 年 7 月，该镇共有民宿 700 余家，床位近万个，2018 年接待游客 260 万人次，实现旅游收入近 25 亿元，其中民宿接待游客 210 万人次，实现营业收入 20. 5 亿元，超过旅游收入总额的 80%。

2. 与公共资源的冲突

民宿市场异常火爆对城市旅游、灵活就业和“去库存”的显著作用不可忽视，但过多民宿和住客的涌入，开始对社区环境造成不利影响，尤其在游客噪声扰民、陌生人进出社区以及旺季对社区公共资源（如停车库）的占用等方面较为严重。例如，从 2018 年暑期开始，成都、重庆多家民宿集中的小区频繁爆出民宿经营者和小区业主的纠纷，成都市大数据和电子政务管理办公室发布的《7 月成都市网络理政平台运行分析报告》显示，关于反映小区开办民宿的问题达 116 件，成为投诉热点，投诉问题主要集中在民宿租客扰民、租客同物业发生冲突等方面。

造成社区与民宿之间冲突的原因很多，包括民宿房东与社区居民缺乏必要的沟通和交流、社区参与度较低、缺乏对自我和房客的约束、平台责任缺失等。由于城市民宿依托互联网平台提供住宿服务，有典型的网络化特征，但许多社区居民和基层管理部门对这一业态认识不充分，因此易与“黑旅馆”“群租房”画等号，造成社区与民宿之间关系紧张。对于这种新型的商业模式，无法套用传统的酒店监管模式，这也是民宿监管的难点所在。

7.1.3 共享住宿平台自治理的缺陷

总结上述民宿平台自治理的特点和目前的潜在问题，可以发现共享住宿平台的自治理存在如下缺陷。

（1）平台的准入门槛不统一，易造成边界模糊。

（2）行业内部规范缺乏强制性和惩罚性。

（3）社会信用体系存在漏洞，恶意评价难以避免。

（4）同行业传统企业的抵制无法避免。

7.2 共享住宿平台自治理与政府治理的协同

共享住宿平台已经形成了初步的自治理体系，但前述分析已经指出，目前国际上对共享经济平台的政府规制主要是因为共享经济存在负外部性、准入门槛和税收监管的缺乏、同行业的传统企业与共享企业出现不公平竞争等。下面主要围绕共享住宿平台的准入、税收等政策方面探讨政府治理与共享住宿平台自治理之间的协同。

7.2.1　相关政策汇总

表7－2和表7－3整理了自2015年起政府针对共享住宿领域出台的国家政策和地方政策。可以发现国家层面，更多的政策是指导性和方向性的，并未对行业的具体发展提出要求，例如，要求民宿行业向健康良性的角度发展，要助力农业现代化和全面建成小康社会，要保障民宿消费者的权益等。从地方层面来看，主要是结合当地的旅游特色，扶持民宿行业的发展。

表7－2　国家出台的共享住宿政策汇总

时　间	部　门	文件名称	核心内容
2015.11	国务院办公厅	《关于加快发展生活性服务业促进消费结构升级的指导意见》	积极发展客栈民宿、短租公寓、长租公寓等细分业态
2016.01	中共中央国务院	《关于落实发展新理念加快农业现代化实现全面小康目标的若干意见》	大力发展休闲农业和乡村旅游，有规划地开发休闲农庄、乡村酒店、特色民宿、自驾露营、户外运动等乡村休闲度假产品
2018.05	国家发展改革委办公厅、中央网信办秘书局、工业和信息化部办公厅	《关于做好引导和规范共享经济健康良性发展有关工作的通知》	构建综合治理机制；推进实施分类治理；压实企业主体责任；规范市场准入限制；加强技术手段建设；推动完善信用体系；合理利用公共资源；保障个人信息安全；规范市场竞争秩序；加强正面宣传引导；完善应急处置保障
2018.11	国家信息中心分享经济研究中心	《共享住宿服务规范》	包括共享住宿平台（企业）服务与管理要求、房东要求与规范、对房客的要求等三部分主体内容，涵盖城市民宿社区关系、入驻身份核实登记、房源信息审核、卫生服务标准、用户信息保护体系、黑名单共享机制、智能安全设备等诸多方面，不仅适用于乡村民宿，还包括分散于城市社区中的民宿

续 表

时 间	部 门	文件名称	核心内容
2019.07	文化和旅游部	《旅游民宿基本要求与评价》（LB/T 065—2019）	替代 2017 版本，将旅游民宿等级修改为三星级、四星级、五星级三个等级（由低到高）并明确了划分条件
2019.08	国务院办公厅	《关于促进平台经济规范健康发展的指导意见》	完善新业态信用体系，在网约车、共享单车、汽车分时租赁等领域，建立健全身份认证、双向评价、信用管理等机制，规范平台经济参与者行为
2019.09	国家信息中心分享经济研究中心	《在线住宿平台服务规范》	界定了平台和平台内经营者的主体责任，规范平台内经营者的服务全流程，保障消费者权益

表 7－3　部分地方政府出台的共享住宿政策汇总

城市/省	名 称	发布时间	核心内容
厦门	《厦门市促进共享经济健康发展实施方案》	2019.01	鼓励主要旅游区及商务区的民宿、公寓等房源接入房屋共享平台，以房屋住宿共享为核心，构建集住宿、购物、餐饮、出行于一体的微生态旅游系统
成都	《关于促进民宿业健康发展的指导意见》	2019.03	提出七大主要任务，依次是制定民宿业发展规范标准、加强民宿分类指导、落实民宿规范管理责任、着力塑造民宿品牌、强化民宿行业自律、建立民宿统计评价、加强民宿宣传推广
广州	《广州市关于促进和规范乡村民宿发展的意见》	2018.12	提出关于民宿发展的相关政策及保障措施，在扶持政策方面，包括优化资源配置、统筹资金支持、简化审批流程；在规范发展方面，包括规划引领、安全为先、环境友好；在保障机制方面，包括加强统筹协调、明确各级和部门职责、培育人才队伍、发挥协会作用

续 表

城市/省	名　　称	发布时间	核 心 内 容
广州	《广州市民宿旅游发展专项规划（2018—2035）》	2019.04	为广州市民宿旅游发展制定了详细规划
宁波	《宁波市共享经济发展行动方案（2019—2022 年）》	2019.06	大力发展乡村旅游业，鼓励采用闲置农房激活、农屋共享等模式，实现民宿、客栈、房车等资源共享
海南	《海南省乡村民宿管理办法》	2019.05	对民宿的开办要求、开办流程、经营规范以及政府监督管理进行了明确的要求
	《海南省促进乡村民宿发展实施方案》	2019.05	提出海南民宿发展的目标要求和九大工作任务
广东	《广东省旅游条例》	2017.07	开办民宿旅游经营实行登记制度。城镇和乡村居民开办民宿旅游经营的具体管理办法，由省人民政府根据本省实际制定
	《广东省民宿管理暂行办法》	2019.06	（1）对开办民宿的要求与程序、经营规范、政府服务与监督、经营者法律责任进行了明确的规定。（2）单幢建筑不应超过 14 间（套）客房；营业 20 个工作日内登记备案，领取民宿标识牌；网络平台提供代订民宿服务，应确保信息真实性

表 7－2 中值得注意的还有，2017 年，原中国国家旅游局第一次发布《旅游民宿基本要求与评价》（后文简称《规范》）。2019 年 7 月 3 日，更新后第二版《规范》发布实施，该文件是中国民宿发展的主要行业准入规范。《规范》对于民宿的评价包含以下五个方面：传递生活美学、追求产品创新、弘扬地方文化、引导绿色环保、实现共生共赢。从具体行业准入要求来看，《规范》对民宿经营场地、建筑物、执照、生活用水、视频来

源、卫生条件、节能减排、安全事故、从业人员、信息披露方式等超过10个方面提出了要求，尤其强调了安全、卫生等方面的重要性。这是从政府治理层面对共享住宿行业提出的明确准入条件，主要是社会性准入，如牌照、安全标准等。

中国共享住宿领域首个行业自律标准来自国家信息中心分享经济研究中心牵头，途家网、小猪短租、爱彼迎、榛果民宿等平台联合起草并制定的《共享住宿服务规范》，其细分了信息安全与隐私保护服务要求、房源审核要求、安全管理要求、房源上线要求等，填补了我国共享住宿行业领域标准的空白。这是行业治理和政府治理的一次有机结合，是协同治理的实践方式之一。从减少外部性和促进公平竞争的角度而言，目前的协同治理仍然较为欠缺，需要拟定更为细致的方案。

7.2.2 政府与共享住宿平台企业的协同治理

1. 外部性问题

外部性的出现是政府对市场进行监管的主要原因之一。外部性造成的市场失灵源于外部性成本的价格信息模糊，且缺乏能够交易的市场（Arrow，1969）。李嘉晨（2016）详细陈述了资源代际外部性和环境外部性，其中代际外部性由资源耗竭性和代际间补偿不足引发，环境外部性由成本覆盖范围广且难以被企业纳入内部核算引发。

共享住宿解决代际外部性和环境外部性的途径主要是对已经开发的闲置房屋资源进行充分、有效的利用，而不是像传统的酒店模式，通过开发新的土地资源来满足市场要求，这一点更多体现在旅游城市的住宿需求波动上，因为旅游城市的住宿存在明显的峰谷波动特征。在旅游旺季，往往会出现一房难求的住宿情况，此时当地居民的闲置房屋进入市场，会增加住宿供给，缓解短期需求旺盛对当地住宿供给不足的压力；在旅游淡季，闲置房屋回归居民本身，比酒店的闲置少了更多的沉没成本，减少了酒店空置带来的巨大浪费。因此在旅游城市，淡旺季对应不同时间段的住宿需求波动较大，容易给酒店市场带来冲击，共享住宿对此有一定的缓冲作用。

2. 税收问题

国家信息中心《中国共享经济发展年度报告（2019）》的数据显示，2018 年我国共享经济交易规模 29 420 亿元，比上年增长 41.6%；参与共享经济的人数约 7.6 亿人，参与提供服务者人数约 7 500 万人；平台员工数为 598 万人，同比增长 7.5%。共享住宿市场交易额为 165 亿元，同比增长 37.5%。2015—2018 年，共享住宿收入占全国住宿业客房收入由 2.3%提升至 6.1%。同时该报告指出，虽然共享行业朝着健康规范的方向发展，但仍然存在税制、监管方面的问题。共享住宿行业蓬勃发展，配套的税收制度应该加以完善。

我国民宿的交易依托共享住宿平台完成。民宿的供给方将房源上线在共享住宿平台上，需求方则通过共享住宿平台获取房源信息并向第三方支付平台支付费用。共享住宿平台在扣取一部分佣金后，资金进入供给方账户，不需要缴纳其他税费。

在税法中，纳税主体主要指的是直接负有纳税义务的个人或者单位，而共享民宿房源的提供者通过房屋共享取得了收益，但没有缴纳相关税费，违背了税法公平原则。共享住宿平台上房东数量巨大，且目前我国关于共享住宿行业中房东资格的认定还处于起步阶段，房东的税务和工商登记不够完善，已登记的房东大部分属于小规模纳税人①。税务部门如何将共享住宿的经营者确定为纳税主体是关键。

目前我国已有地区对民宿房东的纳税开始了尝试，但仍以鼓励发展的税收优惠政策为主。例如，深圳 2019 年新的税收优惠政策将季度销售额起征点提高到 30 万元，超过 30 万元的小规模纳税人才需要纳税，就一般个体民宿的房东而言，大部分是低于纳税标准的，因此这一税收政策为民宿经营者省下了一大笔成本。同时，超过 30 万的民宿经营者可以通过支付宝、微信等第三方支付平台进行税收线上缴纳并开具发票，也极大地方便了缴税业务的办理。

---

① 小规模纳税人是指年销售额在规定标准以下，并且会计核算不健全，不能按规定报送有关税务资料的增值税纳税人。自 2014 年 7 月 1 日起，小规模纳税人增值税征收率一律调整为 3%。

7.2.3 政府、平台与社会对共享住宿的协同共治

除了政府治理和平台自治理，社会各界对共享住宿平台的协同治理也可帮助平台实现可持续发展，尤其是社会的广泛参与和监督是平台运营不可或缺的一部分。

图 7－2 反映了平台、政府和社会对共享住宿平台共治的思路，其中行业内部规范为基本要求，是形成共享住宿自治理的核心部分，旨在通过自治理，维持市场活力，激发行业创新。政府介于社会公众与平台之间，一方面保护平台和共享住宿参与者，一方面规范平台运营，对违反平台规范和法律规范的行为进行监督和惩罚，并保证公平的竞争市场。最外层的社会公众是最广泛的参与者，包括房东、房客、社区其他人等，他们是共享行为的具体实施者，其监督和评价成为信息反馈的重要组成部分，许多对房源的负面评价可以协助共享住宿平台对房源进行实时的监督，帮助民宿经营者不断提高服务质量，尤其是对房源安全性的体验是最为直接的。

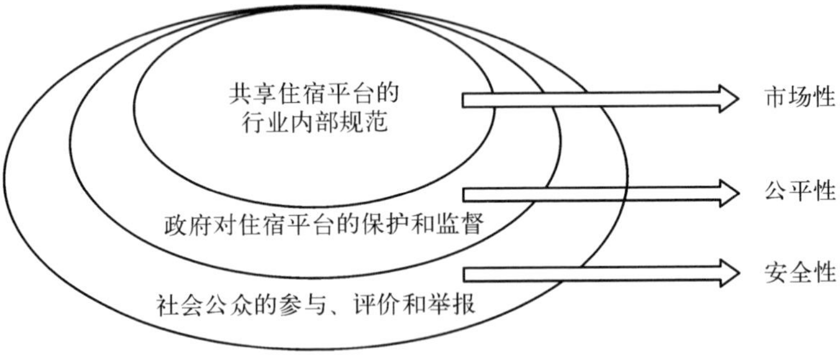

图 7－2 共享住宿平台治理的多元协同共治

通过社会、政府和平台企业自身三方的协同共治，可以帮助共享住宿平台实现有秩序的公平竞争，维持市场的创新和活力，并提升用户对共享住宿的认可度和吸引力。

7.3 城市共享办公平台的自治理

共享办公平台同样属于房屋共享行业，其目标客户不再是个人消费

者，而是小微企业和大型企业的分支机构、办事处以及小团队的创业者。作为对接更广泛资源的共享平台，共享办公平台又称柔性办公、短租办公、联合办公空间、创客空间或众创空间，如起源于美国的“WeWork”共享式办公室。从中国共享办公企业 2018—2020 年获得的融资可以发现（表 7－4），在共享经济行业整体投融资出现明显滑坡的背景下，共享办公行业逆流而上，继续保持了高速发展。

表 7－4　2018—2020 年部分共享办公的融资事件

企　业	时　间	轮　次	金　额
优客工场	2019. 04	战略融资	超 2 亿元
	2018. 11	D 轮	2 亿美元
	2018. 08	战略融资	3 亿元
	2018. 02	战略融资	1. 1 亿元
氪空间	2019. 05	战略融资	10 亿元
	2018. 06	B 轮	3 亿美元
	2018. 01	Pre-B 轮	6 亿元
中国 WeWork	2018. 07	B 轮	5 亿美元
纳什空间	2020. 04	战略融资	未披露
	2018. 06	B+轮	5 亿元
梦想加	2018. 08	C 轮	1. 2 亿美元
	2018. 03	B+轮	3 亿元

资料来源：“天眼查”平台。

共享办公在灵活度、社交性等方面有独特的优势。

从灵活度角度而言，大部分共享办公空间通常有灵活的计划选择、成本选择和空间选择，例如，共享办公从普通办公的年租改为月租甚至日租，这种灵活的选择可以让企业根据需求实时调整需要的办公室数量，因为大多数小微企业、创业公司对未来三个月甚至更长远的时间拥有多少员工数是存在不确定性的。与租用共享办公空间相比，传统办公室需要维护办公空间的设施并付出成本，但是在共享办公空间，无线 Wi-Fi、打印扫描、下午茶、厨房、会议用品等现场支持都由共享办公平台实现，极大地简化了企业的运营。

从社交性角度而言，初创型企业需要对接大量资源来帮助企业发展，共享办公空间除了提供办公室，还从社交方面为企业创造了很多机会，如办公空间通过举办沙龙活动，提供企业与合作者建立联系的机会。另外，与其他创业公司在一个空间聚集，更有可能吸引天使投资和风险投资。

然而，除了灵活度和社交性的优势，共享办公空间也不可避免存在一些弊端。首先，共享办公平台提供的空间缺乏个性化和品牌化，入驻企业没有办法定制体现公司品牌的墙壁、家具和照明等装饰。其次，共享办公空间容易让入驻企业更接近竞争对手，在共享办公这种开放的座位文化中，企业要比较小心地维护内部的私密信息。最后，共享办公平台的文化与企业文化相互影响，容易出现不同企业的文化趋同，塑造独特的企业文化较难。

鉴于共享办公空间独特的优劣势，本节通过详细研究共享办公平台的自治理模式以及政府治理方式与社会的协同共治，为共享办公行业的发展和治理提供一些参考。

7.3.1 共享办公平台的自治理内容

中国房地产市场中的写字楼已全面进入存量模式，同时企业对于写字楼市场的需求仍在逐年增加，需求推动了一线城市写字楼的租金环比涨幅持续上升。2017年，中国写字楼新增需求超过600万平方米①，北京、上海、深圳等诸多一线城市仍然是企业创业的首选之地。这种需求给共享办公平台的发展提供了很大的空间。

1. 共享办公平台的预期收益

共享办公平台的显性收益来源是租金。与传统写字楼相比，共享办公的租赁方式更为灵活，租赁金额更为实惠。因此对小微企业、个体创业者、大企业的办事处等有较强的吸引力。共享办公通过服务、创意、运

---

① 资料来源：世邦魏理仕（CBRE），《2018中国房地产市场展望——写字楼篇》。

营、差异化等创造出空间的增值，赚取租金的差价。如一个租金在 5 元/（平方米・天）的乙级写字楼改造成共享办公，其租金可以达到 7～12 元/（平方米・天），甚至是更高的水平①。例如，四川省成都市的 Walnut 联合办公，定位为“酷、有趣”，通过自身渠道，满足办公人群“吃喝玩乐购”的需求，入驻企业的员工在上班的同时可以完成其在线商城菜品的选购，下班直接带回家。目前 Walnut 的全部收入都来自租金，无论是在线商城、互动健身、资源共享等，都只是工位出租带来的增值服务，而这也为他们带来了超过 80%的高水平单店入驻率。因此，共享办公的“办公桌”仅仅是一个入口，共享办公会尝试满足办公群里生活中方方面面的需求。

共享办公平台的隐性收益在于办公空间的改善对附近商业环境带来的正外部性，这种正外部性为共享办公平台带来了新的合作机遇。例如，2017 年 7 月，氪空间上海田林社区开业，这个办公共享社区是由原来的旧工厂更新改造而成，有以休闲社交为主的共享大厅，以及有效分离的工作区、会议室等。与传统办公空间不同，氪空间的共享大厅体现了“工作融入生活”“未来空间”的设计理念，通过舒适的沙发、极具创意设计感的茶几以及齐备了“顶级咖啡机、冷柜、直饮水、微波炉、制冰机”等的水吧区域，充分营造休闲氛围，所有家具及设备均比照“家庭标准”，希望尽可能帮助在这里工作的人群放松心态。这种创造力所产生的集聚效应，为氪空间吸引了许多优秀的合作伙伴（如与锦和商业达成战略合作），同时也带动了上海徐汇区田林社区附近的商业发展。通过走访田林社区②可以发现，共享办公平台所在地的周边集聚了非常丰富且高品质的餐饮、健身和娱乐项目，面对的客户群大都是在氪空间共享办公室上班的白领。

相对传统办公楼而言，共享办公空间更具有现代化和科技感，更具活力，代表了一种开放性文化，不会拘泥和死板，更具包容和张力，因此对年轻的职业者更具吸引力。目前联合办公有以下 5 种办公模式，对应的盈利模式如表 7－5 所示。

---

① 资料来源：搜狐财经 http://m.sohu.com/news/a/213214171_456914。

② 说明：氪空间田林社区位于上海市徐汇区田林路 130 号，处于上海创意产业园区之一 SVA 越界创意园内。

表 7－5　五种联合办公空间的主要盈利模式

类　型	盈 利 模 式
产业式联合办公	租金+中介服务费+增值服务费+收益提成
物业式联合办公	租金+物业费+增值服务费
孵化式联合办公	租金+增值服务费
流量式联合办公	租金+增值服务费+投资红利
综合式联合办公	租金收入比例降低，多元化的盈利模式

2. 共享办公平台的预期成本

对于平台而言，开办共享办公平台与其他平台单纯提供信息不同，大部分共享办公平台都会对租下来的办公空间进行装修改造，使其更符合未来入驻企业和年轻人的偏好。如更轻松自然的办公环境、复古或北欧极简的文化氛围、适宜激发创意的空间布局等。对于小微企业而言，国内一线大城市写字楼昂贵的租金占了不少企业成本的比重，共享办公最明显的优势是能在一定程度上为企业省下租金的成本，因此成为许多小微企业的首选。

共享办公平台与其他共享平台相比，需要更多的前期资本投入来进行装修改造。同时，许多共享办公平台还兼具创业孵化的功能，这就要求平台的作用不仅仅是提供一张办公桌，而且需要为入住的创业型企业提供投融资的信息对接，并帮助这些创业企业度过孵化期。这对共享办公平台方提出了更高的要求，相应也在一定程度推高了共享办公平台的运营费用。

3. 共享办公平台的内部规范

中国共享办公平台的企业内部规范以《众创空间（联合办公）服务标准》（后文简称《服务标准》）为代表。这份《服务标准》是 2017 年由国内共享办公的 11 家领军企业负责起草的，具体企业包括优客工场（北京）创业投资有限公司、北京创业公社投资发展有限公司、成都侠客岛信息科技有限公司、合作共创（北京）办公服务有限公司、洪泰创新空间（北京）创业投资有限公司、氪空间（北京）信息技术有限公司、纳什空间创业科技（北京）有限公司、上海方糖创业服务有限公司、上海摩林网络科技有限公司、上海帷迦科技有限公司、深圳市微度联创社科技有限公司。

表 7－6 摘抄整理了部分共享办公空间《服务标准》的内容，可以发现这份标准对运营门槛和运营内容等方面做了详细的规范，从规范的细节可以看出，与传统的办公楼相比，共享办公提供的服务不仅仅是一个办公空间，而是从多方位服务角度为小微企业、创业企业的发展提供帮助，并更具有人文关怀和现代气息。

表 7－6　《众创空间（联合办公）服务标准》部分内容摘录

内部规范	具　体　标　准
主体运营条件	1. 具有注册登记的法人资格证书（含工商、税务等配套证件齐全）。 2. 具有完善的基础设施、运营团队、运营机制及开展创新创业相匹配的活动能力
经营场地条件	1. 场地环境涉及内容应符合国家标准 GB/T18883（《室内空气质量标准》）、GB/T24421（《服务业组织标准化工作指南》）、GB/T10001（《公共信息图形标准》）、GB/T31592—2015（《消防安全工程》）、GB50763—2012（《无障碍设计规范》）等规定要求。 2. 提供办公场地。 3. 提供公共服务场地。包括公共接待区、项目展示区、会议室、休闲活动区、专业设备区等配套服务场地。 4. 提供免费或低成本的互联网接入及网络办公等服务。 5. 提供共享办公设施等基础办公条件。 6. 提供采暖制冷设备且保障各区域正常供给。 7. 提供分设的男女卫生间，设备齐全、洁净卫生。 8. 提供前厅接待和值班服务台。 9. 提供网络互动平台。 10. 配备消防器材。按规定设置消防指示标识且保持畅通。 11. 场地设施设备及用品用具应符合国家和地方规定要求。 12. 配备新风系统且保证运行正常
服务团队	管理人员、辅导老师、服务人员、创业导师
运营管理机制	入住、孵化、毕业、退出、跟踪

续 表

内部规范	具　体　标　准
服务项目	注册代理、政策对接、联网办公、场地提供、创业沙龙、商业计划、风投对接、项目路演、众筹服务、自主投资、财务咨询、战略咨询、市场渠道、人力资源、创业培训、市场调研、网络推广、展会服务、法务咨询、知识产权、财税服务、媒体合作、众包服务、物业服务、其他服务等
特色服务	共享互动平台、创业商学院、商旅配套、共享书吧、睡眠仓、共享电话亭、无人超市以及其他服务等

4. 共享办公平台的制度供给优势

从共享办公平台的预期收益、预期成本和内部规范来看，共享办公平台的自治理已有规律可循。简单来看，通过“租楼—装修—出租工位”，共享办公平台逐步突破了“整批零售的二房东”的模式，其最基本的制度供给逻辑就是通过服务、创意、运营、差异化等创造出空间的增值，并在行业规范的范围内赚取租金差价。

从共享办公的属性来看，许多共享办公平台并不是单纯的地产租赁公司，而是一个“共享办公+投资+房地产信托”的集合体。例如，WeWork每年的实际租金约为8亿美元，但却拥有200亿美元的估值，另外90%以上的收入来自投资。WeWork的投资对象企业可以为入驻的其他客户提供包括财务、广告、品牌策略、商务运营、管理咨询、法律服务、移动开发、编程等20余类商业服务，这些公司进一步完善了平台的服务生态，平台也获得了相应的股权分红。WeWork自创立以来已经投资了超过90家入驻公司，其中21家已经在美国纳斯达克上市。

共享办公将办公空间的资产属性变成服务属性，商业模式从租金导向变成流量导向，属性从地产属性变成平台属性。作为共享平台，需要为入驻客户提供综合的、多次的服务，并把它变成一种可以输出的服务模式。当下已经有不少共享办公平台在往这方面发展，例如，Inncube众创空间通过会员服务体系拿到了超过5%占比的收入；氪空间通过孵化服务、广告售卖、会员体系等拿到了超过20%占比的收益；优客工场通过贩卖包含会议室使用时间等会员包的服务，拿到了近 8%的非桌子收入；DayDayUp 则利用国际化租户群体的优势，通过对外活动场地租赁，吸引了法国大使馆、宝马等外部公司源源不断地在其办公空间举办主题社交聚会和产品推介活动。这种综合服务模式形成了共享办公空间独特的制度供给优势。

5. 共享办公平台的可信承诺与相互监督

从可信承诺的角度而言，共享办公平台与其他共享平台相比，对办公室的供给有更高的把控能力，因为其不仅仅是提供信息的平台，而是类似于“二房东”那样，将办公空间的整体运营和管理都包含在平台自身的功能里，并非简单的“中介”。因此租住办公空间的用户在面临问题时，不需要找到办公空间的原房东，而是直接跟平台进行反馈，从而得到快速有效的解决。

共享办公平台的可信承诺也同样对房东有效。房东不必再耗费多余的精力担心房屋出租后面临的一系列物业问题等后续服务，而是像当“甩手掌柜”那样，全权委托给平台方。平台拥有更大的权利意味着需要承担更大的责任。因此共享办公的平台企业自身需要建立良好的内部信用制度，以保证平台在运作较大规模的资产时能够依法合规地进行，并有效地对接资源供给方和需求方。

从相互监督的角度而言，共享办公平台为小微企业、创业公司提供的服务是多样化的，而且因为针对企业客户，对企业带来实质性的收益帮助会直接提升企业对办公空间的需求黏性。共享办公的租赁比传统办公室更为灵活，且押金少，因此企业的选择面很广，更换办公空间的沉没成本更低，一旦遇到不满意的情况，很容易退租。因此，与其他共享平台依赖评价不同，共享办公的反馈更多通过企业对办公空间的续租率来反映。

续租率越高的办公共享平台，说明入驻企业对该办公空间的满意度越高。续租率成为各个共享办公平台企业的主要竞争指标之一。该指标比其他共享平台依赖人为评价更客观，也更贴近市场，能够更真实地反映市场需求的变化和平台的服务质量，同时也避免了主观评价带来的负面问题，如恶意评价和雇佣水军等。例如，米域联合办公官方公布的续租率为 60%

左右，年租金涨幅约为8%[①]；上海世鳌国际的续租率为85%左右[②]。

7.3.2 共享办公与城市公共资源的协调和冲突

1. 与公共资源的协调

共享办公对城市老旧社区的改造优化了城市建设的结构，促进了老旧城区的功能转变和经济发展。以氪空间田林社区为例，改造前，地处上海市徐汇区的田林社区，为上海航天控制工程研究所的旧址，该单位搬迁至上海市闵行区航天城后，原有的工厂被废弃，周围整体的社区环境相对老旧。氪空间田林社区成立之后对原有的老旧环境进行了改造，因为有许多年轻人在此聚集，该社区逐渐改变周边的社区环境、经营环境，如以该社区为核心，周围时尚、餐饮、娱乐等符合年轻人偏好的商品逐渐增加，带动了整片区域的商业发展。

在移动互联网崛起的10年时间里，企业的业务形态、经营模式和管理方法都已经出现了重大变革：越来越多的小型工作室、合伙机构；越来越人性化的员工管理；越来越自由的办公状态。这些都需要有个性化的办公场所，而这是传统的办公楼无法做到的，共享办公则以个性化的供给来匹配个性化的需求，实现了办公场所空间与时间上的真正变革。

2. 与公共资源的冲突

许多共享办公平台为了增加市场份额，不断扩大规模，以至于偏离了对闲置资源的有限整合这一共享思路，变回了传统租赁模式的“二房东”。互联网经济强调边际成本递减，理想状态下后期扩张成本几乎为0，但过多的共享办公平台每增加一处办公场所，都会增加设计、建设以及维护成本，这些费用无法随着体量的增大而大幅削减，从而造成了社会资源配置效率的损失。

据WeWork财务报告显示，2019年上半年WeWork新增97个办公场所，每个场所的设计和建设成本平均为263万美元。如果它继续扩张，办公场所的增加也将意味着更高的成本支出。如果要提高收入就需要提高租

---

① 资料来源：米域官网 https://www.mixpace.com.cn/?source_code=iq4p4y7ymi#/。

② 资料来源：世鳌国际官网 https://servoffice.kbgok.com/s7。

金，但当前市场上已经有大量竞争者，提价势必损失市场占有率。另外由于目前共享办公的盈利渠道主要来源于租金差价，因此与房东原价租出去的办公室相比，“二房东”简单改造后收取更高的租金，无疑推高了入驻企业的办公成本。

7.3.3　共享办公平台自治理的缺陷

根据上述分析可以发现，共享办公平台的自治理仍有以下三个问题没有解决。

（1）有限市场的过度竞争引发资源浪费。

（2）共享办公空间对周边环境的正外部性没有体现在平台收益中。

（3）共享办公模式单纯依赖租金收益会使成本回收期过长，大部分依赖投资获得收益的模式则脱离了共享经济的本质。

7.4　共享办公平台自治理与政府治理的协同

共享办公平台与其他共享经济平台相比，发展较晚，政府目前专门针对共享办公平台的政策比较少，简单梳理如下。

7.4.1　相关政策汇总

与共享办公平台最为相关的政策是 2015 年国务院办公厅印发的“众创空间”纲领性文件——《国务院办公厅关于发展众创空间推进大众创新创业的指导意见》（简称《意见》）。《意见》从政府治理层面部署了众创空间平台发展的方向，目的是为了更好地支持大众创业、万众创新。《意见》的目标是到 2020 年形成能够满足创新创业需求、具备专业化服务能力、低成本、便利化、开放式的服务平台[①]。

表 7－7 部分摘录了《意见》的重要纲领性政策。从政策导向来看，众创空间作为服务平台载体，主要有实现有效政策资源、培育创新文化的作用。

---

① 资料来源：中国政府网 http://www.gov.cn/zhengce/content/2015－03/11/content_9519.htm。

表 7－7 《国务院办公厅关于发展众创空间推进大众创新创业的指导意见》摘录

纲　领	主　要　内　容
基本原则	坚持市场导向；加强政策集成；强化开放共享；创新服务模式
发展目标	加快构建众创空间；降低创新创业门槛；鼓励科研人员和大学生创业；支持创新创业公共服务；加强财政资金引导，丰富创新创业获得；营造创新创业文化氛围
组织实施	加强组织领导；加强示范引导；加强协调推进
地方配套	全国各省、市、自治区相继出台地方性《关于发展众创空间推进大众创新创业的实施意见》

7.4.2 政府与共享办公平台的协同治理

1. 共享办公平台的准入问题

共享办公平台目前尚未形成规范的准入制度，从行业自治理的角度看，自治理主要针对营业执照和经营条件做出了规范，并没有明确经营主体的准入门槛。目前共享办公平台的数量很多，竞争激烈。根据《2018年中国联合办公活力指数报告》统计的数据，截至2018年9月底，中国的联合办公平台已经超过300家，布局网点数超过6 000个，总体运用面积超过1 200万平方米，提供工位数200万个。如果没有足够的准入门槛，容易造成平台之间的过度竞争，因此准入门槛是政府协同治理时第一个需要考虑的问题。

共享办公平台属于“资本密集+技术密集型”的企业，与共享住宿平台相比需要更多的资金投入，这本身形成了一定的资金门槛，可以阻挡一些潜在进入企业。然而，政府还需甄别的一项准入规则应该是进入市场的共享平台是否是对城市闲置空间的再利用，并对周边社区环境形成明显的正外部性。共享的本质是对闲置资源的再利用，如果企业打着共享的招牌，但不断增加新资源的开发，就不是真正意义上的共享经济。这一点需要政府在发放企业经营牌照时予以确认。

2. 共享办公平台的税收问题

与其他共享经济平台不同，共享办公平台的营收数额比较大，因此可以按照一般的经营性企业缴纳税收。但由于共享办公平台对周边社区、商业环境等存在明显的正外部性，无法通过平台企业自身获得正外部性带来的收益，因此政府需要从正外部性的角度出发，考虑用税收减免等方式对平台企业进行补贴，以鼓励平台为改善社区周边环境做出的贡献。

7.4.3　政府、平台与社会对共享办公的协同共治

协同治理的目的在于企业、政府和社区一起实现对社会责任的承担。共享办公平台作为新兴行业，需要业内参与者一起承担社会责任，一起培育市场规则和行业规范，与当地社区、政府展开良性互动。

共享办公数量可以间接反映一个城市的创新力和活跃度，共享办公越多，意味着这个城市拥有创造力的企业和人才越多，更具活力，因此共享办公可以反映城市未来的经济创新潜力。政府对共享办公平台的治理应更多转向扶持和促进公平竞争。鉴于共享办公对闲置资源的再利用和实现周边社区资源的再分配，政府可以从使用补贴、税收减免、人才引进、企业推介等多角度扶持共享办公平台的发展，为小微企业的创新创业提供良好的环境。

周边社区可以以共享办公空间为圆心，着力打造能够服务于办公空间的一系列配套项目，一方面可以拉动就业，另一方面可以创建营收。公众和共享办公人员也可通过参与共享办公空间举办的交流活动增加对平台企业的了解，及时发现问题并进行反馈。

7.5　小　　结

本章是对共享房屋行业自治理、政府治理与相互协同的初步探索。要实现共享平台自治理与政府治理、社会共治的协同，从企业层面来看，共享房屋平台企业需要采取一种全新的视角对待企业与社会责任之间的关系，即从分散、被动到整合、主动，例如，建立行业协会，通过行业自治

来实现行业维持，通过建立行业内的信用监管体系与信誉评价机制实现自我约束、自我管理，并就共享模式下企业社会责任“道德底线”达成一致，这是共享价值理论的核心（Porter，2006[192]；刘兆国，2015[193]）。

从政府层面来看，要监管与鼓励并重，对于不公平竞争、过度竞争予以限制、阻止和规范，对于企业创新、带动就业予以鼓励、帮助和支持。

从社会公众层面来看，在享受共享带来便捷性的同时，要规范自身行为，强化道德约束，及时反馈信息，助力共享平台的良性、可持续发展。

第8章　城市共享出行平台的多元协同治理

2016年，以摩拜单车、ofo小黄车等为首的共享单车企业和以TOGO途歌、EVCARD等为首的共享汽车企业率先进入中国的共享出行市场，在全国迅猛发展。紧接着，随着各大平台运营商的不断出现，共享单车和共享汽车各自的行业内竞争进入白热化的阶段，到2018年年底，市场上幸存的共享单车企业已经寥寥无几。一心想在市场上做大做强成为行业领头羊的摩拜单车在运营不到两年的时间后于2018年4月被美团收购，成为美团旗下品牌，正式改名为美团单车。而小蓝单车、悟空单车、小鸣单车等众多企业纷纷倒闭，ofo陷入“退押金”风波。同年，滴滴出行因司机杀人案下线顺风车业务，TOGO途歌也因为难退押金等问题被推上风口浪尖，许多业务下线。共享单车、智能出行作为共享经济的重要组成部分，一时遭遇行业低谷。

本章聚焦共享出行中的共享汽车和共享单车两个行业，研究分析共享出行平台的自治理以及自治理与政府、社会的共治问题，力图找出该行业出现问题的症结所在，寻找共享出行平台的多元协同治理机制。

8.1　城市共享汽车平台的自治理

城市共享汽车在很多领域也被称为“汽车分时租赁”，这是根据运营方式命名的，但运营模式并不只有分时租赁一种。以EVCARD为例，该平台是上海国际汽车城新能源汽车运营服务有限公司开展的电动汽车分时租赁项目，提供价格为0.5~2.1元/分的“分时租赁”、80~360元/次的“包夜租赁”、80~549元/日的“日租”及1~5年的“长租”服务。平台还会为用户提供全程自主租还、全程保险、24 小时救援等附加服务。EVCARD 目前开展业务城市超过 65 个，有 1.3 万多个网点，5 万多辆的新能源汽车投入运营，月订单超过 180 万，累计注册会员超过 600 万①。可以看出目前共享汽车的市场规模巨大，发展潜力也很大，下面就共享汽车平台的预期收益、预期成本、内部规范、供给制度优势、可信承诺与相互监督等自治理内容进行详细分析。

8.1.1 城市共享汽车平台自治理的内容

通过分析共享汽车平台的自治理内容，可以寻找共享汽车平台的运营机制和供给制度优势，并找出共享汽车自治理存在的难点和问题。

1. 共享汽车平台的预期收益

共享汽车平台的主要收益来源于租金。目前共享汽车运营企业主要分为两类，一种有车企或国企背景，如 EVCARD、北汽集团 GreenGo 绿狗租车、联程共享、戴姆勒 Car2Share 等，主要采取重资产运营模式，即所有运营车辆均为企业自有，且为用户提供配套的充电服务、预约服务等；另外一种是互联网型企业，如 TOGO 途歌、PonyCar 等互联网基因较强的公司，均以轻资产运营为主，即企业平台主要提供车辆租赁服务，但车辆并不完全归运营平台所有，不用背负过多重资产折旧分摊、贬值的风险。

对比两种运营模式的共享汽车价格可以发现，目前的收费造成汽车共享平台的盈利周期比较长，且第一种模式下的市场价格较第二种略贵。从 EVCARD 公布的价格来看（表 8－1），计价方式主要受到车型和租赁方式的影响。但因为是自有资产，所以较为稳定，且对固定资产的把控力强。

表 8－1　EVCARD 分时租金价格表

车　　型	续航里程/km	价格/（元/分）	日打包价
宝马 i3	180	2.1	—
荣威 ERX5	320	1	120 元起

① 资料来源：EVCARD 官网 https：//www.evcard.com/about/。

续　表

车　　型	续航里程/km	价格/（元/分）	日打包价
之诺 1E	120	1.1	360 元起
众泰 E200	120	0.6	219 元起
荣威 Ei5	301	0.7	110 元起
奇瑞 EQ	150	0.5	180 元起
北汽 EC180	156	0.5	180 元起
北汽 EV160	150	0.5	180 元起
海马普力马	150	0.5	180 元起
江淮 iEV7	165	0.5	180 元起
长安奔奔	180	0.5	180 元起
江淮 iEV6e	150	0.5	180 元起

这种重资产模式的共享平台与其他更典型的共享平台相比，门槛并不高，因为可以依托企业的现有资产，转卖为租，但也面临灵活度不够、成本回收期较长的问题。因此这类共享汽车平台的预期收益主要依托规模化的运营，通过规模化增强品牌力量，做好基础投放，从而提升用户体验。

对于第二种互联网租赁平台而言，车辆产权不完全属于平台所有，而是和租赁公司以及融资租赁公司合作，利用原有租车公司的存量资源，结合互联网平台开展业务。这种轻资产的平台在运用过程中比 EVCARD 更为灵活，盈利周期更短。例如，PonyCar 与北汽集团下属华夏出行公司进行战略合作，在短时间内实现了深圳单城的整体盈利，毛利率约为 20%（PonyCar 的分时租车价格见表 8－2）。

表 8－2　PonyCar 分时租金价格表

车　　型	座位数/座	分时价格
众泰 E200	2	高峰期（8:00—24:00）：0.80 元/千米＋0.10 元/分 平峰期（24:00—8:00）：0.80 元/千米＋0.02 元/分

续 表

车　　型	座位数/座	分 时 价 格
江淮 IEV6E	5	高峰期（8: 00—24: 00）: 1.00 元/千米+0.10 元/分 平峰期（24: 00—8: 00）: 1.00 元/千米+0.02 元/分
北汽 EV160	5	高峰期（8: 00—24: 00）: 1.00 元/千米+0.17 元/分 平峰期（24: 00—8: 00）: 1.00 元/千米+0.02 元/分
北汽 EU260	5	高峰期（8: 00—24: 00）: 1.30 元/千米+0.20 元/分 平峰期（24: 00—8: 00）: 1.30 元/千米+0.02 元/分
北汽 EC180/EC200	5	高峰期（8: 00—24: 00）: 1.20 元/千米+0.10 元/分 平峰期（24: 00—8: 00）: 1.20 元/千米+0.02 元/分

从 EVCARD 和 PonyCar 的租金价格表来看，EVCARD 的时长平均租金为 0.75 元/分，PonyCar 里程平均租金约为 1.06 元/千米，时长平均租金 0.08 元/分，两种共享汽车的价格均低于一般出租车的价格。

相比 EVCARD 而言，轻资产模式下类似 PonyCar 这种运营平台容易受到租车公司的牵制和制约，而且由于对共享汽车没有完全的质量把控，因此也较难完全获取用户的信任，不确定性因素较多。例如，2019 年 1 月，PonyCar 因业务调整、政策和市场影响以及部分车辆需要年检等原因造成手机用户端所有共享汽车突然下架，造成许多用户充值余额被冻结，且无法提现；TOGO 途歌也在 2018 年面临广泛的退押金潮，资金链断裂造成大量用户无法拿回押金，汽车供应合作商被拖欠款项，地勤、运营维护人员也遭欠薪。

对比两种盈利模式可以发现，重资产模式的共享汽车的优点在于稳健性和持续性，而轻资产模式的灵活度高，盈利回收期短，但风险也更高。

与其他共享产品不同，汽车本身的产品价值较高，因此对于平台而言要承担更高的风险来保障高价值产品的共享。因此目前运营的共享汽车平台大都会向用户收取金额不等的押金，如 GoFun 收取押金 699 元、EVCARD 收取押金 1 000 元、TOGO 途歌收取押金 1 500 元。收取押金的初衷是为了减少用户使用过程中对汽车的恶意破坏，降低企业风险。但在实际调研中发现，押金成为共享汽车平台盘活资金、投融资甚至获利的主要方式。因为受到广泛争议，且对资金使用去向的模糊，部分平台如一度、有车、驾呗等为了重获信任，增加市场份额，直接免除了押金，而 GoFun 与支付宝合作，支付宝芝麻信用分在 700 以上的用户可以申请免除押金。押金的免除一方面让企业运营回归本质，但另一方面社会信用体系不完善也给汽车共享平台带来更高的风险。

2. 共享汽车平台的预期成本

由于平台对接的资源是汽车，相对充电宝、单车、办公室等其他共享产品而言价值更高，因此共享汽车平台的预期成本主要包括获得汽车使用权或所有权付出的前期成本以及平台运营期间的可变成本。

市场上运营的共享汽车目前主要以新能源汽车为主，前期成本主要来源于如何获得汽车的使用权。重资产模式下，共享汽车平台会直接拥有汽车的产权，包括所有权和使用权。如 EVCARD 旗下运营的汽车主要来源于出资方上海汽车集团股份有限公司与上海国际汽车城（集团）有限公司。轻资产模式下，前期成本为平台与汽车主机厂达成战略合作，以低价购买或租赁的方式获得汽车使用权。如 PonyCar 曾进行品牌战略升级，与多家汽车主机厂商达成战略合作，探索“共享出行平台+整车主机厂”联合运营模式。

两种模式下的汽车共享平台还有一个共同的前期成本支出，即汽车充电设施的布局和停车场在城市空间中的布局。充电设施和停车场的密集程度会直接影响用户对共享汽车的体验。目前平台除了用自有资金来布局充电设施和停车场外，还会通过加强自身与充电桩、智慧停车等运营商的合作关系，来提升企业运营效率和用户体验，同时降低自有成本。

共享汽车平台的维护成本主要来源于对汽车本身的维护和运营过程中

的服务成本。新能源汽车的日常维护成本主要包括汽车保养和充电两部分，一般用户对共享汽车的短时间使用是不需要在途中额外充电的，而是使用完停在固定的充电点。同时平台会监控每台车的电量，并及时有运营人员对低电量汽车进行充电。关于汽车保养，共享汽车之所以受到广大“有本无车一族”的喜爱，其中很重要的原因之一在于用户不需要自己对汽车进行保养，使得这部分成本转移到了平台的身上。

综合上述两节对共享汽车平台的收益和成本分析，可以得到表 8－3。

表 8－3　共享汽车平台的预期收益和成本不完全对比

	预期收益		预期成本	
	收益特征	收益来源	固定成本	可变成本
重资产模式	较稳定； 受市场波动影响少； 盈利所需时间长； 依托规模化； 不确定性风险低	租金； 押金； 其他投融资收益	汽车购买费用； 其他配套费用； 充电网点和设备； 停车场网点布局； 技术投入等	汽车保养和维修； 日常油费/电费； 保险理赔，售后服务； 资产折旧； 其他成本
轻资产模式	较灵活； 受市场波动影响大； 盈利所需时间短； 依托战略合作； 不确定性风险高	租金； 押金； 其他投融资收益	汽车租赁费用； 战略合作支出； 充电网点和设备； 停车场网点布局； 技术投入等	汽车保养和维修； 日常油费/电费； 保险理赔，售后服务； 其他成本

3. 共享汽车平台的内部规范

从客户端而言，用户使用共享汽车平台约车的步骤一般有四个。一是注册认证，可以通过手机 APP 的应用端或微信小程序进行注册，并上传认证资料，获得用车资格；二是车辆预约，通过查找附近或预约的车辆信息，并在规定时间内到达车辆所在地取车；三是网点取车，通过鸣笛或寻找车牌号等方式找到车辆，获得取车码或其他解锁密码，开启行程；四是网点还车，车辆使用完毕后，就近选择网点还车，并支付费用。

从企业端而言，表 8－4 整理了目前国内共享汽车平台普遍为用户提供的服务内容。服务的标准主要依据行业内部的规范性文件《共享汽车信用出行指南》（表8－5），其在2018年由PonyCar发布，这些内容形成了目前共享汽车平台的主要行业规范和标准。

表8－4　共享汽车平台的基本服务与附加服务

服务类别	服务内容
基本服务	分时租赁；多车型选择；新能源汽车相关的不限行等
附加服务	全程自动租还；全程保险；异地就近还车；24小时客服和24小时救援
其他服务	客户申诉服务①

表8－5　《共享汽车信用出行指南》核心内容摘要

规范类别	主要内容
文明用车	爱护车辆，保证车内清洁卫生，不在车内乱扔垃圾；不向车窗外吐痰或抛洒物品；礼让行人，不乱鸣笛，不抢车道，过水洼地带时要减速；规范停车，不占用违法停车道，在平台推荐停车位还车；还车时记得关车灯、关车窗，带走车内个人物品
诚信用车	不瞒报交通事故，及时处理交通违章，勇于承担相应的法律责任及赔偿；不随意带走车内公物；不恶意占用车辆，不盗开车辆，不恶意破坏车辆；不虚假报销停车费，及时支付订单费用
安全用车	共享汽车账号需本人使用，切勿借给他人使用；酒后不开车；不穿拖鞋、高跟鞋开车；不疲劳驾驶，夜间行车尽量关闭远光灯；遇前方拥堵时不逆向超车；不超员超载；规范安全驾驶，遵守交通法规，听从交警指挥；不租用车辆从事违法犯罪的活动

与传统租车项目相比，共享汽车主要从前期准入、用户使用方式、计价方式、还车方式等方面进行了创新。图8－1对比了共享汽车与传统租车的主要区别，发现核心区别的出现主要源于互联网、大数据的广泛应用改变了传统汽车的租赁和使用方式。目前共享汽车的自主使用存在的主要问题是尚未有明确的方式来保证实际租车人与网上登录信息的一致，可能

① EVCARD为提升客户体验，推出客户申诉服务，其受理范围包括通过申诉热线、网络社交媒体、自媒体提出的客户申诉，以及已经过该公司客服等相关部门处理但客户对处理结果仍存有争议的投诉。

出现租借账户、冒用账户、无证驾驶等情况，因此在安全性上，没有传统租车用人工进行信息核验更为安全。但这一点应该会随着技术水平的上升得到妥善解决，如在车门安装人脸识别系统，与网上预订的身份证信息进行比对等。

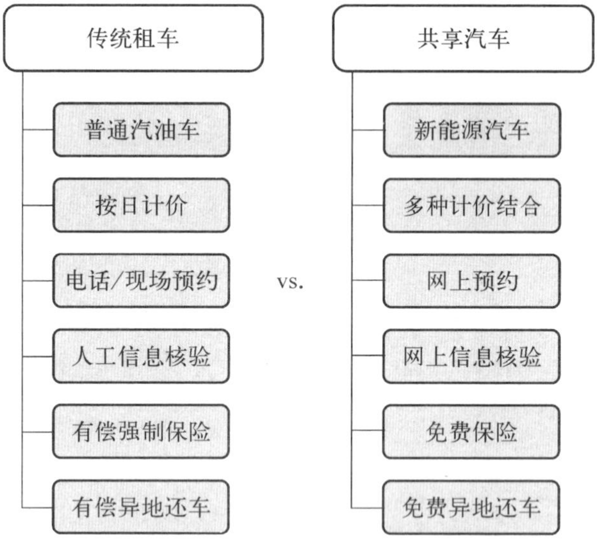

图 8-1 共享汽车与传统租车的对比

4. 共享汽车平台的供给制度优势

共享汽车平台具有的供给制度优势有以下三个方面。

一是具有技术领先优势，倡导绿色低碳出行。分时租赁依托发达的互联网、物联网、手机智能终端等技术，具有用车的灵活性与价格优势，加之目前共享汽车大部分为新能源汽车，因此在使用过程中减少了碳排放，减少了私家车的使用，整合了有限的停车资源，因此共享汽车的供给有助于减少环境污染。

二是整合全产业链，开展企业间深度合作。共享汽车结合平台出行属性，创新模式，通过与汽车制造、汽车采购和汽车回收企业的合作，达成四方无缝嵌合的合作模式，在整个产业链中，汽车企业、汽车金融、共享汽车在上、中、下游各取所需，优势互补，形成从汽车出厂到落地运营的商业闭环（图 8-2）。

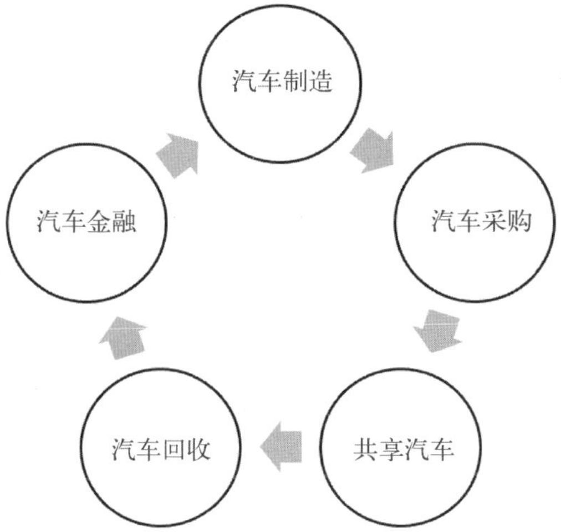

图 8－2　共享汽车的产业链闭环

三是精细化运营，将产品与服务相匹配。共享汽车将传统汽车企业生产的汽车库存由卖转为租，一方面减少了汽车的库存成本和闲置成本，另一方面灵活地匹配了市场需求。汽车的使用有明显的周期性波动特征，共享汽车的供给方式围绕“人—车—网”三个维度进行用户需求的深度优化，在用车场景、用车体验等方面实现了需求与服务更为精准的匹配，让用户获得个性化、定制化、精细化的用车体验。

5. 共享汽车平台的可信承诺与相互监督

从用户端来看，目前共享汽车平台的可信承诺来源于人、证、车三者的信息核验，在共享汽车的使用过程中，通过上传真实的身份证信息、驾驶证信息方能获得用车资格。平台后端的服务器负责识别用户的信息，并对身份证和驾驶证信息的统一性予以核验，避免冒用身份证或无证驾驶的情况出现。由于目前社会信用体系仍存在一些漏洞，因此平台很难完全通过技术手段实现人、证、车的信息认证和核查，因此需要加入政府和社会的共同治理。

从前端汽车生产商来看，无论是搭建自有的共享平台还是与其他汽车共享平台实施战略合作，平台的中介作用都会帮助传统汽车制造厂商优化产业链、降低成本、提高效率。汽车制造厂商不仅为平台提供稳定、有质量保障的车源，而且可以提供相关的金融保险服务、基础设施（加油、充电）服务、售后市场服务等，打通传统汽车的全产业链（图 8－3）。例如，滴滴出行与北汽新能源、比亚迪、长安汽车、东风乘用车、东风悦达起亚、华泰汽车、江淮、吉利、雷诺-日产-三菱联盟、奇瑞、中国一汽、众泰新能源 12 家汽车厂商达成战略合作，共同建设面向未来的新能源共享汽车服务体系。

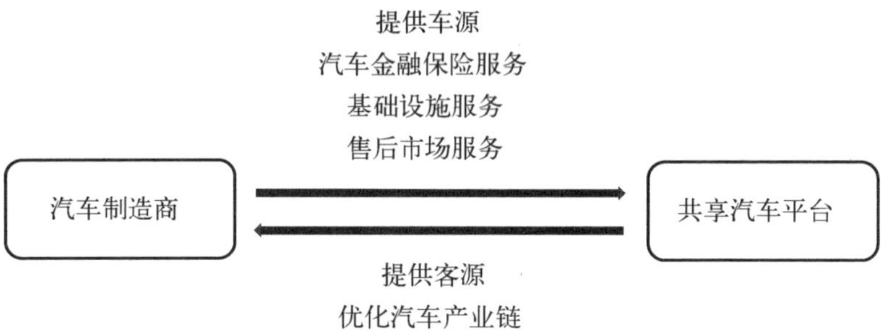

图 8－3　汽车制造商与共享汽车平台的供给优势互补

从平台自身来看，作为信息提供方和交易促成方，保证信息来源的真实性是平台首要任务。一方面，平台上线的汽车质量信息、位置信息应完全、真实、有效地披露给客户，如行驶里程、续航里程、保养时间等，以便用户能够筛选跟自己需求匹配的车辆。另一方面，在保护客户隐私权的前提下，对客户信息进行筛查，保证用户对汽车的使用符合法律规定，拥有合法的机动车驾驶资格，避免冒用他人牌照等问题的出现。

8.1.2　共享汽车与城市公共资源的协调和冲突

共享汽车通过激活车辆运载的闲置率，积极响应国家减能减排号召，实现绿色出行、智慧出行，这种新型的交通业态不免会对城市现有的公共环境、交通环境产生影响。

1. 与公共资源的协调

共享汽车会减少私家车对城市空间的占用，释放大量城市空间，帮助重塑城市面貌。普通私家车的闲置率非常高，不仅是在一天的时间内出现闲置，而且在汽车的整个生命周期中都存在大量的闲置状态，因此如果广泛使用共享汽车，一方面会减少私家车的使用，另一方面会减少正在行驶汽车的闲置率，进而对现有汽车资源进行充分利用。根据美国麻省理工学院教授卡洛·拉蒂估计，每一辆共享汽车的高效运行可减少 9~13 辆私家车上路行驶①。随着技术的发展，未来无人驾驶汽车将与共享汽车平台进行对接，会更进一步地对共享汽车资源进行合理、科学的路径规划，提升共享汽车的运营效率。

城市停车场/停车库在市区内形成了巨大却毫无吸引力的城市结构，临街停车位侵占步行空间和行车道，对行人和驾驶员均产生不利影响。共享汽车的使用会减少私家车的保有量和对停车场的需求，可以帮助城市规划者为停车区域设计新的用途，如建设公园或社会福利住房以及混合用途区域等。取消部分临街停车位还有助于减少城市道路空间资源，从而允许更多样的开发，实现城市土地集约利用。

共享汽车使城市交通环境趋于绿色和环保。以北京、上海、广州、深圳四个一线城市为例，据调查这些地区平均每辆共享汽车每年使用汽油 700 L，共享汽车目前使用的主要是小排量油电混动汽车以及新能源汽车，运行的能耗比行业平均水平低 38%②。并且，共享汽车的收费比同等路程的出租车、顺风车更少，随着环保意识提高会有越来越多的人选择更加环保经济的智能共享出行，带来出行成本的节约。

共享汽车使城市交通更高效。共享出行通过数据共融平台，推导出路口的全量交通数据，建立智慧交通系统，可以提高城市管理的效率。美国学者 Vazifeh、Santi 和 Resta 等（2018）[194]根据纽约市超过 1.5 亿次出租车行程测算可得，若乘客接受等待的时间为 5 分钟，超过 60%的行程可以采用共享出行实现，缓解交通拥堵，并节约超过 20%的出行时间；当自动驾驶汽车市场渗透率达到 10%时，可减少交通流量 15%；当市场渗透率达到 90%时，可减少道路拥堵 60%，相当于节约大约 27 亿小时的出行时间。

---

① 资料来源：MIT 公开访谈《SPECIAL INTERVIEW WITH CARLO RATTI ON SENSEABLE CITY LAB MIT》，全文网址 https://www.carloratti.com/wp-content/uploads/2015/07/20150420_ WorldArchitecture.pdf。

② 资料来源：《中国一线城市共享汽车出行分析报告》，由交通运输部科学研究院、TOGO 途歌共享汽车平台企业联合发布。

可见，共享汽车可以优化城市空间布局，减少城市交通拥堵，降低城市出行成本。

2. 与公共资源的冲突

由于人们对共享汽车只有使用权而没有所有权，若是驾驶员在使用共享汽车后发生问题很难明确责任，例如，私家车主与共享汽车发生摩擦后，面临共享汽车驾驶人肇事跑路无处索赔的境况，因为共享汽车的驾驶员对车没有所有权，容易出现弃车逃走的现象，共享平台又不是直接责任人，也可能出现拒不认账的情况，这对于普通私家车的车主而言是很难维护自身权益的。

由于当前公众对共享汽车的认识尚不足，而且许多共享汽车平台的服务没有按照行业规范进行，因此许多共享汽车的租赁点都出现了汽车长时间停放、充电设施闲置的情况，造成了共享汽车资源的浪费，这种“僵尸”共享汽车的停放，不仅没有充分利用城市空间资源，反而对有限的停车资源是一种挤占和浪费。

另外，目前共享汽车大都为新能源汽车或插电式油电混动汽车，这类汽车的大量使用还可能带来的问题是大幅增加城市的用电压力，造成供电紧缺。

8.1.3 共享汽车平台自治理的缺陷

当安全和信用问题无法得到保障时，共享汽车就无法实现规模化和有效率的长效运营。

从安全角度而言，许多共享汽车的维护不到位，造成用户使用过程中出现抛锚、爆胎等问题，不仅会降低用户对平台的信任，而且会给用户带来极大的安全风险。另外，当出现使用问题时，平台后续的服务不及时，无法做到普通汽车4S店的服务标准，也让用户对共享汽车平台心存疑虑。这些是目前共享汽车平台自治理难以克服的问题所在。例如，作为EVCARD共享汽车的运营方，环球车享汽车租赁有限公司在提供服务时曾出现未能准确核实驾驶员身份、借用他人驾照冒名注册的司机，该司机的实际情况是无证驾驶，最终酿成车祸。平台企业如果不能对驾驶员进行身份准确核验，极易给道路安全留下隐患。尽管平台方已经申明“注册人信息要保证真实有效，不得出借账号，所造成的后果均由用户自行承担”，但这类申明对驾驶人员起到的监管作用较为有限，仍存在较大的安全漏洞。

从信用角度而言，共享的基础在于相互信任，当公众对平台的信任开始崩塌，退押金潮就在所难免，一旦出现信用缺失，会迅速增加押金的退还额度，造成平台企业资金链的迅速断裂，濒临破产，然后平台加速进入了信用完全丧失的恶性循环。自 2017 年以来，已经有多家共享汽车平台因为退押金难被投诉，被列入失信企业黑名单，如“TOGO 途歌”“立刻出行”“优驰共享汽车”等。用户对共享汽车平台信任的丧失，除了受到一些负面新闻、平台停运等直接影响外，日常使用过程中的体验不佳也是诱因。根据调查，66. 67%的用户认为高峰时段找不到空闲的共享汽车，正所谓“车到用时方恨少”；53. 33%的用户认为停车位和充电桩极度缺乏，使用共享汽车远距离出行并不方便；46. 67%的用户认为共享汽车的 APP 存在问题；41. 67%的用户觉得车内环境脏乱、不干净、有异味；40%的用户认为共享汽车在使用时收费/押金过高等①。可见用户对目前共享汽车的满意度不高，体验感不佳，从而降低了用户对共享汽车的使用意向和信任。

8.1.4 有关汽车座位的共享

目前市场中还存在一种对汽车座位的共享，即“顺风车”模式。顺风车模式更贴近于传统出租车，从共享方式而言，用户使用顺风车比自己租整车更为简便，但这种模式尚无有效的行业规范，近年国内外的顺风车平台也曾出现多次的失信行为，因此逐渐淡出公众视野，但不可否认的是，这的确属于一种典型的共享经济模式。下面简要分析顺风车模式的自治理问题。

1. 顺风车模式的成本优势

随着城市化进程的逐渐深入，人们的生活空间不断向城市外围转移，日常出行对汽车的需求不断增加。

---

① 数据来源：勾钰，秦雅琴，章涛. 共享汽车影响下居民出行行为特征分析——以昆明市呈贡大学城为例［J］. 物流科技，2019，42（7）：103－106，110.

顺风车对车主和顾客两方都具有成本优势。对车主而言，在日常通勤中车上座位的闲置率较高，顺风车车主获取的座位租金收益可以抵消出行的可变成本，如路桥费、汽油费、电费等，同时还兼具一定的社交功能。对顾客而言，乘坐顺风车通常比出租车的车型更好，乘坐体验更舒适，更重要的是比出租车价格便宜。

2. 顺风车存在许多的制度漏洞

(1) 顺风车改变了私家车的营运性质。私家车原本作为家庭自有资产，是不具有经营性质的，因此私家车能否以盈利为目的进行载客，目前是没有法律依据的，目前的大部分顺风车都介于合法出租车和非法“黑车”之间的灰色地带。

(2) 私家车的营运对出租车构成不正当竞争。出租车作为商业性营运车辆，有严格的准入标准，包括对司机的考核要求、执照要求、驾龄要求等，如交通运输部出台的《出租汽车驾驶员从业资格管理规定》。相比而言，顺风车却没有明确的准入门槛，部分提供互联网专车服务的平台仅对自己营运的车辆有简单的要求，与出租车准入相比门槛过低。

(3) 顺风车的安全问题是形成政府强管制的源头。2018 年滴滴顺风车因为一起安全事故下线，2019 年 11 月，滴滴顺风车宣布回归，尽管增加了营运时间限制等措施，但仍然无法完全解除大众对顺风车安全的疑虑。如何考察车主的信用记录、犯罪记录，如何保证车主和乘客的双方安全，是顺风车持续运营面临的最大问题。

此外，顺风车还容易出现逃避税收、税收监管难度大等一系列其他问题。这些都限制了顺风车业务的有序发展。由于顺风车目前处于行业低谷，准入和税收等类似问题在共享汽车中也存在，因此后文对此合并讨论。

8.2 共享汽车平台自治理与政府治理的协同

8.2.1 相关政策汇总

2016 年，美国交通运输部发布 *Mobility City* 报告，希望将底特律从

"汽车之城"转型为高效率的"出行城市"，并通过采用智能驾驶技术为市民提供公平且更加清洁、高效的出行解决方案。报告提出的九项策略包括建设 ICT（Information Communication Technology）基础设施、提供互联的自动驾驶电动车辆、探索共享出行商业模式、用智能网联技术优化停车和行车路线、开发一体化的出行服务平台、建立公交信息亭和车站互联的公交系统、制定智能交通管理解决方案、开发 3D 街道定位和交通管理协议、提升智能互联的物流运输能力。可见未来智能出行成为全球的行业大趋势。

本节重点梳理中国对共享汽车平台行业的政策。表 8－6 和表 8－7 分别汇总了国家和地方出台的有关共享汽车领域的政策。

表 8－6　共享汽车领域国家出台政策汇总

时　间	部　　门	文 件 名 称	相 关 内 容
2017.06	交通运输部	《关于促进汽车租赁业健康发展的指导意见》	规范汽车租赁车辆管理；落实汽车租赁身份查验制度
2017.08	交通运输部、住房城乡建设部	《关于促进小微型客车租赁健康发展的指导意见》	明确要求鼓励分时租赁发展。充分认识发展分时租赁的作用、科学确定分时租赁发展定位、提升线上线下服务能力、建立健全配套政策措施

表 8－7　共享汽车部分地方出台政策汇总

地 区	名　　称	发布时间	内 容 摘 要
北京	《北京市"十三五"时期交通发展建设规划》	2016.07	北京市明确鼓励"互联网+出租汽车"发展，创新出租汽车服务方式，探索发展高端预约出租汽车和无障碍出租汽车
上海	《关于本市促进新能源汽车分时租赁业发展的指导意见》	2016.02	鼓励在具备条件的加油站配备公共快充设施，为分时租赁车辆充电提供便利； 在高架桥孔、道路停车场、单位内部停车场、公共停车场（库）、大型商场、超市、商务楼宇、文体场馆等均可设立充电设施

续 表

地区	名 称	发布时间	内 容 摘 要
广州	《关于征求促进广州市共享汽车（分时租赁）行业健康发展的指导意见》	2017.10	鼓励停车换乘（P+R）停车场、政务中心、交通枢纽、旅游景点、酒店及公交欠发达区域公共停车场为分时租赁车辆停放提供便利； 对使用新能源车辆开展分时租赁的，按照新能源汽车发展有关政策在充电基础设施布局和建设方面给予扶持； 鼓励政府机关、公共机构和企事业单位充分利用内部停车场资源，规划建设新能源汽车专用停车位和充换电设施，并与分时租赁经营者合作，提高充电桩使用率，支持利用分时租赁公务出行； 鼓励分时租赁经营者通过兼并重组、合资合作、上市融资等方式，提升规模化水平，加强上下游行业及相关行业联动
深圳	《深圳市汽车租赁管理规定》《关于规范分时租赁行业管理的若干意见》	2017.07	提出鼓励汽车租赁经营者使用新能源汽车开展租赁服务，租赁公司定时上报车辆故障、事故数据至政府监管平台，政府主管部门定期公布相关数据
惠州	《惠州市网络预约出租汽车经营服务管理实施细则（试行）》	2017.07	为鼓励促进租赁自行车规范发展、引导市民健康有序出行，其共提出四十一条意见和要求
天津	《天津市新能源汽车产业发展三年行动计划（2015—2017年）》	2015.04	支持组建新能源汽车专业化租赁公司，支持已有汽车租赁公司投资新能源汽车业务，通过采取分时租赁、以租代购等形式推广应用新能源汽车

8.2.2　政府与共享汽车平台企业的协同治理

1. 共享汽车平台的准入问题

从表 8-6 和表 8-7 可以看出，政府已经开始加强对共享汽车平台的重视程度，尤其体现在规范汽车租赁车辆管理方面。一方面，政府明确指出应按照相关法律法规和技术标准规定到公安机关办理登记，车辆需要通过安全技术检验、环保检验；需要按照登记的使用性质购买交强险、第三者责任险等相关保险，这些都是对汽车的准入规制。另一方面，汽车租赁经营者应当具备身份查验所需的设施设备，对承租人提供的有效证件原件进行查验，并将有关信息在车辆租赁合同中记录，并载明、核对所有驾驶人身份证件和驾驶证信息，这是对租车人员和平台的准入规制。

从运营角度而言，政府明确鼓励汽车租赁企业与保险公司根据汽车租赁业务特点和风险大小，开发保险产品，提高汽车租赁经营者抗风险能力，保障承租人合法权益。汽车租赁经营者自身应加强对租赁车辆的日常使用管理，建立租赁车辆技术档案，定期进行检测维护，确保租赁车辆性能及安全状况良好，车容车貌卫生整洁。同时，租赁车辆应交给经过身份查验的承租人，对身份不明或者拒绝身份查验的，不应提供汽车租赁服务。这些都是从安全性角度对共享汽车的准入规制。

2. 共享汽车平台的税收问题

早期滴滴顺风车之所以受到行业诟病，一方面是因为安全性没有保障，另一方面是对传统的出租车行业造成不公平的竞争，以至于全球多地的出租车司机都对共享汽车进行了抵制。与出租车需要取得严格的经营执照、缴纳税费相比，顺风车、共享汽车行业并没有严格的准入和税法可依，因此在同样获得经营收益时，共享汽车的运营成本大大低于传统的出租车。

财政部、国家税务总局发布的《关于交通运输业和部分现代服务业营业税改征增值税试点应税服务范围等若干税收政策的补充通知》明确了出租车公司向出租车司机收取管理费用的规定，出租车属于出租车公司的，按照“陆路运输服务”征收增值税。

目前税收标准中，共享汽车平台属于小微型客车经营者，经营仅收取租赁费用，不提供驾驶劳务，属于“有形动产经营租赁服务”，因此根据财税〔2016〕36号《关于全面推开营业税改征增值税试点的通知》，小规模纳税人征收率为3%，为了实现有效征管，这部分个人所得税采用了以代扣代缴为主、纳税人自行申报纳税为辅的征收方式。

共享汽车这种代扣代缴、自行申报的缴税方式与出租车相比，有许多不适应之处。首先，税收边界不够清晰。共享汽车的司机有很多是兼职的，司机的所得究竟属于个人所得税的哪一个具体项目难以划分，提供的服务在增值税中到底属于交通运输业增值税还是现代服务业增值税都处于模糊的地带。其次，共享汽车依托互联网交易，无纸化交易为税收监管带来不便。发票作为税收的主要凭证，在追求高效率的共享汽车行业几乎较难见到，监管方仅能依托手机订单确定服务，但因为缺失票据，增加了税收监管难度，如车主可能为了规避税收，要求已上车乘客取消订单，进行线下收款。再次，纳税主体较难确定。目前共享汽车平台上接入的私家车司机仅需要简单的注册和登记即可提供服务，获得盈利，并没有去税务机关进行登记，因此税收对象没有明确区分平台为主体还是司机为主体。最后，目前的技术漏洞也为避税提供了可能。

因此，为了维持行业秩序，保证公平竞争，政府除了需要提高共享汽车的准入门槛，还需要对共享汽车赚取的收益进行合理、合规的征税，以维持行业的平稳运营。

8.2.3 政府、平台与社会对共享汽车的协同共治

除了政府和平台自身，社会公众的参与、监督和反馈也是有助于共享汽车协同发展、可持续发展的重要力量。

从城市公共资源协调的角度而言，各地交通运输部门可以会同住房城乡建设（规划）部门综合考虑城市经济发展、交通出行结构、汽车保有量、停车资源等实际，在坚持公交优先发展战略的前提下，考虑共享汽车非集约化出行的特点，合理确定共享汽车在城市综合交通运输体系中的定

位。通过研究，可以建立共享汽车与公众出行需求、城市道路资源、停车资源等相适应的车辆投放机制，使其与城市公共交通、出租汽车等出行方式协调发展，形成多层次、差异化的城市交通出行体系。

从技术应用的角度而言，共享汽车的经营者应具备强大的线上服务能力。首先，需要通过更准确的技术手段落实承租人身份查验制度。其次，通过大数据分析，强化车辆智能组织调配，动态优化车辆布局，实现不同时间、不同区域间的车辆供需平衡。最后，平台可以依托技术推广应用“电子围栏”方式，设立虚拟停车区域，引导用户有序停车，加强停车管理。同时，智能化技术可实现车内提供娱乐、办公等其他服务，提高消费者的出行满意度。

从平台运营的角度而言，共享汽车的经营者应具备线下运营服务能力。首先，通过运营人员日常巡检、车辆自检等方式，确保车辆安全状况良好。其次，建立完善车辆调度、维修、救援、回收机制和流程。再次，采用安全、合规的支付结算服务，确保用户押金和资金安全，确保用户个人信息安全。最后，通过线上、线下的有效对接，充分利用智能化技术，实现自动寻车、车位管理、自动停车、自动充电等功能，实现车辆的自动调度，提高运营及管理效率。

此外，平台还可以集中车辆运行数据、消费者使用特征、充电、交通等信息，充分发挥大数据优势，提升出行服务，推出定制化出行服务方案。

社会共治一方面需要社区鼓励城市商业中心、政务中心、大型居民区、交通枢纽等人流密集区域的公共停车场为分时租赁车辆停放提供便利；另一方面还需要通过优惠城市路内停车费等措施，推动租赁车辆在依法划设的城市路内停车泊位停放，在不增加城市道路拥堵、不影响其他社会车辆停放的情况下，提高路内停车泊位的使用效率和租赁车辆使用便利度。

综上所述，通过平台自身不断完善内部制度，政府从安全性角度维持公平竞争，社会公众的不断反馈和监督，可以实现汽车共享平台较为有效的多元协同治理。

8.3 城市共享单车平台的自治理

共享单车致力于为市民短途出行提供便利，在倡导绿色、环保理念的同时，体现了强大了公共服务能力，但单车平台本身并不是完全提供公共产品的政府部门，因此对该平台的治理视角较为特殊，既要考虑企业的经济效益，又要考虑社会服务。自2016年、2017年以来共享单车过度的资本涌入、企业的“跑马圈地”等问题造成共享单车过度投放，挤占许多公共交通资源，不仅没有实现绿色环保理念，反而造成新的资源浪费。对此，共享单车平台企业如何定位，政府如何监管，社会如何治理，是该行业能否实现可持续发展面临的焦点。

8.3.1 城市共享单车平台自治理的内容

1. 共享单车平台的预期收益

作为互联网经济下的新生事物，共享单车与前文所述共享汽车、共享住宿的发展基础一样，都是依托互联网新技术、手机智能终端，将传统的短距离出行需求与供给进行资源整合，并从中获利。无论是目前仍在运营中的哈啰单车、美团单车，还是2016年、2017年非常热门的摩拜单车、ofo小黄车，其显性盈利来源主要有三种方式。

第一，依赖单车本身的租金获利。这是共享单车平台获取收益最直接的方式。早期摩拜和ofo的租金主要基于时间或千米数的双向收费，目前仍在运营的共享单车大部分是以时间作为收费依据，整理2019年部分共享单车的收费得到表8－8。

表8－8 部分共享单车和公共自行车的收费价格表（2019年11月）

单车品牌	日常价	打包价	车辆管理费
哈啰单车	起步价为15分钟内计1.5元，超过15分钟后每15分钟计1元	20元/月，不限次数，每次前2小时免费	2~50元/次

续 表

单车品牌		日 常 价	打 包 价	车辆管理费
美团单车		起步价为 15 分钟内计 1 元，超过 15 分钟后每 15 分钟计 0.5 元	30 元/月，不限次数，每次前 2 小时免费	5 元/次
ofo	官网	1 元/时	20 元/月，每天前 20 次免费，每次前 2 小时免费	20 元/次
	武汉	起步价 0.5 元，时长费 0.5 元/分，里程费 0.5 元/千米，一小时内 2 元封顶	20 元/月，每天前 20 次免费，每次前 2 小时免费	无
永安行	上海	每 0.5 小时计 1 元，每日 20 元封顶	每 15 天计 79 元，每天 2 次，每次前 30 分钟免费	8~15 元/次
	江苏	每 0.5 小时计 1 元，每日 5 元封顶	每 15 天计 79 元，每天 2 次，每次前 30 分钟免费	8~15 元/次
	河南	每 0.5 小时计 0.49 元，每日 5 元封顶	每周计 5 元	1~5 元/次
北京公共自行车		1 小时内免费，超出 1 小时后 1 元/时，每日 10 元封顶	无	未知
杭州公共自行车		1 小时内免费，1~2 小时计 1 元，2~3 小时计 2 元，3 小时以上计 3 元/时	无	未知

注：车辆管理费指用户如果违规将共享单车停在禁停区[①]超过 2 小时，平台会从用户余额中直接扣除一笔费用作为惩罚，若余额不足，会扣减为负值，直到充值后才可继续使用。

---

① 禁停区是目前共享单车平台为了规范车辆管理、配合政府有关部门的管理、考虑平台本身的运营需要、在运营区域内设置的禁止停车区域。用户可以从平台软件中的地图看到禁停区范围和具体地址，一旦进入禁停区平台会发送提醒。例如，美团单车允许用户有一次禁停区罚款豁免，如果用户在 2 小时内将车带出禁停区可以退还车辆管理费；哈啰单车划定了服务区，骑出服务区将会收取 2~50 元的车辆调度费，根据骑出服务区的距离进行实际扣费。

表 8－8 中，哈啰单车和美团单车的时间计费以 15 分钟为限，可见主要针对的是短距离短时间的出行需求。除了按此支付，各共享单车平台也根据用户使用习惯推出了按月或按周支付的打包价。进一步对比共享单车与北京、杭州的公共自行车，可以发现由政府提供的公共自行车比共享单车提供的服务更具公益性，如两地的公共自行车都有一小时内免费使用的规定。但是超过一小时后的收费比共享单车的平均费用要高。

另外值得关注的是，自 2019 年起大部分共享单车平台都增加了车辆管理费或调度费制度，对用户违规停放进行适当惩罚，加强了对共享单车停放的规范，减少用户将单车停放在服务区外或禁停区内的行为。公共自行车对此方面的管理方式不同，以杭州为例，杭州公共自行车大都以有桩还车方式为主，出现违规停运的情况较少，因为如果不进入还车点或电子围栏范围内将无法成功还车，会对用户持续计费。

第二，依赖押金或投资带来的融资收益。早期共享单车都会向用户收取一定金额的押金作为使用的信用保障，这部分押金大部分用于平台企业进一步扩大规模，或者进行再投资，从而带来更高的利润。但是，由于押金的特殊性，一旦企业出现失信行为，用户会大规模申请押金退回，直接倒逼企业资金链断裂，企业无钱退还押金，又会加剧信用降低，造成恶性循环，导致大量企业的直接倒闭。这与共享汽车退押金风波的逻辑是一致的。因此利用押金获利的收益模式目前逐渐受到政策的严格管控。

第三，依赖平台的其他业务（如广告）获利。共享单车的投放数量是巨大的，在城市中已经形成一定的形象效应和规模效应，因此有平台在投放的单车上印刷合作伙伴或投资方的广告，从而赚取广告费，或为合作方带来间接受益。

此外，共享单车还存在两点潜在盈利来源。

一是公益价值。由于共享单车的出现可以极大缓解短途交通的压力，解决城市交通出行“最后一公里”的难题，与公共汽车形成补充，同时对环境有益，无空气污染，无噪声污染，因此从外部性角度而言，对社会是有正向输出的公益价值。这部分正外部性不断增加了环保主义者对共享单车的好评，但尚未给平台带来切实收益。

二是数据价值。用户在使用共享单车时需要进行注册，绑定银行卡、支付宝等付费软件，同时会输入常用地点，形成个人骑行的路径规律。这些信息无形之中都会被共享平台掌握，用户规模越大，数据信息越有价值，对这些信息、数据的深度挖掘会给平台带来源源不断的收益，帮助企业调整策略。例如，平台可以通过分析用户的使用习惯，有针对性地增加或减少单车的空间布局数量或布局密度。

2. 共享单车平台的预期成本

目前大部分共享单车平台都有自主品牌的单车，如美团、哈啰等，因此单车的造价成为大部分共享平台除技术之外的主要成本来源。

2016 年摩拜单车官方披露的单车成本在 1 000 元，根据 8.3.1 节表 8－8 中单车平均运营价格可以看出，平均 1 元/时的价格，每辆单车要骑行 1 000 小时才会收回成本，按每天每车被骑行 3 小时计算，要将近一年才能收回一辆单车的成本，还不包括因此造成的折旧和恶意破坏。平台为了扩大市场份额，不断增加投放量，单一个城市的投放就以千万计，这对平台经营的资金周转提出了极大考验。

进一步对比美团单车、ofo 小黄车和哈啰单车的成本构成可以发现（表 8－9），哈啰单车的成本效率较高，在质量不输于美团单车的前提下整体成本较低。作为三家单车企业中起步最晚的一家，哈啰单车充分了解供应链、生产工艺和流程，与制造商谈判时拥有更强的议价能力。例如，哈啰单车选取日本原产链条，价格略高于中国昆山生产的链条，但是有较低的延展率和损坏率，不易生锈，因此降低了后期运营的成本。三家共享单车企业中 ofo 小黄车的成本最低，但是过低的单车成本会降低质量，为日后维护带来隐患，反倒造成更大的损失。根据企鹅智库的调研，ofo 小黄车与美团单车用户上报车辆故障的概率分别为 39.3%和 26.2%。同时，依据《共享自行车服务规范》，共享单车连续使用 3 年强制报废，1 年平均至少损减 33.3%。

表 8-9 部分共享单车的造价①

单位：元

品　牌	车　架	轮　胎	传动轴/链条	智能锁	太阳能板	嵌入式芯片	GPS 模块	SIM 卡	总成本
美团单车	350	45	160	320	45	45	20	5	990
ofo 小黄车	200	15	10	225	0	45	0	5	500
哈啰单车	310	30	15	320	45	55	20	5	800

除了单车的造价，平台的前期预期成本还有技术投入、手机软件开发等，即与其他共享平台类似的成本投入。后期的投入主要在平台运营、车辆磨损等方面。由于单车的使用折旧与质量息息相关，因此 ofo 造价较低的单车在市面上的磨损率最高，当投放单车的总体规模越大，损坏的单车数量越多，后期的维护成本也越大。这造成 ofo 的成本效率远低于其他单车平台。

与公共自行车相比，共享单车的无桩还车点不需要布置相应的固定设备，因而比公共自行车的前期成本低，但目前为了避免违规停车、乱停车的情况，已有部分共享单车开始启用电子围栏等方式，规范用户的停车行为。

3. 共享单车平台的内部规范

从用户端而言，共享单车平台提供了更自由、便捷的租车和还车模式，尤其为大城市中依赖公共交通出行的上班族们缩短了从目的地到地铁站/公交枢纽的短距离出行时间，因此共享单车在城市空间中的布局密度、位置是尤为关键的。

由于共享单车的停放具有明显的流动性，因此 2018 年 9 月，多家共享单车企业代表联合发布《共享单车行业规范停放承诺书》，对单车的停放进行行业内部规范。承诺书的主要内容包括：① 遵守城市管理法律法规规定，积极配合政府监管，接受社会监督；② 合理有序投放车辆，匹配城市空间承载能力、停放设施资源、公众出行需求等；③ 落实对车辆停放管理的责任，配备与车辆投放规模相适应的线下运营维护力量；④ 及

① 资料来源：http：//baijiahao. baidu. com/s? id = 1597959675351869650&wfr = spider&for = pc。

时清理违规停放车辆，保持车身清洁；⑤ 及时维修损坏车辆，定期回收闲置车辆、报废车辆；⑥ 积极研发新技术，提高车辆停放定位的精准度；⑦ 构建信用管理体系，引导用户规范停放车辆；⑧ 服务群众出行需求，推动城市市容环境秩序共建共治共享内容。

除了规范停车行为，目前许多共享单车平台开始对用户使用的安全性进行预先警示，引导用户安全出行。例如，ofo 小黄车的平台应用程序中，在首页的显眼位置标注了倡导的 8 个安全行为，包括：① 未满 12 周岁严禁上路；② 不要骑车通过人行横道；③ 汽车时不要双手撒把；④ 不要骑车上高速/高架；⑤ 不要闯红灯；⑥ 不要戴耳机骑车；⑦ 不要逆行；⑧ 不要占用机动车道等。

除了安全预警和停放承诺，共享单车目前的内部规范仍然较为薄弱，且目前共享单车平台以投放任意品牌新车为主，对闲置资源的利用程度还远远不够，应该尝试回到原来对接闲置自行车资源的初衷，降低运营成本。许多私人自行车、助动车的使用效率与私家车类似，普遍较低，大多用于早晚通勤，每周使用次数在 10 次左右，因此如果接入共享平台，可以有效提升现有单车资源的使用效率。

4. 共享单车平台的供给制度优势

共享单车的第一个供给优势是依赖互联网技术和对市场的敏锐性，比政府公共自行车的投放更为灵活。图 8－4 通过对比共享单车与公共自行车，发现共享单车的投放数量更多、受到限制更少、还车更灵活、时间效

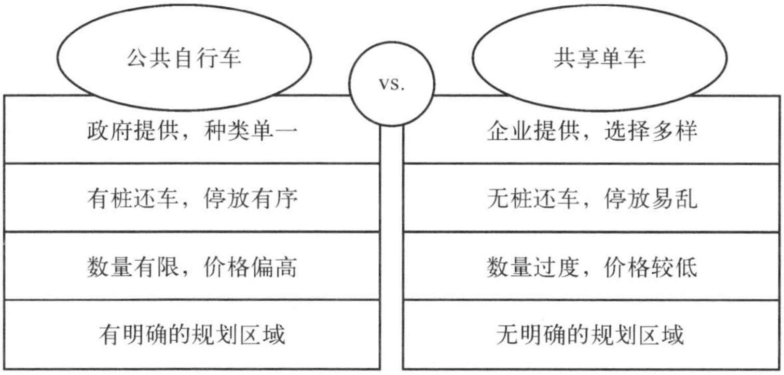

图 8－4　共享单车与公共自行车对比

率更高，但车辆易损坏，容易为了挤占市场份额出现过度投放。

共享单车的第二个供给优势是对接相关产业，带动产业链上下游协同发展。与共享单车相关的行业包括自行车制造业、物流配送业、运维服务业、智能锁等配件制造业、电子围栏智能硬件业和资源回收业等。单车的大批量投放对于相关行业的需求大幅度增加，也带动了相关行业的就业率提升。

共享单车的第三个供给优势是增加资源利用效率。中金普华产业研究院的报告曾估计，2017 年共享单车全国日均订单 5 000 个，每辆单车骑行频次大于 3 次/日，用户累计骑行约 50 亿千米，减少碳排放 80 万吨。采用“共享单车+地面公交”方式较“步行+地面公交”方式提升效率约 18.6%；采用“共享单车+地铁方式”较全程私家车方式提升效率约 17.9%；采用“共享单车+地铁”方式较“步行+地铁”方式提升效率约 15.8%[①]。因此共享单车的确有效提高了居民出行的便利程度和时间效率。

5. 共享单车平台的可信承诺与相互监督

从用户端来看，共享单车平台对用户信用的识别程度较弱。大部分平台的用户注册要求仅为手机号验证及绑定支付渠道，部分要求免押金的平台会对接支付宝信用账户，要求信用分高于 600。相比于公共自行车上百的押金和身份证注册制度，共享单车的用户信用规范度较低。这也是部分共享单车出现大量破损、丢失甚至恶意破坏的主要原因。共享单车最新规定的车辆禁停区域加强了用户停放承诺规范，这有利于共享单车的规范运营和与城市管理的协调。

从平台自身而言，可信承诺是平台上披露的单车信息有相应的质量标准和真实性保障。ofo 小黄车被用户投诉最多的原因是无法根据车辆定位找到可骑行的单车，这与 ofo 平台提供的单车质量有关，也与平台没做好后期运营维护的工作有关，容易失去用户对平台的信任。

共享单车平台对用户的监督主要包括按时支付租金、按规定停放车辆等方面，但目前对于失信行为较难反馈给相应的信用部门，记录失信档

① 数据来源：http://www.sohu.com/a/195207906_662385。

案。用户的监督体现在可以通过手机端反馈单车的质量问题，遇到有质量问题的单车可以通过应用程序及时反馈给平台，有利于平台及时对有质量问题的单车进行维修或回收。例如，美团单车在手机应用端设置了工具按钮，用户点击按钮可分类上报车辆故障，如分开上报锁、刹车、链条、脚踏、二维码、车把、车轮损坏等问题，哈啰单车还可单独上报单车被上私锁等问题。

8.3.2　共享单车与城市公共资源的协调和冲突

共享单车的出现对城市公共交通出行产生了诸多影响，包括协调公共资源提高出行效率等有利的影响，也有对公共资源出现挤占、破坏交通秩序等不利的影响。

1. 与公共资源的协调

共享单车可以缓解城市交通的拥挤，提高出行效率。随着共享单车的出现，越来越多的人群选择骑共享单车，这有效解决了因交通堵塞带来的问题，极大地节省了人们的时间。共享单车在城市的分布点比较多，也比较分散，相对于公交车、公共自行车规范的停放点，共享单车更便于用户快速找到，体现了共享单车对于短途出行的便利性。在共享单车出现以前，人们多以步行或打车的方式解决从公交站到目的地的短驳问题。现在多了共享单车作为出行工具，这有利于缓解早晚高峰时间段的拥堵，增加居民的出行选择，提高居民的出行效率。

共享单车具有低碳、环保、便捷、舒适的绿色出行特征。具体的环保度可以用同等骑行距离进行换算，同距离出行采取步行会增加出行时间、降低效率，采取打车则会增加碳排放、不够环保。因此共享单车在节能减排方面的环保性是其具有的核心优势，也是城市经济绿色发展的助推力。

2. 与公共资源的冲突

近两年大量共享单车企业为了迅速占据市场，快速扩张出行业务，导致了一些城市共享单车过度饱和，所谓“成也便捷，乱也便捷”。人行道、马路边、公共休闲草坪都可以看见乱停放的共享单车，许多城市的垃圾回收站也能看到堆积如山的报废单车。这种由不良用户行为带来的乱停乱放、质量损毁问题严重影响到了公共交通秩序与市容市貌，同时也为共享单车企业的正常运营带来了巨大的成本消耗。

从城市空间布局来看，郊区共享单车较少、损坏率高，且城市郊区的公共交通不及之处很多。例如，在上海徐汇区、黄埔区等中心城区的地铁站可以看见成片的共享单车，但在上海宝山区、嘉定区等郊区，却很难在地铁附近找到可用的共享单车，人们不得不通过步行或者打出租车的方式抵达目的地，这些地区对共享单车的用户体验感差。此外，许多城市并没有专门划分单车骑行道，这极不利于使用共享单车的用户，由于公共道路空间有限，有时共享单车不得不跟私家车、汽车一起出行，用户的安全会面临无法得到保障的问题，可能因此放弃共享单车的使用。

随着居住区及公共场所对共享单车实施“禁入令”，城市部分地铁站、居民楼、公交站、办公楼附近也纷纷竖起“禁止共享单车停放”的标示牌。许多用户也反映找停车位难的问题，目前公共交通站点附近的停车位较为紧缺，接驳停车较为困难，共享单车似乎慢慢背离了方便用户出行的初衷，停车难、用车难现象层出不穷。

8.3.3 共享单车平台自治理的缺陷

共享单车平台自治理的主要缺陷包括以下两方面。

(1) 共享单车乱停乱放给城市交通带来了外部性问题，如无序投放挤占公共空间、影响市容等。

(2) 经营企业忙于抢占市场份额，在运营调度、维修维护、回收车辆、督促文明用车等方面，没有投入太多资源。

在共享单车的治理过程中，企业应承担主体责任。但由于共享单车涉及城市慢行车道规划、停放场地设置、骑行者不文明行为管理等问题，因而，共享单车治理难题的解决，离不开政府、企业、社会以及广大市民多方的共管共治。目前交通规划部门对单车骑行的安全性保障措施不够完善，社会信用信息不健全导致无法惩罚个别用户恶意破坏共享单车的行为。因此，企业自身的自治理缺陷、社会和政府的治理难题需要三者相互结合方能突破瓶颈。

8.4　共享单车平台自治理与政府治理的协同

8.4.1　相关政策汇总

共享单车是共享行业中受到政府和民众关注最多的行业之一，下面简要梳理目前国家及地方层面出台的有关共享单车的政策。表 8－10 为共享单车的国家政策。规制的主要部门为交通运输部，规制的目的在于鼓励和规范共享单车的发展，可见国家层面对共享单车行业仍采取较为积极的态度。

表 8－10　共享单车领域国家出台政策汇总

时　间	部　门	文 件 名 称	相 关 内 容
2017.08	交通运输部	《关于鼓励和规范互联网租赁自行车发展的指导意见》	科学确定发展定位；引导有序投放车辆；完善自行车交通网；推进自行车停车点位设置和建设；加强互联网租赁自行车标准化建设；规范企业运营服务；引导用户安全文明用车；加强信用管理；加强用户资金安全监管；加强网络和信息安全保护；明确责任分工；加强社会公众势力；建立公平竞争市场秩序

对共享单车行业出台地方政策的省、市、自治区等包括北京、上海、深圳等一线城市，也包括一些经济较为发达的二线城市，如表 8－11 所示。以北京为例，北京的规制态度也是积极的，并从细节上规范了共享单车的技术要求、停放标准和服务标准等方面。

表 8－11 共享单车领域地方出台政策汇总

地区	名　称	发布时间	内　　容
北京	《北京市鼓励规范发展共享自行车的指导意见（试行）》	2017.09	提出要坚持“市级统筹、属地监管、行业自律、企业主责、承租人守法、多方共治、规范有序”的原则，政府、企业、社会及承租人形成合力，共同促进共享自行车规范发展和管理，共同维护良好城市环境和交通秩序。该文件共六个部分25条，对涉及企业和承租人的各方责任、企业运营服务条件和退出机制、企业规范经营与管理、停放秩序与规定、监管与违规处罚、增设集中停放区车位、行业自律和社会治理等方面予以明确和规范
	《共享自行车系统技术与服务规范》	2017.09	对共享自行车车辆标准、企业运营和政府监管平台、信息系统安全等进行全面规范。主要规定了七个方面内容：车辆与车载智能终端技术要求、承租人客户端功能要求、企业运营平台功能要求、经营服务要求、政府监管与服务平台功能要求、信息系统安全要求及数据接口协议
	《自行车停放区设置技术导则》	2017.09	要求自行车停放区的设置遵循“市级统筹，区级主责”的原则，由各区在综合考虑停车需求和场地实际条件等，不影响行人和车辆通行的基础上，利用临街单位“门前三包”责任区、机非隔离带、行道树设施带和绿化设施带，就近灵活地设置自行车停放区，做到应设尽设。同时，明确了本市自行车停放区设置形式和设施标准
	《基于卫星定位与电子围栏技术规范共享单车管理技术解决方案》	2017.06	该平台依托卫星定位和电子围栏两项技术，综合治理共享单车乱停乱放的问题。“电子围栏”的位置信息已经通过卫星测绘，上传系统；“卫星定位”则采用了北斗和GPS双模定位模式，通俗来说，是指共享单车的智能锁中需要同时具有北斗与GPS两套定位系统，卫星定位设备满足技术要求才能接入共享自行车政府监管与服务平台
	《北京市鼓励规范发展共享自行车的指导意见（试行）》	2017.09	为鼓励、促进共享自行车即互联网租赁自行车规范、协调和可持续发展，从总体要求、各方责任等六个方面提出了要求

续　表

地区	名　称	发布时间	内　　容
上海	《共享单车产品标准》《共享单车服务标准》	2017.03	该文件划出了较高的质量标线、提高了入行门槛。标准明确规定，共享单车一些关键零部件质量要高于国家标准，同时，共享单车使用的紧固件必须加大旋紧力矩，提出防松、防紧、防锈要求
深圳	《关于鼓励规范互联网自行车的若干意见》	2017.04	为促进互联网自行车健康有序发展，鼓励和引导市民绿色出行，打造安全、便捷、高效的城市慢行交通系统，保障各方合法权益，根据有关法律、法规、规章，结合本市实际，提出八条意见
	《深圳市互联网租赁自行车规范管理整治行动实施方案》	2017.09	明确提出在全市范围内开展互联网租赁自行车规范管理整治行动，并从“严格控制车辆规模、加强企业运营监管、规范骑行停放管理、完善基础设施建设、加强宣传文明引导”等 5 大方面提出 22 项工作举措，明确了各部门职责分工和相关要求
	《深圳市互联网租赁自行车行业信用信息管理暂行办法》	2019.07	明确要求加强互联网租赁自行车企业和用户信用管理，建立企业和用户信用管理机制，加强信用信息的归集、共享与应用
南京	《南京市互联网租赁自行车运力规模动态调整实施细则（征求意见稿）》	2019.06	提出每年对各企业的运力实施动态调整，每四年对各企业的运力重新分配
成都	《成都市共享单车运营管理服务规范（试行）》	2018.03	为规范成都市共享单车企业运营管理工作，推动成都市共享单车健康有序发展，提出意见和要求
宁波	《宁波市公共自行车租用办法》	2013.09	为引导市民健康有序出行，提出承租人应当符合承租条件；及时归还车辆；禁止从事不文明行为；禁止危害交通安全的行为

8.4.2 政府与共享单车平台企业的协同治理

1. 准入规制与行业内部规范的协同

从表 8 - 11 来看，北京市明确要求企业共享单车的运营平台应具备大数据分析功能，实时监测车辆运行状态，并将相关数据上报到政府监管及服务平台。未来北京市政府部门将逐渐具备强大技术支撑，同时完善网格化巡视、道路巡查等机制，让来自线上和线下的监管共同形成足够大的压力，促使共享单车企业改变运营方式。

其他城市也逐渐根据城市特点、公众出行需求和互联网租赁自行车发展定位，研究建立与城市空间承载能力、停放设施资源、公众出行需求等相适应的车辆投放机制，引导互联网租赁自行车运营企业合理有序投放车辆，保障行业健康有序发展和安全稳定运行。

2. 外部性问题与行业效率的协同

从共享单车乱停放给城市交通环境带来的负外部性来看，各城市可以制定适合本地特点的自行车停放区，设置技术导则，规范自行车停车点位设置。对不适宜停放的区域和路段，可实行禁停管理。对城市重要商业区域、公共交通站点、交通枢纽、居住区、旅游景区周边等场所，应当施划配套的共享自行车停车点位，规范自行车停放。

另外，为方便居民对共享单车的使用，居住区及公共设施内应当增设合理化、规范化的停车位，并结合电子围栏的设置，减少单车对居住区及公共设施内部环境的影响。在可使用停车面积不足时，可考虑增加双层单车停车设施建设。

3. 城市公共出行体系与共享单车平台的协同

共享单车作为城市公共交通出行系统的补充，通过结合共享单车和公共交通各自的使用数据，可以帮助政府优化公交站点和共享单车停车点的布局，减少居民不必要的通勤时间，例如，同一线路公交站服务的不同小区，有通勤量少的、使用共享单车少的小区，也有通勤量大的、使用共享单车多的小区，通过共享单车平台的大数据分析，可以帮助政府在后期的规划中将站点适当移向通勤量大的小区。

在恶劣天气时，居民会减少对共享单车的使用，对出租车及公共交通的使用需求增加，因此，在恶劣天气条件下，应适当缩短公共交通的发车间隔时间，并且可以对“最后一公里”的线路精细化设计，为有此类需求的线路提供定制巴士、定制拼车等服务，以补充恶劣天气下无法使用共享单车时的绿色出行，与共享单车的使用峰谷实现互补。

8.4.3　政府、平台与社会对共享单车的协同共治

共享单车所连接的资源包括每一个使用者、企业和政府以及背后的投资方，除了企业和政府需要协同治理以外，各个利益相关者之间应该有更多的信息对接方式，避免“企业只放车，用户只骑车”，而不考虑对整体社会利益的影响。如用户在使用共享单车过程中，为了方便而载人或携带超重物品，这种不利的行为对整个社会的行车安全会造成极大的威胁。因此共享单车的有效管理，急需政府、企业、行业和用户共参共治。

社会与企业、政府的共治可以通过建立共享单车停放管理中的正面清单与负面清单来实现。负面清单主要是划定某些区域，如负面清单需要包括安全通道、消防通道、盲道等，这些地方设立为单车的禁停区域，目前已经在部分单车平台上启用。正面清单则指在一些大的地铁站口、人流车流集中的商业中心区域，划定一部分特定区域，专门用来停放非机动车辆，甚至专门设立共享单车停放区等。对未能按照规定停放的车辆，居民可以实时举报，进一步起到规范不良停车行为的作用。

支付宝的芝麻信用目前成为大部分共享单车平台免押金的替代策略。哈啰单车、美团单车、北京和杭州的公共自行车，都推出了支付宝芝麻信用在 600 分以上的用户可以进行免押金骑行的政策。这是平台方和社会企业对用户信用体系共治的典型案例。信用体系不再单纯依赖政府部门的强管制或是依赖道德约束，而是由相关金融背景的互联网企业作为补充，一方面可以帮助平台减少失信损失，另一方面也为政府治理提供助力。

因此，政府应当协同企业，制定相关的政策规定，建立智能的精细化管理平台，例如，设置电子围栏，增加停车引导标示系统，对用户停车规范性进行实时监测，并充分利用共享单车每日大数据。同时做好居民教育

工作，从源头上解决失信问题，为单车规范化管理提供基础。

8.5 小　　结

本章对城市共享汽车平台、共享单车平台的自治理问题进行了较为深入的分析研究，研究了自治理的具体内容、内在机制，并发现共享出行平台的自治理在信用体系不完善、信息不对称、竞争不公平等方面仍存在一些缺陷，因此本书提出由政府治理和社会治理作为补充，与平台自治理相互协同，提高共享出行行业的效率，促进共享出行行业的可持续发展。

第 9 章　城市共享平台的多元协同治理机制

城市治理包括政治、经济、社会和市政等一切活动。对待共享经济平台这样的新业态，城市管理者既不能简单地予以抑制，也不能回避责任放任自流，而是需要从产业发展、社会环境、城市规划等各方面不断完善城市治理的制度设计，促使供给侧、需求侧、管理部门和社会形成合力，破解共享乱象困局。根据前 8 章的研究，目前国际上对共享经济的管制主要基于两个原因，一是由于税收回避、过低门槛等问题对传统行业带来了冲击，主要体现在不公平竞争方面；另一个是由于共享经济与城市空间结构之间相互冲突，带来了负外部性。

针对这两个主要问题，目前的政府管制措施大都相对直接，如直接限制进入、颁布禁令，中国许多城市也出台过相关政策，如叫停共享单车投放、下线顺风车业务等。这种直接干预市场的行为，尽管可以快速解决现有冲突，但也干扰了共享经济行业的正常发展，降低了行业的经济效率。因此，本章尝试从包容式监管的角度，总结前文的治理特点，思考平台企业、政府和社会三方的协同共治，提出初步的多元协同治理机制。

9.1　城市共享平台多元协同治理的前提

第 7 章和第 8 章分别研究了城市共享房屋平台、共享出行平台行业面临的多元共治问题，可以发现不同行业存在治理方法上的共性，本节整合城市共享平台行业的总体特征，总结共享平台行业自治理普遍存在的优势和缺陷，找出城市共享平台进行多元协同治理的必要性所在。

9.1.1 城市共享平台自治理的普遍特征

无论是共享住宿、共享办公，还是共享出行，在行业内部的自治理过程中，都普遍存在一些其他行业所不具有的优势，也有行业发展不成熟带来的缺陷。图 9－1 根据奥斯特罗姆自治理内容的框架，总结了城市共享平台的自治理特征，包括共享平台与城市范围的边界嵌套、对闲置资源多样化信息的有效对接和揭露、技术的关键性作用以及反馈评价机制作为自治理的保证。这四个特征共同构成了共享平台自治理的供给制度优势，让共享平台呈现与其他产业不一样的成本效率优势。

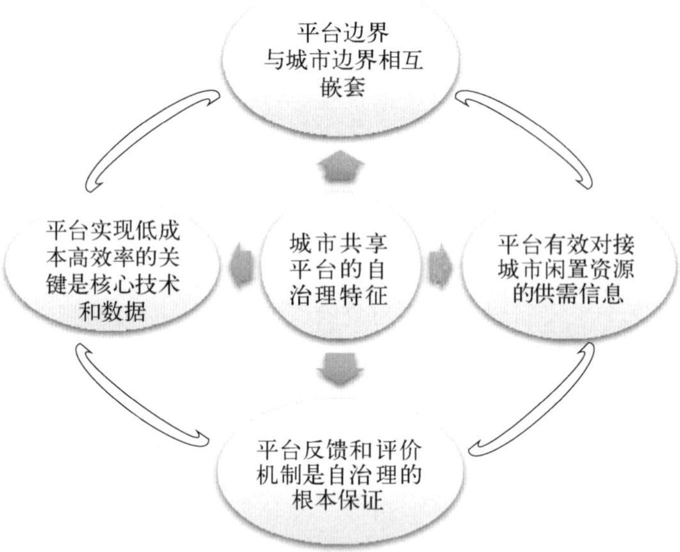

图 9－1 城市共享平台的自治理特征

9.1.2 城市共享平台自治理的普遍缺陷

从前文的分析中也可以看出，目前共享平台运营过程中表现的自治理机制是有其制度优势的，而且与其他产业相比，在解决资源配置等方面有效解决了交易成本过高、信息不充分的问题。但是，由于共享平台的发展仍在起步状态，自治理原则的落实并不到位，社会、政府的外围作用也不够完善，因此目前的城市共享平台自治理存在以下普遍的几个缺陷。

1. 行业自发的准入门槛力度较弱

从自治理的角度看，行业的内部规范是最初步的准入门槛，这种门槛通常用来减少潜在企业对在位企业的竞争，也是在位企业形成先发优势的主要条件。目前共享平台的准入普遍较低，因此潜在企业在看到商机时，非常容易进入行业而造成过度竞争。例如，2017 年共享单车企业的集中爆发和过度投放，不仅加剧了行业竞争，减少行业利润，而且给城市环境带来乱停乱放、挤压交通、影响行人通行等乱象。

从公平竞争的角度来看，准入过低尽管更容易激发市场活力，但对于提供类似服务的传统行业是不公平的，如顺风车与出租车的行业准入门槛、民宿与酒店的准入门槛等均存在较大差异。因此，从不公平竞争和城市资源配置两个方面，都需要设立更完善的准入标准，以规范共享行业。

第 4 章的研究发现并非所有产品都是适合进行共享的，适宜共享需要满足的条件包括：① 较低的折旧率；② 较高的周转率。折旧率越低，意味着单次使用的可变成本较低，资源的保值较好。周转率越高，意味着市场对该产品的需求量较大，单位时间内对该资源的使用频率较高，流动率越高，平台也越容易获得利润。

由此，共享平台内部的准入行业标准设立应增加以下两个方面。

(1) 根据不同的行业特征，给出适宜共享的折旧率范围

规定一定范围的折旧率上限实际上提高了对共享产品的特性和质量的要求。例如，质量越好的共享单车，折旧率越低，损耗越少，顾客使用的体验感越好，交易成本越低。

(2) 评估产品在一定环境、时间段内的周转率

规定一定范围的周转率下限实际上可以帮助企业评估该产品的盈利回收期，周转率越高，企业收回成本的时间越短，越容易突破盈亏平衡点，也越容易让企业能够持续发展。

目前共享行业获得盈利的产品有共享充电宝，行业排名前三家的企业街电、小电、来电均在 2018 年实现了盈利，原因就在于目前顾客对手机

充电的需求很高，尤其在外出旅游、商务出差等对手机需求较高的地方，配置共享充电宝有很大市场空间，同时充电宝可使用的充放电次数多，单次使用的折旧率较低。

2. 税收规避对初创企业而言是本能

由于共享经济的收益非常分散，而且盈利回收期长，因此许多共享平台会利用资深的组织形式，选择有税收优惠的城市进行企业注册，以达到减少缴税成本的目的。这是许多共享平台和产品受到传统行业攻击的最主要原因。

离岸避税并不是什么新鲜事，辉瑞（Pfizer）、默克（Merck）等医药公司和谷歌（Google）、苹果（Apple）等科技公司都存在离岸避税行为，以减少向美国联邦政府缴纳的税款。类似地，Airbnb 依赖自身的经营性质和组织结构，在爱尔兰开设了分公司，通过关联交易转移利润避开了美国35%的税款，也在爱尔兰避开 12.5%的所得税。因为根据爱尔兰法律，跨国公司如果把宝贵的知识产权放在该国备案，公司就可以利用从爱尔兰分公司支付版税的方式，将利润转移到避税港。因此 Airbnb 的绝大多数利润并不是由提供服务的那个国家产生，而是在爱尔兰产生。这一方式对于传统酒店而言是无法做到的，对包括万豪、喜来登等在内的传统酒店而言都是不公平的。因为从市场体量而言，Airbnb 已经连接的短租房屋数量超过了大部分酒店提供的房间数之和，但是获得收益后缴纳的税款却远低于传统酒店。税收成本的差异构成了共享平台企业与传统酒店或旅馆之间的第二类不公平竞争。

3. 行业内的征信体系缺乏强制性

互联网智能终端的使用在大幅度提高便捷度的同时，也对供需双方的信用提出了更高的要求。消费者希望共享产品拥有较为稳定的质量，不存在安全隐患或其他风险。供给方也希望消费者在使用共享产品时能够像使用自己购买的产品一样爱惜、不恶意损害、不强制占用或人为地增加产品的折旧率。

尽管平台已经努力通过引导让用户做出有信用的行为，但是用户一旦失信，付出的成本或代价是非常小的，而且平台自身很难对失信行为的用户进行追踪或者处罚。如用户恶意破坏共享单车的轮胎、二维码，都是很难被监控的。在没有外部法律强制的情况下，平台即使追踪到失信用户的账户，能采取的措施也非常有限，如取消用户未来一段时间或终身的使用资格，这对于用户的威慑力是远远不够的，因为信息不连通，用户甚至可以另外换一个手机号再次注册。实名制是目前许多共享平台为了增加用户信用保障的一个主要方法，但是用户在一个平台被禁用后，可以很快转到其他类似的平台继续使用相关服务，转换成本是很低的，因此共享平台应构建信用联盟，对用户的信用互通有无，从而减少失信行为带来的风险和损耗。

实际上，平台对用户的信用记录可以作为社会信用体系的良好补充，如果平台将有确凿证据的失信用户账户信息及时反馈给政府的社会信用系统，政府经核实将失信行为记录在案，或者建立相应的黑名单，限制失信用户未来的使用，则会增加用户失信的成本，减少失信行为的发生。

9.2　城市共享平台自治理与政府治理的协同

共享平台是一个独立的资源系统，目前系统内部的自治理存在准入、税收、征信等多个问题，需要政府发挥相应作用，实现对共享平台多方位的协同治理。

9.2.1　构建基于公平竞争和安全性的共享经济行业准入机制

除了共享行业本身的技术壁垒、在位企业优势等准入门槛，政府需要协同考虑门槛过低带来的过度竞争、资源占用以及对传统行业的冲击。因此要从实现公平竞争和行业安全的维度，为共享平台设立一层外围的准入屏障。具体包括以下两个方面。

1. 试点城市空间资源利用许可证交易

这是从避免共享平台对城市资源过度占用、合理规划城市空间的角度设立的准入。城市空间资源利用许可证交易与碳排放许可证交易类似。以共享单车的投放为例，政府可以通过发放初始单车的投放权牌照，控制单车投放总量，并允许牌照通过指定的平台进行交易，通过牌照交易价格的高低判定市场需求的变化，从而减少过度投放或投放不足的风险。

假设有两个单车企业，企业 A 和企业 B，在初始投放配额设定下，每个企业每年的单车投放量上限是 100 万辆。企业 A 和企业 B 都严格遵守这一投放量。然而，企业 B 由于市场份额不断增加，投放量很快到达 100 万辆。而企业 A 市场份额不断下降，投放量只需要维持 50 万辆。这时，企业 B 向企业 A 提出购买其多余的 50 万辆的城市空间资源利用许可证。如果城市主管部门允许这一交易，城市空间这一种新的稀缺资源的利用许可证就被创造出来。

城市空间资源利用许可证的本质是投放量的自由转让，由市场来调控，价格由供求来支配，竞争优势企业愿意为许可证支付的价格也越高，而劣势企业会自然地将其手中多余的许可证卖出。根据科斯定律，在这一许可证自由交易的市场中，无论最初的许可证如何分配，只要交易成本为零，最终的市场配置都将是有效率的。这种初始单车投放权牌照实际上就可以称为城市空间资源利用许可证。

许可证交易可以通过公开竞价形式完成，有效防止现有寡头企业的垄断，保证后续创新企业的进入，有利于共享平台市场的竞争。同时，城市管理者通过许可证有偿使用交易收入可以更好地进行城市空间道路的市容保洁服务、街道功能有序使用的维护服务和共享单车有效使用的管理服务，提高城市的管理水平，使共享单车带来的利益在政府、企业、消费者等不同主体间达到最优。

2. 出台共享经济适用的法律法规补充条例

这是从增加共享行为安全性的角度设立的准入。参与共享经济的组织群体一直处于企业和个人、公共和个人之间的“灰色地带”。在这种模式下，服务提供者和参与者均有可能成为弱势群体，安全问题堪忧。

从供给方而言，参与提供共享服务的从业者不能像传统行业的职业工作者一样享有《劳动法》提供的权利保障。共享经济从业者普遍有较大的劳动选择空间，自由度高，不需要依附于企业雇主。因此从业者与平台形成了不具有强制约束力的劳务关系。尽管十分灵活，但一方面对平台而言存在服务的不稳定性，增加了风险，另一方面企业也规避了应当承担的劳动保障责任，增加了劳动者的就业保障风险。对于这种依赖互联网“众包模式”的行业，目前的法律显然不适用，因此出台补充的法律、法规条款，可以规范和限制共享平台企业与从业者，提高服务质量的稳定性和安全性。

对于需求方而言，保证使用共享产品期间的安全性是政府需要考虑的首要问题。参与共享行为，可能出现的安全风险包括人身安全和信息安全两个方面。人身安全风险主要是在乘坐共享汽车、租住共享房间时的安全问题。由于人身安全需求是交易的最基本需求，因此需要政府的强制性规范。如对顺风车司机的无犯罪记录审核需要联合公安系统。

保证信息安全主要是因为参与共享行为容易出现个人信息的泄露。共享行为中的交易双方在互联网平台都是开放状态，每个人都可以在平台上交换信息资源，平台掌握大量用户信息，如果对信息的保护不当，会带来极大的安全隐患。国家信息中心借助“蚂蚁金服平台”对17.4万用户的调查发现，有近七成用户遇到过因使用共享经济产品和服务导致的个人信息泄露。如果信息泄露的风险高，将直接影响公众参与共享经济的积极性。目前监管方缺少对共享经济平台信息泄露的惩戒机制，用户很难维权，因此政府需要从外围强制共享平台增加信息安全的保障力度和技术投入，维护用户的信息安全和交易安全。

9.2.2　因地制宜进行税收调节

全球许多城市和州省的政府官员在共享平台该如何缴税的问题上都绞尽脑汁。税收不平衡带来的传统行业罢工给政府带来极大的压力，因此该怎么征税，税率如何设置，都是难题。

例如，针对税收不公引发传统住宿与民宿之间的矛盾，美国多地颁布了对Airbnb短租的禁令，尽管缓解了行业间矛盾，但这是许多Airbnb房东不愿意接受的，也降低了民宿参与度的活力。如果无法让共享经济平台按照相对公平的方式缴纳税收，不公平性会越来越明显，社会矛盾也会越来越突出。

1. 对共享平台的征税

政府首先需要将共享平台企业纳入普通企业征税范围进行统一管理。其次，根据共享平台获得的收益规模，与传统行业进行对照、匹配，确定合理的税率。再次，根据共享平台是否能够带来正向外部性（如节能减排），衡量正向外部性的大小，设立一定比例的税收豁免。最后，政府可以根据“属地原则”，对共享经济征收调整型税收，激励共享平台将利润部门留在所属地域范围，为当地带来财政收入。

例如，根据交通部科学研究院 2017 年 9 月份发布的研究数据，共享单车推出之后，北京、广州和深圳的拥堵程度分别下降 7.4%、4.1%和 6.8%。此外，在节能减排方面，共享单车使汽油消费量减少 5%~10%①。对这类具有环境正外部性的平台，可以实施部分税收减免政策，以鼓励企业和公众的参与。

2. 对个人参与者获利部分的征税

传统交易模式中，个人销售商品或者服务仅是偶然性的现象，而共享经济中间平台的出现，使得个人在社会生产生活中的角色更加复杂。个人既可以是一个消费者，也可以成为共享商品或服务的提供者，共享经济下个人也有了发票抵扣的需求。传统交易模式下以实体组织为征税对象，采取“以票控税”的增值税以及其他流转税制，难以适应这种交易主体形式的变化。如果再选择由税务机关代开发票的办法，会带来规模巨大的征管成本，也对交易效率产生负面影响。这意味着，政府需要在征收间接税时，建立适应对个人征收的税收法律框架，解决个人提供商品或服务时的流转税管理问题（杨金亮、陈义忠、孔维斌，2017[195]）。

9.2.3 事后管理：惩罚与奖励并举

政府对共享行业的规制目的，应落脚在维持良好的行业秩序以及保护参与者两个方面。由于个体行为在共享经济中占主要部分，一旦交易双方的任何一方出现失信问题，共享行为的风险将会不断扩大。因此政府的主

① 资料来源：http://news.163.com/17/0923/17/CV1KGTUA000187VE.html。

要任务在于构建完善的企业征信体系和个人征信体系，保护共享经济参与方的利益不受损害。

考虑到共享平台的自治理缺乏一定的强制性，因此，政府可以运用行政干预，对破坏正常交易规则的个人、企业或行为做出裁决，用强制性手段进行惩罚。对促进共享行业健康、有序发展的个体、企业或行为进行奖励。

我国已于 2013 年建立了失信被执行人“黑名单”制度，近年来在实施联合惩戒方面不断加大工作力度，对失信人在银行信贷发放、出行、住宿等方面进行限制，形成了社会影响。共享经济发展使失信惩戒机制在更大范围发挥作用成为可能，以此加强失信惩戒机制震慑力并形成示范效应。如果平台可以将个人共享经济活动中的失信行为与社会征信记录挂钩，失信所付出的高昂成本在一定程度上会对个人行为形成外在约束，规范其自觉遵守规则（张杰，2017[196]）。

进一步从规制强度而言，国际上现行的管制方式均过于直接和强硬，如限制进入、颁布禁令等，这种治理途径尽管可以快速解决现有冲突，但也干扰了共享经济行业的正常发展，降低了经济效率。图 9－2 反映了在需求不变的假设下，规制强度与参与广泛程度的关系，可见规制强度太低，会导致市场乱序，安全隐患严重，因此参与的积极性不高；规制强度

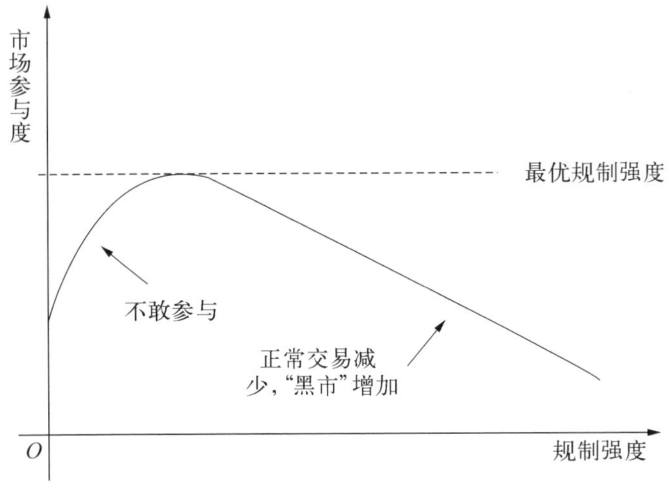

图 9－2　政府规制强度对市场参与度的影响

过高，则会限制有效竞争，减少有效供给，造成正规市场活力不足，反而引致“黑市”频现，因此找出准入途径后，应进一步寻找规制强度与市场活力之间的最优平衡点，这是笔者未来的研究方向之一。

9.3 城市共享平台的社会共治

社会公众作为最广泛的参与者，可以从完善征信体系、社区配套、及时反馈等多个方面，与政府、平台自治理有机结合，实现城市共享平台的多元协同治理。

9.3.1 征信体系的完善与互通

共享经济实质上是一种信用经济，服务的两端无信用则无交易。我国信用体系和相关制度建设还处于初级阶段，而共享经济的出现和快速发展则对信用体系建设提出了更高要求，同时反向助推了我国信用体系的建设。

目前政府构建了企业的统一社会信用代码制度，发展和改革委员会设立的全国信用信息共享平台①连通国家多个部门和所有省区市，“信用中国”网站为社会提供一站式信用信息查询。这些信息已经包括企业的基础信息、行政处罚信息、行政许可信息、红黑名单信息、与金融机构业务往来信息等，提供的都是企业的信用信息。对共享平台行业而言，如何维护好自身的这些信息是关键。

中国的个人社会信用体系还没有像企业信用信息体系那样完善。中国刚刚开始筹建个人信用信息库，但因为体量过大，而且涉及行业、交易、行为众多，快速完善的难度很大，因此需要社会公众、社区民众以及共享平台企业的参与。因为信用系统建设需要强大的技术支持，可以密切结合共享数据征信的发展趋势，充分利用共享经济所产生的信用信息数据，弥

---

① 全国信用信息共享平台依托国家电子政务外网建设，于 2015 年年底初步建成并上线运行，实现各部门和地方信用信息归集、共享、应用，为联合惩戒、联合激励提供有效支撑，提升跨部门、跨地区信用协同监管与服务水平。

补传统征信体系信息来源较为单一的不足，从而完善信用信息，更好地支持共享经济等新业态的发展壮大。

9.3.2　共享配套设施的完善

目前很多共享产品的发展受到限制的原因在于配套设施的缺乏，尤其反映在共享汽车的停车位和电力汽车的充电桩的问题上。

中国已经有部分城市和地区在试点停车位共享。成都市“私家车位”APP 专门提供成都市车位共享，根据他们的调查，成都有固定车位接近 200 万个，在绕城内有不动产权登记的车位就有 80 多万个。私家车位白天空置率 50%，空置时长 8 个小时，白天车位时间价值 2 元/时，夜间空置率 15%，空置时长 14 个小时，夜间空置时间价值 1 元/时，成都每天的空置价值就达 800 万，一年就是 30 亿的资源浪费。① 因此，如果能够实现车位共享，可以显著提升城市空间的利用率，同时也解决了城市中停车难的问题。

然而，目前共享小区的停车位主要遇到两个困难。① 物业公司配合度不高，外来私家车进不去，业务无法开展。原因是考虑到住宅小区的私密性，有些物业公司原则上不允许外来车辆进入。物业所承担的风险和责任较大。② 业主不配合，没有共享车位的来源。首要原因是担心小区的安全问题，外来车进入，带来的潜在安全威胁让许多业主望而却步；其次，出现刮擦或车辆损坏，无论是自己的车还是别人的车，责任该如何认定；最后，信任问题，停车人超时使用，不按规定停车应该如何解决。

如果上述矛盾无法解决，是难以实现私家车位共享的。对此，有些地方提供了办公区域停车位的共享，例如，沈阳市建委的 76 个停车位，为附近小区居民免费开放，从 19 时至次日 7 时对外提供闲置停车位；海南省琼海市政府利用公共闲置用地建设共享停车场；北京西城区街道将建立可用停车资源台账，在此基础上规划新增车位和共享车位，并对接驻区单

① 数据来源：《成都商报》发布，2018 年 6 月 21 日版。

位党组织，推进停车资源共享。

除了停车位，对于目前很多分时租赁的新能源汽车而言，更多还要考虑充电的问题。上海在新能源汽车推进工作中进行新探索，多家企业在上海推出私人共享充电桩服务，这种“私桩共享”服务，由原来的“私桩”变成了“分享电桩”。居民的“私桩”只要提出申请，然后由企业上门更换成智慧桩，或在原桩内安置共享模块，就变成了别人也可以使用的“分享电桩”。使用时不仅在价格上较外面公共充电桩便宜，而且十分方便。随着新能源汽车的不断增多，民众对充电桩的需求更加强烈，如果一律由政府投入显然难度较大。根据相关要求，新建小区必须配备不少于停车位10%的公共充电桩，把“私桩”改成“分享电桩”，让一些“私桩”提高利用率，使资源得到更好的利用，大大节省了投入，同时可以调剂供需失衡，符合民众对共享电桩的需求。

“私桩”要变成“分享电桩”，需要完善的服务配套制度。如果不对其进行明确规范，可能重蹈之前共享单车等类似问题的覆辙。首先，可能加重小区的管理成本。一些不是本小区的车辆进入小区随便停放充电，对小区的安全保障带来隐患，可能引发各种矛盾和冲突，会造成小区物业管理问题。其次，新老小区安装难易不一，无论是从停车位、供电设施还是安全因素等方面考量，“私桩”变成“分享电桩”都不能解决一切问题。一些车主因为安全的问题不愿意分享自己的充电桩。而另外一些车主却希望可以通过小区固定共享桩的方式，不再对一车一桩进行强制。如何保证每个市民的权益，需要有关部门进行协调。最后，“分享电桩服务”也存在责任如何分担等问题，一旦出现安全问题，这个责任是推进“分享电桩”的企业承担，还是由提供电桩的私人承担或者由使用人承担，应该有一个明确的界定。“分享电桩”的出现，无疑对理顺供需关系、调节充电桩使用效率等方面产生正面效果。要让“分享电桩服务”得到更加科学合理的发展，有关部门必须进一步完善分享电桩相关配套制度来保证各相关方的权益。让企业与电桩提供者和使用者之间建立一种契约关系，根据合约，让更多的电动汽车拥有者在给自己带来方便的同时，也给别的车主带来方便。

9.3.3 城市共享平台的社区共治

社区是城市的基本单位，因此社区共享、社区信任是促进城市共享平台的重要基础。社区范围是最容易形成线下共享的区域，社区成员通过共享活动增加了认知、互信、交流、互动，并通过自律以及平台规范和监督约束，加强了彼此交往行为的可预期性。因此，当以社区为单位的城市“遇上”共享经济，社区地理范围内各阶层的互动联系越来越紧密，个体在经济活动中的信用和信用基础越来越受到重视，同时也会有助于个体积极维护自身在社区互动中的形象。

社区共享经济逐渐为城市社区广泛接纳，它不仅酝酿着社区新业态、经济新模式以及社区经济发展的无限潜能，还深刻地影响着社会结构和社会关系；社区共享经济与社区融合在不同的层次上相互作用、互相促进，不仅是由于空间、资源、社群在社区内部的交叠、重组和变革，也是“利益驱动”和“关系驱动”并驾齐驱的社区价值观以及人际信任与市场信任、互构共赢的社区信任结构升级的过程与结果（陈晶、何俊芳，2017[197]）。

9.3.4 城市公共空间的重构

从城市空间的角度看，共享平台的作用是双向的。从积极的方面讲，共享经济模式通过简化交易层级、定制化服务对传统经济模式进行了改革，最终反映到空间上，形成对城市空间利用效率与空间品质两方面的促进作用。从消极的方面讲，共享经济的空间发展权还未得到明确，在城市空间分配中缺乏制度保障。在相关配套监管措施缺位的自主发展情形下，其难免侵入原有城市公共空间，极易导致服务过度供给，从而造成空间拥挤等负面效益。

因此，与传统服务设施的固定地点、固定规模不同，共享经济所提供的服务不再必须集中到特定的设施空间。“人+通讯终端”成为服务输出端口，人们随时随地可以通过手机获取共享服务。共享经济下，城市的空间组织尺度更为灵活，即使是小微空间也可以满足需要。随着分散化的共享空间逐渐建立，城市空间的布局将更加精细，固定的公共服务设施与“流动”的多尺度共享服务场景相互交织，共同提升城市空间的服务品质。

共享经济不但在尺度上突破了原有空间的使用习惯，而且在时间上也进行了分割，导致空间的不确定性增强。也就是说，未来很难再用单一的尺度与功能来描述一个空间的性质和使用状态，混合、多元的动态空间特征在共享时代更加突出。显然，传统规划中基于功能区块的城市组织模式无法适应这一改变，需要寻找新的空间平台来整合供需双方与各类共享空间。

未来，需要基于共享理念，对社区的组织形式、空间使用方式等进行重构，使之成为共享城市的基本组织单元，增强城市活力（聂晶鑫、刘合林、张衔春，2018[198]；储妍、茅明睿，2016[199]）。

9.3.5 城市群共享平台的建立

在世界城市群快速发展的背景下，城市群一体化成为区域整合发展的大趋势，对世界政治、经济格局的发展产生了深刻的影响，并逐渐上升为国家发展战略的重要内容。随着共享经济发展程度的进一步加深，共享平台可以成为连接城市的一股新的力量，城市群也成为未来共享平台发展的新边界。具体的相互作用包括以下三个方面。

首先，城市群内的共享平台战略可以与各城市的战略目标相一致，实现激励相容。由于各城市之间的资源禀赋不同，共享平台可以充分考虑资源差异性，实现最大限度的资源互补，避免重复。其次，当前的城市群建设容易由于信息不对称造成资源浪费，共享平台可以作为信息有效传递的通道，有效促成资源的最大限度利用。最后，城市群中各个城市之间的经济发展水平不相一致，共享平台可以作为连接的纽带，让利益实现共享和合理分配。

将本章梳理的共享平台自治理、政府治理、社会治理三者的协同共治总结起来，如图 9 - 3 所示。

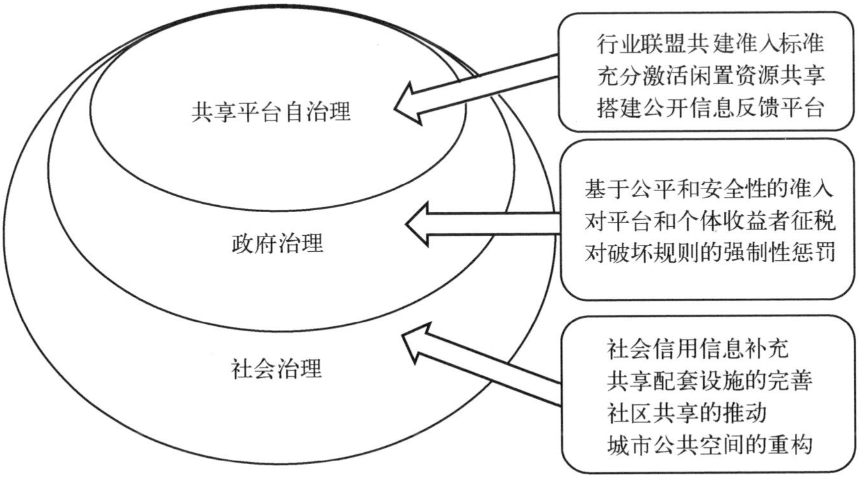

图9-3　城市共享平台的多元协同共治

9.4　小　　结

本章通过总结前文各类共享平台的自治理特征、普遍存在的问题，归纳了目前城市共享平台的自治理在准入门槛弱、税收不公平、征信不完善这三个主要方面存在的不足，因此政府需结合行政干预、法律法规等手段，一方面保护参与者权益，维持行业的公平竞争，另一方面对违法行为进行限制、干预和惩罚。同时，社会公众作为最广泛的参与者，可以从完善征信体系、社区配套、及时反馈等方面，与政府治理、平台自治理有机结合，实现城市共享平台的多元协同治理。

未来政府对共享平台的治理重点是创造完善的法律环境、维护公平竞争和优胜劣汰的行业生态，加强对平台企业的合法和间接监管的同时，充分调动第三方平台、基层社区对从业人员和用户进行多方治理，使其对政府的公共治理产生部分替代或补充作用，实现政府对平台参与各方的间接监管，从而充分保障各市场主体的权益，详细的政策建议见10.2节。

第10章　总结及展望

10.1　全书总结

由于共享经济高度依赖城市的人口分布密度和互联网技术支撑，因此本书从城市层面研究了共享平台的发展模式、现状及对城市建设的作用机制，发现城市共享平台的治理问题颇多，并且与城市公共服务设施、政府监管等方面存在矛盾。理论层面，通过探究共享经济的内涵、本质，发现共享经济平台具有自治理的特征，并在节约交易成本、促进双边市场效率方面存在明显优势。但是目前无论是行业层面还是政府层面，城市共享平台的治理均存在缺陷。对此，进一步梳理城市共享经济平台的国际管制经验可以发现，城市共享平台普遍存在安全性与创新性的矛盾、新旧产业组织的矛盾、负外部性问题、信息不对称问题等。目前国际上普遍的管制都是直接限制准入等强治理措施，目的是减少不公平竞争和安全隐患，但这种管制往往是以牺牲共享经济带来的经济效率提高为代价的。

本书从第6章起，基于奥斯特罗姆提出的CPRs理论，探究共享经济平台的自治理原则和内容，构建了共享平台自治理的主要框架，并且尝试与政府规制和社区管理实现协同。进一步，以共享住宿平台、共享办公平台、共享汽车平台、共享单车平台作为典型行业进行深入研究发现，中国共享平台的自治理普遍存在准入门槛较弱、税收规避、征信缺乏等难题，因此政府需要分别从维护公平竞争、保护交易安全、完善征信体系等方面弥补共享平台自治理的缺陷。同时，社区作为城市的基本单元，也可从信息反馈、配套完善等方面予以补充。

10.2 政策建议

2017 年，中国明确对共享经济发展采取“鼓励创新、包容审慎”的政策导向，“放宽准入、底线思维”成为共享经济监管新要求，“多方参与、协同治理”成为共享经济监管大方向。这些措施都说明了原有的政府监管方式不能直接应用到共享经济领域①。因此，对于共享平台这一新生经济体，传统的治理途径显然不能直接套用。为了实现共享平台的自治理、政府管制和社会治理三方协同，具体政策实施建议可以从以下五个方面逐步展开。

（1）加强行业信息甄别，防范跟风和过度投资

由于共享经济发展时间尚短，仍缺乏完善的行业引导和风险评估。舆论导向下风险资本大量涌入共享经济领域带来的“伪需求”和“伪共享”，不仅无法提高原有资源的有效利用率，甚至会造成新资源的极大浪费。目前，仍有很多新兴的共享产品并无清晰的盈利模式，不少共享产品的损坏率较高，容易产生资源浪费。因此，在面对共享经济时，不能仅凭对新经济形态的好奇心一味“加持”资本，而需要客观分析其内涵和实际的投资价值，充分评估产品“是否满足适于共享的基本要求”“是否能够实现所有权和使用权的分离”“是否能够实现产品的循环多次使用而又拥有较低的折旧率”“是否能够应用轻资产模式获得平台收益”，从而减少跟风和过度投资等非理性行为。

（2）鼓励耐用品进入共享市场，减少低质量易耗品的进入

由于折旧率较低的耐用品产品本身价值较高，在共享初期双边平台和参与者需要甄别的信息较多，交易成本较大，因此需要政府、行业和民众的多方鼓励，引导高质量耐用的产品进入共享市场，同时减少低质量易耗品的进入。对于平台方，易耗品的交易会带来许多不必要的麻烦，因为质量的不稳定会增加平台进行交易担保的风险，因此无论是从收益还是风险

① 资料来源：《关于促进分享经济发展的指导性意见》，2017 年 7 月，国家发展和改革委员会等八部门联合印发。

角度，平台都不愿意看到易耗品进入共享市场。随着耐用品共享程度的逐渐提高，高价值的产品共享会提高消费者进行共享的意愿和对双边平台的信赖，从而形成良性循环。

（3）推广共享经济理念，构建产业层面的设备共享联盟

目前微观层面的点对点共享已经有一定的基础，但是产业层面的共享才刚刚起步。上海科技创新资源数据中心 2017 年开始尝试通过大数据、云计算、“互联网+”等技术手段，整合集成科技人才、仪器设施、检验检测、科技文献、专利成果、科学数据等科技资源和服务大数据，力图实现科技数据、实验设备的共享和服务，从而促进科技资源科学统筹配置，转变政府职能，促进科技资源共享利用。目前共享的设备包括中煤科工集团上海研究院提供的非金属制品安全及材料性能试验系统、带式运送机，上海交通大学海洋深水实验池等。这是共享经济向产业层面拓展的有力推进，大部分产业装备都有较高的沉没成本，资产专用性强，因此通过共享平台，可以有效发挥这些高精尖设备的使用效率，一旦形成行业的设备共享联盟，将大幅度提升产业链的整体效率。

（4）加快信用监管体系建设，保护共享经济的信息安全和交易安全

蓄意破坏、逃避缴费、浪费公共资源等由于信用缺失带来的问题是共享企业发展遇到的意料之外的问题。摩拜单车的创始人胡玮炜曾公开表示，2017 年仅蓄意破坏这一项就造成摩拜单车的折旧率和破损率大幅上升，导致原有的共享秩序被打破，企业承担了很多正常可变成本外的运营成本。

传统上，契约是商业交易中最重要的法律制度。传统的交易模式一般以契约作为交易履行的依据或者纠纷解决的凭据，因而契约对维护交易秩序具有重要意义。随着“互联网+”经济时代的到来，传统的契约交易受到挑战。虽然合法的电子证据具有证明力，但因网络交易不受时空限制，交易双方可能路途遥远，加之电子交易的取证比较困难，诉讼成本高，通过诉讼解决电子商务纠纷在客观上困难重重，因而契约维持电子商务交易的功能渐渐被淡化，对交易双方的约束力也在消减。因此对共享经济而言，弱契约意味着需要新的途径弥补监管空白。对需求方的信用体系监管

显得尤为迫切。

(5) 推进共享平台与政府、社会的数据共享和互联互通

"互联网+"提供的大数据分析是共享经济的核心资源，共享经济以数据积累为基础。但目前由于共享经济平台企业、政府相关部门和个人之间的数据共享不畅，导致政府监管难、企业发展难和个人维权难。如果能够实现网络平台间用户的信用评分数据共享、产品的投诉举报数据共享、平台的维权信息共享等，对推进共享经济行业发展具有重要的意义，因为信息共享是降低交易成本最直接的方式。

10.3 研究展望

共享经济正在世界范围内迅速发展，在提供更有效率的资源配置方式的同时，也带来一些新问题和新矛盾，无论是供给方还是需求方，或是共享平台企业，都期待政府更好发挥管理引导作用，以减少行业恶性竞争、无序投放、产品损毁、公共事故、押金难退等问题的出现。共享奉行的是互帮互助的文化理念，它需要人们彼此间的信任和互动参与，从而形成一种动态的社会行为，不断强化个体之间的分享、合作、社交和忠诚度。随着各种共享形式的不断发展，那些共享的物品成为陌生人之间信任的运载工具。

本书初步探索了共享平台多元协同治理的理论内涵，但由于时间和能力有限，理论模型中对交易函数的假设存在特殊性和局限性，并且没有将道德风险、声誉纳入共享经济的交易模型，与现实存在一定差距。从制度设计角度而言，目前提出的制度设计均基于定性分析，共享物品折旧率上限的合理区间、城市空间资源利用许可证的交易、城市共享空间的规划等问题仍需要进一步的严格论证，进一步的实证研究也是未来重点突破之处。

参考文献

[1] 江小涓．高度联通社会中的资源重组与服务业增长［J］．经济研究，2017，52（3）：4－17.

[2] Felson M, Spaeth J L. Community structure and collaborative consumption: a routine activity approach [J]. American Behavioral Scientist, 1978, 21 (4): 23－24.

[3] Botsman R, Rogers R. What's mine is yours: the rise of collaborative consumption [M]. New York: Harper Collins, 2010.

[4] Sundararajan A. From Zipcar to the sharing economy [J]. Harvard Business Review, 2013 (1): 1－3.

[5] 倪云华，虞仲轶．共享经济大趋势［M］．北京：机械工业出版社，2016.

[6] Eckhardt G, Bardhi F. The sharing economy isn't about sharing at all [J]. Harvard Business Review, 2015 (1): 1－3.

[7] Narasimhan C, Papatla P, Jiang B J, et al. Sharing economy: review of current research and future directions [J]. Customer Needs and Solutions, 2018, 5 (1－2): 93－106.

[8] Benjaafar S, Kong G C, Li X, et al. Peer-to-peer product sharing: implications for ownership, usage and social welfare in the sharing economy [J]. Management Science, 2019, 65 (2): 477－493.

[9] Wilhelms M P, Merfeld K, Henkel S. Yours, mine, and ours: a user-centric analysis of opportunities and challenges in peer-to-peer asset sharing [J]. Business Horizons, 2017, 60 (6): 771－781.

[10] Querbes A. Banned from the sharing economy: an agent-based model of a peer-to-peer marketplace for consumer goods and services [J]. Journal of Evolutionary Economics, 2018 (3): 633－665.

[11] Zhu G, Li H, Zhou L. Enhancing the development of sharing economy to mitigate the carbon emission: a case study of online ride-hailing development in China [J]. Natural

Hazards, 2018, 91 (2): 611-633.

[12] Miller B J, Moore D W, Schmidt C W. Telemedicine and the sharing economy: the "Uber" for healthcare [J]. The American Journal of Managed Care, 2016, 22 (12): e420-e422.

[13] Cohen B, Munoz P. Sharing cities and sustainable consumption and production: towards an integrated framework [J]. Journal of Cleaner Production, 2016, 134 (3): 87-97.

[14] Lombardi P, Schwabe F. Sharing economy as a new business model for energy storage systems [J]. Applied Energy, 2017, 188 (15): 485-496.

[15] Cheng M. Sharing economy: a review and agenda for future research [J]. International Journal of Hospitality Management, 2016, 57: 60-70.

[16] Fang B, Ye Q, Law R. Effect of sharing economy on tourism industry employment [J]. Annals of Tourism Research, 2016, 57 (3): 264-267.

[17] Wang D, Nicolau L. Price determinants of sharing economy-based accommodation rental: a study of listings from 33 cities on Airbnb. com [J]. International Journal of Hospitality Management, 2017, 62: 120-131.

[18] Gibbs C, Guttentag D, Gretzel U, et al. Pricing in the sharing economy: a hedonic pricing model applied to Airbnb listings [J]. Journal of Travel & Tourism Marketing, 2017 (4): 1-11.

[19] Paulauskaite D, Powell R, Cocastefaniak J A, et al. Living like a local: authentic tourism experiences and the sharing economy [J]. International Journal of Tourism Research, 2017, 19 (6): 619-628.

[20] Hawlitschek F, Teubner T, Gimpel H. Understanding the sharing economy: drivers and impediments for participation in peer-to-peer rental [C] // Hawaii International Conference on System Sciences. IEEE Computer Society, 2016: 4782-4791.

[21] Hamari J, Sjoklint M, Ukkonen A. The Sharing Economy: why People Participate in Collaborative Consumption [J]. Journal of the Association for Information Science and Technology, 2016 (9): 2047-2059.

[22] Munoz P, Cohen B. Mapping out the sharing economy: a configurational approach to sharing business modeling [J]. Technological Forecasting and Social Change, 2017, 125: 21-37.

[23] Böcker L, Meelen T. Sharing for people, planet or profit? Analyzing motivations for

intended sharing economy participation [J]. Environmental Innovation and Societal Transitions, 2017, 23: 28 – 39.

[24] Barnes S J, Mattsson J. Understanding collaborative consumption: test of a theoretical model [J]. Technological Forecasting and Social Change, 2017, 118: 281 – 292.

[25] Yang S, Song Y, Chen S, et al. Why are customers loyal in sharing-economy services? A relational benefits perspective [J]. Journal of Services Marketing, 2017, 31 (1): 48 – 62.

[26] Cheng M, Foley C. The sharing economy and digital discrimination: The case of Airbnb [J]. International Journal of Hospitality Management, 2018, 70: 95 – 98.

[27] Gregory A, Halff G. Understanding public relations in the 'sharing economy' [J]. Public Relations Review, 2017, 43 (1): 4 – 13.

[28] Ganapati S, Reddick C G. Prospects and challenges of sharing economy for the public sector [J]. Government Information Quarterly, 2018, 35 (1): 77 – 87.

[29] Ert E, Fleischer A, Magen N. Trust and reputation in the sharing economy: the role of personal photos in Airbnb [J]. Tourism Management, 2016, 55: 62 – 73.

[30] Cherry C E, Pidgeon N F. Is sharing the solution? Exploring public acceptability of the sharing economy [J]. Journal of Cleaner Production, 2018, 195: 939 – 948.

[31] Mauri A G, Minazzi R, Nietogarcia M, et al. Humanize your business. The role of personal reputation in the sharing economy [J]. International Journal of Hospitality Management, 2018, 73: 36 – 43.

[32] 李文明，吕福玉. 分享经济起源与实态考证 [J]. 改革，2015 (12): 42 – 51.

[33] 向国成，钟世虎，谌亭颖，等. 分享经济的微观机理研究：新兴古典与新古典 [J]. 管理世界，2017 (8): 170 – 171.

[34] 荣朝和. 互联网共享出行的物信关系与时空经济分析 [J]. 管理世界，2018 (4): 101 – 112.

[35] 唐亚汇，李凌. 分享经济：理论辨析、模式比较与规制思路 [J]. 经济学家，2017 (12): 42 – 49.

[36] 杨学成，涂科. 出行共享中的用户价值共创机理——基于优步的案例研究 [J]. 管理世界，2017 (8): 154 – 169.

[37] 马化腾，张孝荣，孙怡，等. 分享经济：供给侧改革的新经济方案 [M]. 北京：中信出版社，2016.

[38] 程维，柳青．滴滴：分享经济改变中国［M］．北京：人民邮电出版社，2016.

[39] Rochet J C, Tirole J. Platform competition in two-sided markets [J]. Journal of the European Economic Association, 2003, 1 (4): 990-1029.

[40] Rochet J C, Tirole J. Two-sided markets: a progress report [J]. The RAND Journal of Economics, 2006, 37 (3): 645-667.

[41] Armstrong M. Competition in two-sided markets [J]. The RAND Journal of Economics, 2005, 37 (3): 668-691.

[42] 黄民礼．双边市场与市场形态的演进［J］．首都经济贸易大学学报，2007, 9 (3): 43-49.

[43] Haigu A, Wright J. Multi-sided platform [Z]. Working Paper, Harvard Business School, 2011.

[44] 尚秀芬，陈宏民．具有间接网络外部效应平台的动态竞争策略［J］．商业研究，2009 (2): 10-13.

[45] Böhm-Bawerk E. The positive theory of capital and its critics [J]. The Quarterly Journal of Economics, 1895, 9 (2): 113-131.

[46] Gale D, Shapley L S. College admissions and the stability of marriage [J]. American Mathematical Monthly, 1962, 69 (1): 9-15.

[47] Armstrong M, Wright J. Two-sided markets, competitive bottlenecks and exclusive contracts [J]. Economic Theory, 2007, 32 (2): 353-380.

[48] 管克江．"共享经济"悄然改变消费模式［N］．人民日报，2013-3-28 (12).

[49] 蔡宁，贺锦江，王节祥．"互联网+"背景下的制度压力与企业创业战略选择——基于滴滴出行平台的案例研究［J］．中国工业经济，2017 (3): 174-192.

[50] 郑志来．供给侧视角下共享经济与新型商业模式研究［J］．经济问题探索，2016 (6): 15-20.

[51] 徐晋，张祥建．平台经济学初探［J］．中国工业经济，2006 (5): 40-47.

[52] 罗珉，李亮宇．互联网时代的商业模式创新：价值创造视角［J］．中国工业经济，2015, 57 (1): 95-107.

[53] 曲创，刘重阳．平台厂商市场势力测度研究——以搜索引擎市场为例［J］．中国工业经济，2016 (2): 98-113.

[54] 陆伟刚，张昕竹．双边市场中垄断认定问题与改进方法：以南北电信宽带垄断案

为例［J］. 中国工业经济，2014（2）：122－134.

［55］Evans D S. The antitrust economics of multi-sided platform markets［J］. Yale Journal on Regulation，2003，20（2）：325－381.

［56］詹姆斯·N. 罗西瑙. 没有政府的治理［M］. 张胜军，刘小林，译. 南昌：江西人民出版社，2001.

［57］格里·斯托克，华夏风. 作为理论的治理：五个论点［J］. 国际社会科学杂志（中文版），1999（1）：19－30.

［58］俞可平. 治理与善治［M］. 北京：社会科学文献出版社，2000.

［59］陈广胜. 走向善治——中国地方政府的模式创新［M］. 杭州：浙江大学出版社，2007.

［60］Fawcett W. Optimum capacity of shared accommodation：yield management analysis［J］. Facilities，2009，27（9/10）：339－356.

［61］Guttentag D. Airbnb：disruptive innovation and the rise of an informal tourism accommodation sector［J］. Current Issues in Tourism，2015，18（12）：1192－1217.

［62］Wang D，Li M，Guo P，et al. The impact of sharing economy on the diversification of tourism products：implications for tourist experience［M］// Inversini A，Schegg R. Information and Communication Technologies in Tourism 2016. Switzerland：Springer International Publishing，2016.

［63］Zach J，Nicolau J L，Sharma A. Disruptive innovation，innovation adoption and incumbent market value：the case of Airbnb［J］. Annals of Tourism Research，2020，80：1－12.

［64］Conley C. Airbnb is an old idea with a new tech twist［EB/OL］.（2014－8－29）［2018－12－15］. http：//www. hotelnewsnow. com/Article/14343/Airbnb-is-an-old-idea-with-a-new-tech-twist.

［65］Zervas G，Proserpio D，Byers J W. The rise of the sharing economy：estimating the impact of Airbnb on the hotel industry［J］. Journal of Marketing Research，2017，54（5）：687－705.

［66］Tussyadiah I P，Pesonen J. Impacts of peer-to-peer accommodation use on travel patterns［J］. Journal of Travel Research，2016，55（8）：1022－1040.

［67］Tussyadiah I P. An exploratory study on drivers and deterrents of collaborative consumption in travel［M］//Tussyadiah I，Inversini A. Information and communication technologies in tourism 2015. Switzerland: Springer International Publishing, 2015.

[68] Ray T. Expedia, priceline: Airbnb's $7.2B bookings a real threat, but overblown, says Cowen [EB/OL]. (2016-4-11) [2018-12-15]. http://blogs.barrons.com/techtraderdaily/2016/04/11/expedia-priceline-airbnbs-7-2bbookings-a-real-threat-but-overblown-says-cowen/.

[69] Chica-Olmo J, González-Morales J G, Zafra-Gómez J L. Effects of location on Airbnb apartment pricing in Málaga [J]. Tourism Management, 2020, 4 (77): 1-13.

[70] 吴晓隽，裘佳璐. Airbnb 房源价格影响因素研究——基于中国 36 个城市的数据 [J]. 旅游学刊，2019，34 (4): 13-28.

[71] 史甜甜，韩毓倩. 大都市民宿住客体验要素研究——基于 Airbnb 平台住客在线评论分析 [J]. 科技创业月刊，2019，32 (6): 39-42.

[72] 王水莲，李志刚，杜莹莹. 共享经济平台价值创造过程模型研究——以滴滴、爱彼迎和抖音为例 [J]. 管理评论，2019，31 (7): 45-55.

[73] 江积海，李琴. 平台型商业模式创新中连接属性影响价值共创的内在机理——Airbnb 的案例研究 [J]. 管理评论，2016，28 (7): 252-260.

[74] 李燕琴，于文浩，柏雨帆. 基于 Airbnb 网站评价信息的京台民宿对比研究 [J]. 管理学报，2017，14 (1): 122-128，138.

[75] 刘珺. 汽车共享出行模式选择的演化博弈研究 [D]. 南京：南京大学，2017.

[76] 孙守恒，王维才. 基于因子分析的城市汽车共享环境评价 [J]. 经济地理，2017，37 (6): 84-91.

[77] 张倪. 共享模式与城市交通的未来 [J]. 中国发展观察，2017 (12): 52-55.

[78] 孟洒. 西安城市综合街区地下停车设施共享利用模式研究 [D]. 西安：西安建筑科技大学，2017.

[79] 蒋步健. 共享租赁模式下的汽车供需匹配问题研究 [D]. 合肥：合肥工业大学，2017.

[80] 陈国鹏. "互联网+交通" 视角下缓解城市交通拥堵的私家车共享模式研究 [J]. 城市发展研究，2016，23 (2): 105-109.

[81] 郭骅，屈芳，战培志. 智慧城市信息共享服务模式及其应用研究 [J]. 情报杂志，2017，36 (4): 118-124.

[82] 吴力武，孟齐霞. 区域间城市一体化进程中文献信息资源共享模式建设研究——

以广州市、佛山市同城为例［J］. 图书馆工作与研究，2012（5）：63－65.
［83］耿有三. 共建图书馆高校与城市共享模式研究［J］. 现代情报，2007（6）：146－148.
［84］简霞，韩西丽，李贵才，等. 城市社区户外共享空间促进交往的模式研究［J］. 人文地理，2011，26（1）：34－38.
［85］孟慧，王飞娟. 对实现城市地下管线信息共享的几点思考［J］. 城建档案，2013（11）：40－41.
［86］边涛，王宁，葛亮. 管线信息服务共享交换机制研究［J］. 中国科技信息，2014（9）：148－150.
［87］吴思，陈勇，张云，等. 城市地下管线共享平台建设模式探讨［J］. 测绘通报，2015（12）：77－80.
［88］Katzev R. Car sharing：A new approach to urban transportation problems［J］. Analyses of Social Issues and Public Policy，2003，3（1）：65－86.
［89］Heinrichs H. Sharing economy：a potential new pathway to sustainability［J］. GAIA-Ecological Perspectives for Science and Society，2013，22（4）：228－231.
［90］刘建军，邢燕飞. 共享经济：内涵嬗变、运行机制及我国的政策选择［J］. 中共济南市委党校学报，2013（5）：38－42.
［91］郭兵. 共享经济的兴起及其创新性监管的若干思考［J］. 宁波经济（三江论坛），2018（2）：18－20.
［92］成昱霖. 中小城市共享单车现状及其盈利模式探究［J］. 经贸实践，2018（3）：81－82.
［93］汤文仙. 共享单车的城市治理模式亟需创新［J］. 国家治理，2018（3）：41－48.
［94］罗小燕. 公共池塘资源自组织治理的文献综述研究［J］. 经营管理者，2012（15）：120.
［95］Hardin G. The tragedy of the commons［J］. Science，1968，162：1243－1248.
［96］李海燕，张晨曦. 公共池塘资源的自主治理与组织设计——2009年诺奖得主奥斯特罗姆的经济学贡献评述［J］. 经济论坛，2010（9）：222－224.
［97］高轩，神克洋. 埃莉诺·奥斯特罗姆自主治理理论述评［J］. 中国矿业大学学报：社会科学版，2009（2）：74－79.
［98］张鑫. 奥斯特罗姆自主治理理论的评述［J］. 改革与战略，2008，24（10）：

212－215.

[99] Wilson R K, Eckel C C. Elinor Ostrom: "a magnificent and irreplaceable treasure" [J]. Southern Economic Journal, 2013, 79 (3): 486－495.

[100] Tollison R D. Elinor Ostrom and the commons [J]. Public Choice, 2010, 143: 325－326.

[101] Aldrich J H. Elinor Ostrom and the "just right" solution [J]. Public Choice, 2010, 143: 269－273.

[102] Frey B S. Lin Ostrom's contribution to economics: a personal evaluation [J]. Public Choice, 2010, 143: 303－308.

[103] 鲍文涵，张明．从市场治理到自主治理：公共资源治理理论研究回顾与展望[J]．吉首大学学报（社会科学版），2016，37（6）：58－66.

[104] 王丹，李斌．集体行动制度的演进——埃莉诺·奥斯特罗姆自主治理理论评析[J]．法制与社会，2018（14）：232－233.

[105] Currarini S, Marchiori C, Tavoni A. Network economics and the environment: insights and perspectives [J]. Environmental and Resource Economics, 2016, 65 (1): 159－189.

[106] Benchekroun H, Long N V. Status concern and the exploitation of common pool renewable resources [J]. Ecological Economics, 2016, 125: 70－82.

[107] Lee J H, Jusup M, Iwasa Y. Games of corruption in preventing the overuse of common-pool resources [J]. Journal of Theoretical Biology, 2017, 428: 76－86.

[108] Ricks J I. Building participatory organizations for common pool resource management: water user group promotion in indonesia [J]. World Development, 2016, 77: 34－47.

[109] Freeman M A, Anderson C M. Competitive lobbying over common pool resource regulations [J]. Ecological Economics, 2017, 134: 123－129.

[110] Adams W M. Managing tragedies: understanding conflict over common pool resources [J]. Science, 2003, 302 (5652): 1915－1916.

[111] Harju E, Sirén A H, Salo M. Experiences from harvest-driven conservation: Management of Amazonian river turtles as a common-pool resource [J]. Ambio, 2017, 47 (3): 327－339.

[112] Hoffmann J, Quaas M F. Common pool politics and inefficient fishery management

[J]. Environmental and Resource Economics, 2016, 63 (1): 79 – 93.

[113] Schnegg M, Bollig M, Linke T. Moral equality and success of common-pool water governance in Namibia [J]. Ambio, 2016, 45 (5): 581 – 590.

[114] Farrer B, Holahan R, Shvetsova O. Accounting for heterogeneous private risks in the provision of collective goods: controversial compulsory contracting institutions in horizontal hydrofracturing [J]. Journal of Economic Behavior and Organization, 2017, 133: 138 – 150.

[115] Torres A, Brandt J, Lear K, et al. A looming tragedy of the sand commons [J]. Science, 2017, 357 (6355): 970 – 971.

[116] Tilman A R, Simon L, Watson J R. Revenue-sharing clubs provide economic insurance and incentives for sustainability in common-pool resource systems [J]. Journal of Theoretical Biology, 2018, 10 (454): 205 – 214.

[117] Lozano A J G, Heinen J T. Identifying drivers of collective action for the co-management of coastal marine fisheries in the gulf of nicoya, costa rica [J]. Environmental Management, 2015, 57 (4): 759 – 769.

[118] Barnes M L, Arita S, Kalberg K, et al. When does it pay to cooperate? Strategic information exchange in the harvest of common-pool fishery resources [J]. Ecological Economics, 2017, 131: 1 – 11.

[119] Calvomendieta I, Petit O, Vivien F D. Common patrimony: a concept to analyze collective natural resource management. The case of water management in France [J]. Ecological Economics, 2017, 137: 126 – 132.

[120] Sun S, Sesmero J P, Schoengold K. The role of common pool problems in irrigation inefficiency: a case study in groundwater pumping in Mexico [J]. Agricultural Economics, 2016, 47 (1): 117 – 127.

[121] Ostrom E. The challenge of common-pool resources [J]. Environment Science and Policy for Sustainable Development, 2008, 50 (4): 8 – 21.

[122] Boudreau K J, Hagiu A. Platform rules: multi-sided platforms as regulators [EB/OL]. [2018 – 5 – 13]. https://www.researchgate.net/publication/23530830_Platform_Rules_Multi_Sided_Platforms_as_Regulators? ev = auth_pub.

[123] 曲振涛，周正，周方召. 网络外部性下的电子商务平台竞争与规制——基于双边市场理论的研究 [J]. 中国工业经济，2010 (4)：120 – 129.

[124] 李凌．平台经济发展与政府管制模式变革 [J]. 经济学家，2015 (7)：27－34.

[125] 田原．电商平台监管法律制度研究 [D]. 北京：中国社会科学院研究生院，2017.

[126] 刘兵，唐守廉．互联网管制模式的分析和研究 [J]. 电信科学，2007 (5)：72－76.

[127] 甄艺凯．网约车管制新政研究 [J]. 中国工业经济，2017 (8)：81－99.

[128] Farrell J, Katz M L. Innovation, rent extraction, and integration in systems markets [J]. The journal of industrial economics, 2000, 48 (4): 413－432.

[129] 王勇，冯骅．平台经济的双重监管：私人监管与公共监管 [J]. 经济学家，2017 (11)：73－80.

[130] 吴晓波．互联网平台经济催生管理新范式 [J]. 浙江经济，2017 (9)：10－11.

[131] Minifie J, Wiltshire T. Peer-to-peer pressure: policy for the sharing economy [R/OL]. (2016－4－14) [2018－5－13]. http://apo.org.an/node/62827.

[132] Hartl B, Hofmann E, Kirchler E. Do we need rules for "what's mine is yours"? Governance in collaborative consumption communities [J]. Journal of Business Research, 2016, 69 (8): 2756－2763.

[133] 郝身永．共享经济视域下的共享单车治理创新 [J]. 求实，2018 (03)：36－44, 110.

[134] Koopman C, Mitchell M D, Thierer A D. The sharing economy and consumer protection regulation: the case for policy change [J]. The Journal of Business, Entrepreneurship and the Law, 2015, 8 (2): 1－18.

[135] 吴晓隽，方越．分享经济的挑战与政府管制变革的思考 [J]. 上海经济研究，2016 (9)：9－16.

[136] Sundararajan A. Why the government doesn't need to regulate the sharing economy [EB/OL]. (2012－10－22) [2018－5－13]. https://www.wired.com/2012/10/from-airbnb-to-coursera-why-the-government-shouldent-regwlate-the-sharing-economy/.

[137] Sparks K. The sharing economy: the production, consumption, and regulation of community in the digital economy [EB/OL]. (2013－3－21) [2015－9－30]. http://hdl.handle.net/10066/16542.

[138] 李玉虎．分享经济与市场监管法律制度的应对——以共享单车为例 [J]. 经济法研究，2017, 19 (2)：220－232.

[139] Bonciu F, Balgar A. Sharing economy as a contributor to sustainable growth an EU perspective [J]. Romanian Journal of European Affairs, 2016 (2): 36 - 45.

[140] Martin E W, Shaheen S A. Greenhouse gas emission impacts of carsharing in North America [J]. IEEE Transactions on Intelligent Transportation Systems, 2011, 12 (4): 1074 - 1086.

[141] 吴昂．分享经济的环境风险及监管应对 [J]. 学术交流, 2018 (2): 112 - 119.

[142] Fraiberger S P, Sundararajan A. Peer-to-peer rental markets in the sharing economy [EB/OL]. [2018 - 3 - 15]. https: //ideas. repec. org/p/net/wpaper/1519. html.

[143] 刘权．分享经济的合作监管 [J]. 财经法学, 2016 (5): 46 - 52.

[144] 罗英, 钟光耀．面向共享经济的政府监管创新研究 [J]. 湖南社会科学, 2018 (2): 121 - 126.

[145] 魏文松, 覃晚萍．共享经济发展对市场监管制度的挑战及建议 [J]. 广西经济管理干部学院学报, 2018, 30 (1): 85 - 89.

[146] 刘恒智．分享经济模式的税收问题浅析 [J]. 赤峰学院学报 (自然科学版), 2018, 34 (1): 76 - 77.

[147] 白云朴, 朱承亮．移动互联网时代下我国分享经济治理模式变革、挑战及对策研究 [J]. 江淮论坛, 2017 (6): 38 - 43.

[148] 应飞虎, 涂永前．公共规制中的信息工具 [J]. 中国社会科学, 2010 (4): 116 - 131, 222 - 223.

[149] 李鑫．分享经济监管困境与信用监管体系构建 [J]. 学习与实践, 2017 (8): 82 - 89.

[150] 蔡朝林．共享经济的兴起与政府监管创新 [J]. 南方经济, 2017 (3): 99 - 105.

[151] 耿颖超．分享经济背景下中国网约车监管政策变迁中三重矛盾的化解思路 [J]. 中国市场, 2017 (33): 76 - 77.

[152] 傅晓．共享经济的发展及其监管模式的探索 [J]. 数字治理评论, 2017 (00): 104 - 124.

[153] 郭传凯．共享经济属性的回归与网约车监管思路的选择 [J]. 山东大学学报 (哲学社会科学版), 2017 (3): 82 - 88.

[154] 王玎．共享经济视野的网约车监管方式 [J]. 重庆社会科学, 2017 (3): 33 - 39.

[155] 谭袁．共享单车“底线竞争”问题探究及防治［J］．价格理论与实践，2017（3）：36－40.

[156] 刘根荣．共享经济：传统经济模式的颠覆者［J］．经济学家，2017，5（5）：97－104.

[157] 孙迎坤，李永平，左均雨，等．分享经济视角下共享单车发展现状及监管对策研究［J］．时代金融，2018（3）：285，293.

[158] 潘建斌．“分享经济”下如何监管市场［J］．中国市场监管研究，2016（5）：57－60.

[159] 汪旭晖，张其林．平台型网络市场“平台—政府”双元管理范式研究——基于阿里巴巴集团的案例分析［J］．中国工业经济，2015（3）：135－147.

[160] 刘奕，夏杰长．共享经济理论与政策研究动态［J］．经济学动态，2016（4）：116－125.

[161] 李佳颖．共享经济的内涵、模式及创新监管的对策［J］．经济体制改革，2017（6）：27－31.

[162] 吴敏．日本的共享经济［J］．金融博览（财富），2018（3）：90－91.

[163] 杨学成．从新加坡看共享经济的发展与隐忧［J］．通信世界，2017（28）：10.

[164] 雷切尔·博茨曼，路·罗杰斯．共享经济时代：互联网思维下的协同消费商业模式［M］．唐朝文，译．上海：上海交通大学出版社，2015.

[165] 徐光辉．从“价值创造”开始——论中国经济战略转型［J］．管理世界，2011（11）：1－11.

[166] Coase R H. The nature of the firm［J］. Economica, 1937, 4（16）: 386－405.

[167] Williamson O E. Transaction-cost economics: the governance of contractual relations［J］. Journal of Law and Economics, 1979, 22（2）: 233－261.

[168] Williamson O E. Transaction cost economics［M］. England: Edward Elgar, 1995.

[169] 陈玉罡，李善民．并购中主并公司的可预测性——基于交易成本视角的研究［J］．经济研究，2007（4）：90－100.

[170] 汤吉军，郭砚莉．沉淀成本、交易成本与政府管制方式——兼论我国自然垄断行业改革的新方向［J］．中国工业经济，2012（12）：31－43.

[171] 刘凤委，李琳，薛云奎．信任、交易成本与商业信用模式［J］．经济研究，2009，44（8）：60－72.

[172] 罗必良．科斯定理：反思与拓展——兼论中国农地流转制度改革与选择［J］．经

济研究，2017，52（11）：178－193.

［173］Levine M. Share my ride［J］. New York Times Magazine, 2009（3）：23－25.

［174］Kim D H, Lee K. A Method of profit allocation for sharing economy among companies considering the transaction costs［J］. Journal of the Korea Industrial Information System Society, 2015, 20（4）：111－126.

［175］Henten A, Windekilde I M. Transaction costs and the sharing economy［J］. Info, 2016, 18（1）：1－15.

［176］Akbar Y H, Tracogna A. The sharing economy and the future of the hotel industry: transaction cost theory and platform economics［J］. International Journal of Hospitality Management, 2018, 71：91－101.

［177］李琪，于珊珊．网络零售业中消费者购买意愿的影响因素研究——基于 PLS－SEM 方法对交易成本的分析［J］．产业经济研究，2011（5）：86－94.

［178］埃里克·弗鲁博顿，鲁道夫·芮切特．新制度经济学：一个交易费用分析范式［M］．姜建强，罗长远，译．上海：上海人民出版社，2006.

［179］王萍，田天．论我国“共享经济”模式下的税收征管问题［J］．中国集体经济，2018（31）：110－111.

［180］勾占宇．美国共享经济政府管制初探［J］．行政科学论坛，2017（10）：58－62.

［181］茅孝军．共享经济下兼职收入的税法规制——兼评《法国共享经济税收法案》［J］．地方财政研究，2018（7）：36－42.

［182］尹于昆．共享经济、公共物品及其背后的故事［J］．中国统计，2018（1）：27－28.

［183］Klein L R, Long V. Capacity utilization: concept, measurement, and recent estimates［J］. Brookings Papers on Economic Activity, 1973（3）：743－764.

［184］周劲．产能过剩的概念、判断指标及其在部分行业测算中的应用［J］．宏观经济研究，2007（9）：33－39.

［185］林毅夫．潮涌现象与发展中国家宏观经济理论的重新构建［J］．经济研究，2007（1）：126－131.

［186］Chon K, Singh A. Current economic issues facing the US lodging industry［J］. International Journal of Contemporary Hospitality Management, 1993, 5（3）：3－9.

［187］Zheng T S. What caused the decrease in RevPAR during the recession? An ARIMA with intervention analysis of room supply and market demand［J］. International

Journal of Contemporary Hospitality Management, 2014, 26 (8): 1225-1242.

[188] 马波．中国旅游业“潮涌现象”的预警与预防 [J]. 旅游学刊, 2011, 26 (01): 12-17.

[189] Zheng G. The Chinese lodging industry: problems and solutions [J]. International Journal of Contemporary Hospitality Management, 2003, 15 (7): 386-392.

[190] 王朝霞, 戴滢．共享经济下企业环保责任的承担与实现路径 [J]. 生态经济, 2017, 33 (11): 102-105, 157.

[191] 刘国华, 吴博．共享经济2.0: 个人、商业与社会的颠覆性变革 [M]. 北京: 企业管理出版社, 2015.

[192] Porter M E, Kramer M R. Strategy and Society: The link between competitive advantage and corporate social responsibility [J]. Harvard Business Review, 2006, 84 (12): 78-92, 163.

[193] 刘兆国．发达国家汽车企业社会责任研究 [D]. 长春: 吉林大学, 2015.

[194] Vazifeh M M, Santi P, Resta G, et al. Addressing the minimum fleet problem in on-demand urban mobility [J]. Nature, 2018, 557 (7706): 534-538.

[195] 杨金亮, 陈义忠, 孔维斌．分享经济对税收的影响及税收应对 [J]. 税务研究, 2017 (5): 46-50.

[196] 张杰．我国共享经济发展中的信用困境与解决之策 [J]. 经济纵横, 2017 (8): 75-80.

[197] 陈晶, 何俊芳．社区共享经济促进社区融合的趋势及机制——以北京S社区共享生活为例 [J]. 城市观察, 2017 (5): 100-109.

[198] 聂晶鑫, 刘合林, 张衔春．新时期共享经济的特征内涵、空间规则与规划策略 [J]. 规划师, 2018, 34 (5): 5-11.

[199] 储妍, 茅明睿．共生城——共享经济与城市更新的研究与思考 [C] //规划60年: 成就与挑战——2016中国城市规划年会论文集 (06城市设计与详细规划). 北京: 中国城市规划学会, 2016.

后　记

本书最初源于我在华东理工大学管理科学与工程博士后流动站工作的两年期间完成的博士后工作报告。题目的选取很大程度上有追逐热点的成分，因为共享经济在 2016—2017 年的发展达到一个小高峰，并出现迅速滑坡，因此引发了我的关注，才有了本书的选题。我原本一直关注资源节约、环境保护等问题，因此以共享经济对资源环境的影响为课题切入点，申请了博士后面上基金项目和教育部人文社会科学青年项目，荣幸的是两个项目全部获批，因此鼓励了我继续向前走。就在 2018 年我博士后出站即将离开华东理工大学、任职东华大学的时候，我读博期间的恩师之一、华东理工大学副校长吴柏钧教授找到我，希望我能参与他主导的这套城市社会治理丛书的编写，就以我博士后出站报告为蓝本。感于恩师的信任，抱着可以继续向恩师学习的想法，我仓皇接下这个任务，开始进一步撰写这本书的初稿。

自治理理论是公共经济学的经典理论，产业经济学出身的我起初并不知道该如何将 CPRs 与共享经济联系起来，因此吴柏钧教授找到我，给我推荐了相关的经典教材，帮我厘清了自治理与共享平台运营机制之间的关系脉络和逻辑思路，这才有了本书的核心理论框架。完成本书的过程是我不断学习的过程，因此要感谢一直帮我找寻脉络、提供建议的吴柏钧教授，还有杨上广教授、于立宏教授、吴玉鸣教授、唐有财教授、潘春阳老师等。

在即将完成本书的写作过程中，我发现有许多待研究的关键问题仍需解决，包括对企业的深度调研、数据抓取、理论模型构建等，因此我申请并开始主持以“资源再分配为视角的共享平台自治理”为题的国家自然科学基金项目，该项目将基于本书目前已完成的研究成果，进一步深入挖掘共享平台自治理对资源配置的影响机理。